UN CONVENTIONNEL

DU PUY-DE-DOME

ROMME LE MONTAGNARD

PAR

MARC DE VISSAC

CHEZ DILHAN-VIVES, LIBRAIRE-ÉDITEUR

Place Delille, Clermont-Ferrand

1888

ROMME LE MONTAGNARD

OUVRAGES DU MÊME AUTEUR

LE MONDE HÉRALDIQUE. — Aperçus historiques sur le Moyen-âge. — 1 vol. in-8º, 1870.

ALLÉGORIES ET SYMBOLES. — Énigmes, Oracles, Fables, Apologues, Paraboles, Devises, Hiéroglyphes, Talismans, Chiffres, Monogrammes, Emblêmes, Armoiries. — 1 vol. in-8º, 1872.

CHATEAUGAY ET SES SEIGNEURS : Giac et Laqueuille. — *Chroniques du pays d'Auvergne.* — 1 vol. in-8º, 1880.

Riom. — Imprimerie de G. LEBOYER, rue Pascal, 3.

UN CONVENTIONNEL DU PUY-DE-DOME

ROMME LE MONTAGNARD

PAR

MARC DE YISSAC

EN VENTE

CHEZ DILHAN-VIVÈS, LIBRAIRE-ÉDITEUR,

Place Delille, Clermont-Ferrand.

1883

PRÉFACE

J'ai désiré écrire ces pages sans passion, avec sincérité pour ne pas en faire un roman, avec impartialité pour ne pas les transformer en apologie ou en diatribe.

J'avais les mains pleines de documents inédits, les rapports et les discours de Romme, ses notices scientifiques et ses aperçus politiques, sa correspondance avec ses compatriotes et avec un grand nombre des hommes célèbres de son temps, le journal de ses voyages et jusqu'aux feuilles volantes, échappées à une plume laborieuse, qui rendent les impressions vraies de l'acteur qui n'est plus en scène. J'ai été curieux d'y rechercher la physionomie réelle de l'ardent conventionnel, du sombre Montagnard qui trouva la Convention elle-même trop modérée.

A cette étude la silhouette ingrate et maussade du jacobin s'éclaire du rayonnement de la science, son fanatisme s'épure par la franchise de ses convictions et par l'intégrité de sa vie. J'ai admiré comme quoi on pouvait à merveille adorer sa mère, chérir ses parents, être secourable, ami fidèle, bon citoyen et faire tomber révolutionnairement toutes les têtes que la république désirait.

Il m'a paru que l'épithète de Terroriste accolée par l'histoire au nom de Gilbert Romme ne pouvait à elle seule composer une biographie, ou bien qu'alors l'histoire se montrerait injuste dans ses décrets.

Bien que terroriste, Romme fut ennemi de la cruauté. Il allia une certaine modération d'instinct, un grand esprit de justice, une invincible horreur de la corruption à l'effervescence des opinions et à l'exagération des principes.

Gêné dans son obscurité native, dans son indigence, plein de préjugés contre ce qu'il appelait les préjugés, étouffé par le présent, il fut chercher dans un passé lointain des choses à regretter. Il se nourrit de la moelle de l'antiquité et se prit d'amour pour les vertus sublimes, mais un peu étroites, des vieux temps de Rome, que le rhéteur Tite-Live a si bien dites dans sa phrase aimable et causeuse.

Il promena sa morosité et ses rêves au sein de la nature dont le spectacle apaise et purifie tout, il en sortit philosophe mais non intrigant.

Né avec une génération incrédule, il resta ferme dans sa foi, la foi du XVIIIe siècle, récitant le Credo de Voltaire et de Diderot sur l'autel de la Raison.

Plus qu'un autre il ressentit la commotion qui secoua toute son époque ; il se mêla, éperdu, à la gigantesque épopée, mais il resta dans la linea recta de la Révolution et fut, pour ainsi dire, l'orthodoxe de la république.

Sa mort tragique racheta ses erreurs sans réparer le mal qu'elles avaient causé.

N'est-ce pas assez pour exciter l'intérêt et pour rendre instructive la monographie d'un homme qui, pareil à l'émir de Victor Hugo,

> ... Tranquille montrait aux étoiles
> Ses mains teintes de sang humain ;

Qui donnait à boire aux épées,
Et qui, rêveur mystérieux,
Assis sur des têtes coupées,
Contemplait la beauté des cieux.
                    (*Les Châtiments*).

Seulement cette existence faite de contrastes ne peut être appréciée de parti pris. Le parti pris aveugle ou du moins affecte le jugement d'une sorte de daltonisme intellectuel qui ne permet pas de voir les choses sous leur véritable jour.

J'ai donc réprouvé les idées de Romme et rendu justice à son caractère. Je ne l'ai présenté ni comme exempt de censure ni comme indigne d'estime.

Aurai-je réussi dans ce louable effort de peinture impartiale? Assurément non si je ne suis pas blâmé d'une manière uniforme par les esprits extrêmes.

Quoi qu'il en soit, quand on a compulsé les archives originales, quand on a sérieusement analysé et contrôlé les matériaux, on peut dire avec Montaigne : « Je ne donne pas cet avis comme bon, mais comme mien. »

Aucun auteur ne s'est occupé de Romme avant sa nomination à la Législative. Son origine, le milieu dans lequel il a vécu, les épisodes qui le rattachent à l'histoire de sa ville natale, ainsi que Soubrany, son satellite et son ami, ne pouvaient provoquer que le crayonnage d'un compatriote.

Pour les écrivains qui en ont parlé, souvent d'une façon incidente, il n'existe que du jour où il est devenu législateur, quelquefois même que du jour où il est mort.

Parmi ces derniers, M. Jules Claretie est incontestablement celui qui a dressé aux Derniers Montagnards le plus majestueux monument expiatoire et qui a écrit le plus beau poème sur l'insurrection de Prairial, — poème aux accents républicains, sans doute, mais dont l'harmonie enthousiaste vous captive. Je lui ai emprunté sans scrupule quelques-unes des notes les plus vibrantes de son dramatique récit. On peut glaner impunément dans une aussi riche moisson.

Je tiens à citer aussi le nom d'un de nos plus sympathiques écrivains du Puy-de-Dôme, M. le président Marcellin Boudet. Dans son beau livre sur Dulaure il avait esquissé déjà, au second plan et néanmoins en pleine lumière, les traits des autres conventionnels d'Auvergne, par suite ceux de Romme et de Soubrany. L'esquisse valait un portrait. J'hésitais à recommencer le tableau, mais il a bien voulu m'encourager lui-même. Il m'a fait obligeamment partager le résultat de ses recherches en ouvrant devant moi ses précieux cartons. Qu'il reçoive ici l'hommage de ma gratitude.

GILBERT ROMME

Je veux rappeler la mémoire d'un homme aujourd'hui oublié, d'un enfant de l'Auvergne fort, dur et âpre comme ses pics, à l'âme stoïque, au cœur calciné, qui vécut en Caton et mourut en Gracque.

Sa physionomie ascétique et concentrée, son aspect devant l'histoire rappellent le type des puritains de Cromwell ou des quakers d'Amérique.

Sa figure de sectaire n'attire pas, au contraire ; mais lorsqu'on l'analyse, elle fixe l'observation et vous empoigne.

Jeté par la Providence, de son humble berceau du Puy-de-Dôme, au milieu des savants et des philosophes du xviiie siècle, — puis au sein de l'autocratique Russie, près de la cour de celle que l'on nomma *Catherine le Grand,* dans la vie intime d'un des plus grands seigneurs de sa suite, — enfin comme acteur important au centre du plus grand drame des temps modernes, il évoque le souvenir d'une des plus curieuses parties des annales de son pays natal, il rappelle une civilisation barbare au ciel de laquelle se lève l'*Étoile du nord,* il résume en lui les idées, les fautes, les passions et les vertus d'une époque.

Savant, — il fut tout à la fois géographe, astronome, physicien, naturaliste, mathématicien.

Educateur, — il se montra intègre, moraliste, voyageur infatigable, observateur sagace, mentor consciencieux et austère.

Politique, — il présida la Convention, il fut un des derniers Montagnards. Ses mains se teignirent du sang d'un roi, mais restèrent pures d'improbité. Son enthousiasme sombre, son fanatisme de patriote étaient sincères et désintéressés. Au milieu d'une foule d'importants singeant les Brutus et les Cincinnatus, pastiches romains, Lacédémoniens étiques, il marcha droit et probe, avec l'énergie de la volonté et de la logique, dans la voie que lui traçait son inébranlable conviction.

Il est loin d'être un héros, à mes yeux, mais c'est un caractère.

CHAPITRE Ier.

La famille Romme. — L'Oratoire. — Portrait de Gilbert. — Riom en 1774.
— Les grands hommes de province : Rollet d'Avaux, Dutour de Salvert,
Boirat, Béaulaton, Amable Faucon, Dubreuil.

I

Gilbert Romme avait 24 ans, en 1774, quand sonna
l'heure pleine de mystère du règne de Louis XVI.

Son père, *Charles Romme,* originaire de Roche-Dagoux,
procureur au siége présidial de Riom, venait de mourir,
laissant sa veuve, *Marie-Anne Desnier,* à la tête d'une famille
de cinq enfants et presque sans fortune. Le prix de l'office
et une petite propriété à Gimeaux constituaient tout l'avoir
de la maison.

La veuve était une noble femme, absolument illettrée,
mais vertueuse, courageuse d'âme et d'une piété sereine qui
lui permettait d'accepter sans découragement le rôle tutélaire que la mort lui avait légué. Sa tâche, du reste, était
déjà remplie en partie.

Son fils aîné, *Nicolas-Charles Romme* (1), avait déjà pris
son vol, et son premier essor laissait présager une course

____

(1) Nicolas-Charles Romme était en réalité issu d'un premier mariage
de Charles Romme avec Bonne Lamothe. Charles Romme avait épousé
en secondes noces Marie-Anne Desnier le 23 février 1745.

brillante dans le domaine de la science. A peine sorti du séminaire de Saint-Louis, où il avait été élevé en qualité de clerc tonsuré, grâce à une bourse fondée par M. Fouët, son parent, il avait abordé avec un talent hors ligne l'étude de l'astronomie. Disciple de Lalande, puis son ami, il avait obtenu, grâce à lui, la place de professeur de navigation à l'école de Rochefort. Déjà même il avait fait paraître une *Méthode pour mesurer les longitudes en mer,* et il préparait ces grands ouvrages sur la voilure et sur la mâture des vaisseaux qui devaient lui ouvrir les portes de l'Académie des sciences et le placer au rang des géomètres qui ont le plus contribué aux progrès de la marine française au XVIIIe siècle.

Le second fils, *Jean-François Romme,* avait à son tour profité de la bourse devenue vacante ; mais, plus fidèle à ses promesses saintes, il allait prononcer ses vœux et postulait en qualité de religieux bénédictin à la maison de Brantôme, près Bourdeille, en Périgord.

Une des filles, *Anne-Marie,* avait épousé M. Tailhand, qui avait succédé à son beau-père en qualité de procureur à la sénéchaussée d'Auvergne.

Seul Gilbert avait encore à tracer son sillon dans la vie.

Il avait eu pour premier précepteur un chanoine de Saint-Amable, l'abbé Bathias, dont le frère devait plus tard épouser la dernière sœur de son élève. Puis il était venu puiser à la source jaillissante d'enseignements et de lumières que la congrégation de l'Oratoire répandait alors dans la province.

Cette institution, fondée le siècle précédent par le cardinal de Bérulle, rivale pour le savoir de la célèbre Compagnie de Jésus, possédait deux écoles fameuses en Auvergne : une

militaire, celle d'Effiat, où la jeune noblesse s'élevait à
l'ombre des arbres séculaires qu'avait plantés un maréchal
de France ; l'autre civile, à Riom, qui avait remplacé l'école
du monastère de Saint-Amable et qui réunissait plus de
300 élèves sous une discipline intelligente.

Tout ce qui portait un nom dans le pays ou qui aspirait à
s'en faire un était venu s'asseoir sur les bancs de ces deux
établissements modèles.

Et tandis que, s'ignorant eux-mêmes, le futur amiral de
Villeneuve, héroïque vaincu de Trafalgar, Casabianca qui
devait tomber à Aboukir, avec son fils âgé de dix ans, l'im-
mortel Desaix préludaient modestement à leurs glorieuses
destinées militaires, toute une pléiade de jeunes hommes,
plus tard distingués dans les lettres, dans la philosophie et
dans le droit canonique, se formait sous la direction des
Sirmond, des Blaise Chaduc, des Galipeau, des Soanen et
de leur savante cohorte.

L'esprit scientifique était, paraît-il, dans la famille
Romme, car si Gilbert avait un peu négligé les belles lettres, s'il avait peu profité des principes théologiques déve-
loppés par les régents de l'Oratoire, du moins avait-il épuisé,
avec une ardeur infatigable, toutes les jouissances des mathématiques. Le disciple était bien vite devenu l'émule de
ses maîtres.

Un immense désir de continuer cette carrière, de s'en-
foncer dans l'étude des théories transcendantes de Newton
dévorait son esprit. Mais les chiffres plus que tout autre
chose enseignent que la vie est faite de pratique et que la
matérialité de l'existence s'accommode rarement avec le
simple idéal.

La perspective de l'avenir donnait à Romme cet air
penseur et un peu mélancolique qui chargeait sa tête d'an-

nées précoces qu'une nature studieuse et des mœurs aus-
tères avaient seules remplies.

Rien n'était écrit en caractères physiques sur cette puissance toute intérieure. Ses traits n'avaient rien de ce qui
charme et fixe le regard. Il était presque petit de taille, ses
membres semblaient grêles et anguleux, ses gestes sans
harmonie et sans grâce. Ses cheveux ronds, sa tenue, son
maintien excluaient l'élégance. Sa voix, un peu sourde,
inhabile à saisir les inflexions oratoires, ne trouvait souvent
que la fatigue de la monotonie. Son front proéminait comme
si la réflexion avait voulu s'y loger plus à l'aise. Ses yeux,
voilés par une myopie opiniâtre, s'enfonçaient profondément dans les cavités de leurs orbites en lançant des regards
vagues et flottants. Son teint était d'un jaune mat comme
celui d'un malade ou d'un homme consumé de veilles et de
méditations. Il y avait une certaine douceur dans son visage, mais une douceur timide et morose.

Il pouvait être une personnalité, une connaissance esti-
mée, mais il ne devait pas être un ami ; jamais du moins il
ne deviendrait une idole. C'est ainsi que chacun eût auguré
sur son compte.

Eh bien, on se serait trompé, car Gilbert eut des amis qui
l'aimèrent avec respect, presque avec adoration, qui sous
son enveloppe d'insociabilité avaient deviné un cœur serviable et bon. Parmi ses compatriotes, il en eut un, chose
admirable qui prouve que la nature vit de contrastes, qui
oublia pour lui ses instincts de caste, qui pour lui sacrifia
son nom, puis son honneur, puis sa vie.

II

La peinture d'un homme se complète par la peinture du milieu dans lequel il vit et par l'étude des personnes intimement liées à son existence.

Quoique ne devant s'adapter parfois qu'à de simples figurines et ne réfléter qu'un horizon restreint, cette peinture est nécessaire pour donner aux situations leur physionomie véritable et pour conserver à un portrait le cachet d'originalité qui lui convient. Les petits côtés de l'histoire ne sont pas à dédaigner et ce ne sont pas les grands hommes seulement qui sollicitent le pinceau du mémorialiste. Sans cela une cité, une province même seraient bien vite englobées par un seul trait dans la vue d'ensemble des grandes pages historiques d'un pays. De plus les grands hommes sont rares, rares aussi les piédestaux qui s'imposent à la postérité et sur le socle desquels le temps passe sans porter une main sacrilège.

J'aime les comparses sur une scène, les seconds plans au tableau, les détails dans une perspective. Le monde des géants n'est pas la nature et on se lasserait vite à ne contempler qu'un Olympe de dieux.

Parmi d'ailleurs les célébrités de second ordre que Riom possédait à cette époque et qui contribuèrent par leur estime ou par leur amitié à faire de Romme un personnage, il est plusieurs figures dignes de fixer l'intérêt.

Riom fut toujours la cité de l'étude et de la bonne compagnie. Dans ses murailles un peu étroites, il semble que l'esprit seul peut avoir de l'expansion. Depuis les époques joyeuses de Jean de Berry et de Pierre de Bourbon; l'écho a cessé d'y répercuter le bruit et l'éclat. L'air y est imprégné d'un certain parfum concentré de parchemins et d'infolio. Cujas et d'Hozier y dictent leurs lois.

Durant la féconde période de l'incubation révolutionnaire, notamment, la vie de l'ancienne cité ducale était en grande partie renfermée dans ses établissements judiciaires dont les membres, recrutés sur place et presque à titre héréditaire, composaient le principal élément de sa haute société.

La *Sénéchaussée* et le *Présidial* y tenaient la première place, et sur les fauteuils de ce siége, *l'un des plus beaux du royaume,* venaient s'asseoir les représentants des plus anciennes familles du pays : les de Langeac, de Sampigny, Milanges, du Deffant, du Fraisse du Cheix, Vissac, Brujas, Sirmond, Archon de la Roche, Barbat du Clozel, Pélissier de Féligonde, Urion de la Guesle, de Nevrezè, Archon Despeyrouses, Faydit, Grangier de Védières, Prohet, Bidon, Ducrohet. — Rollet d'Avaux et Chabrol présidaient cette majestueuse compagnie.

Venait ensuite le *Bureau des Finances* des rangs duquel étaient sortis les Arnaud, les d'Aguesseau, les Amelot, les Murat, les Tubœuf, les Chanut, les Courtin, les Pascal, les Ribeyre. Au rang des vingt-quatre trésoriers de France qui y siégeaient alors, bornons-nous à citer de Vissaguet, de Chalandrat, Teillard du Chambon, Dufour, de Podevigne, de l'Hospital, de Champfleury, Chevogeon du Vivé, Chamerlat des Guérins, Lemoine, Rancillac de Chazelles, d'Arnoux.

L'*Election,* dont le ressort s'étendait sur cent quarante et une collectes, avait pour premiers officiers MM. Gerzat, Beaulaton, de Bry, Valeix, Deval de Saunade.

On comptait encore au nombre des tribunaux :

La Monnaie qu'avait dirigé pendant plusieurs années le père de Marivaux, où MM. de Vissac, Tallon, Assolent et Lenormand de Fontenelle remplissaient les fonctions de juges-gardes, de contrôleur et de procureur du roi ;

La *Maîtrise des eaux et forêts* qui comprenait pour le contentieux un maître particulier, un lieutenant, un procureur du roi, sans compter les gardes-marteaux et receveur ;

Le *Grenier à sel* ou la juridiction du dépôt tenue par un président, un contrôleur et deux officiers.

En ajoutant à cela la prévôté de la maréchaussée, la juridiction consulaire, un barreau renommé dans toute la province, d'importantes corporations de procureurs, de notaires et de médecins, on aura l'ensemble des institutions qui enserraient Riom dans une atmosphère de savoir dogmatique, de langage sentencieux, de politesse exquise quoique cérémonieuse, de savoir vivre et de représentation.

Mais le prétoire ou le salon n'absorbaient pas à tel point cette société d'élite que le culte des sciences et des lettres n'y trouvât de nombreux adeptes. Le mouvement littéraire qui se produisait alors entraînait toutes les natures cultivées. Quelque influence en effet que les grands esprits exercent sur les pensées et sur les opinions de leur temps, ils reflètent toujours en eux cette teinte générale qui caractérise une époque et qui est le résultat de la marche incessante des idées. Or la science était à l'ordre du jour et les études spéculatives et exactes composaient l'aliment que la France entière était avide de savourer.

Dans sa sphère restreinte, Riom apportait un beau contingent à ces productions de l'intelligence, fruits mûris au

soleil levant d'une ère nouvelle. Claude de Barante, petit-
fils du commentateur Prohet et père de l'historien des ducs
de Bourgogne, mettait la dernière main à une *Géographie
élémentaire* et à son *Introduction sur l'étude des langues*. —
Gaspard du Clozel publiait les *Plaidoyers et les Poésies de
Libanius*.— Beaulieu, le futur collaborateur à la *Biographie
universelle*, se préparait au journalisme militant avec une
ardeur qui devait plus tard l'exposer à la mort et à la déportation. — Guillaume-Michel Chabrol terminait sa *Coutume*, tandis que Papon, de l'Oratoire, donnait au public
son *Histoire de la Provence* et que le chanoine Ordinaire
retraçait *l'Etat ancien de la Limagne relativement à son
histoire naturelle*. — Malouet, poète avant d'être homme
d'Etat, chantait la *Prise de Mahon*, les *Quatre parties du
jour à la mer*, puis livrait au public son *Mémoire sur l'esclavage des Nègres*. — Marie de Combes des Morelles lé-
guait en mourant aux âmes pieuses de sa ville natale ses
OEuvres spirituelles. — Nicolas Gobet communiquait ses
Réflexions sur l'Histoire d'Auvergne. — L'architecte Richier traçait les premiers plans de ses conceptions grandioses. — M. de Bruno, beau-père de M. Milanges, opérait
à Riom par le magnétisme des cures extraordinaires qui
devaient inspirer à Dom Pech, sur le point de poursuivre
la rétractation de ses vœux contre le régime de Cluny, ses
Essais de guérison au moyen de l'électricité.

Dans cet harmonieux concert de recherches et de labeurs,
si bien fait pour surexciter l'ardeur d'un néophyte, Gilbert
Romme avait eu l'heureuse fortune de trouver des guides,
des protecteurs et des émules. Les encouragements lui
étaient venus de toutes parts, de l'hôtel du patricien, de la
cellule du moine, du cabinet de l'homme d'étude, de l'é-
choppe de l'artisan.

A cette date où l'on n'avait pas encore proclamé l'égalité
et la fraternité, il est curieux de voir se grouper dans des
relations sociales pleines de charme les éléments les plus
disparates ; il est intéressant de voir des réunions, écloses
d'abord sur le terrain de la science entre hommes d'âges,
de fortune et de positions aussi dissemblables, se continuer
ensuite par le simple effet naturel d'une bienveillance sans
morgue et d'une déférence sans bassesse, se perpétuer enfin
par l'estime réciproque des caractères et par la sympathie
née du contact. Les efforts de nos politiques n'auraient-ils
abouti, triste transformation, qu'à substituer le dogme à la
pratique, le mot à la chose !

Le petit cercle qui avait rompu l'isolement de Gilbert
Romme et qui devait plus tard le rattacher à la patrie
absente par les fibres du souvenir présentait cet aspect particulier. Il comprenait dans une homogénéité pleine de contrastes Rollet d'Avaux, Dutour de Salvert, de Védières,
puis Boirat, Beaulaton, Dubreuil, Faucon, Delarbre, Démichel, Soubrany, personnalités aujourd'hui oubliées pour
la plupart et dont quelques-unes néanmoins méritent que le
crayon de l'annaliste estompe légèrement leurs traits.

III

Le martyrologe révolutionnaire consacre une page émouvante à cette belle figure de Rollet d'Avaux, président au
Présidial, arrêté dans son hôtel sur la dénonciation de domestiques avides, conduit à Paris sur une charrette, en
compagnie de sa femme, Adrienne de Villaines, héroïne
d'abnégation et de dévouement conjugal, et exécuté avec

elle par la main du bourreau au chant de la *Carmagnole.*

Suivant le mot de Robespierre : *Il y a des jours en Révolution où le crime est de vivre.* Ce fut le sien. Avant d'être immolée en holocauste, cette noble victime avait vécu une longue existence de vertu et d'honneur. Patriarche de la magistrature, il était une des lumières de sa compagnie. Accessible à chacun, bienveillant pour tous, il avait l'esprit ouvert à toutes les idées de progrès. Il aimait les jeunes et les vaillants.

Il se délassait de ses fonctions judiciaires dans l'étude attachante de la numismatique. Heureux au milieu de ses collections, enseveli dans la contemplation de ses médailles, se mirant dans leurs belles teintes d'un bleu turquoise, étudiant, classant, comparant ces documents fournis par l'art avec les documents de l'histoire, rectifiant des faits et des dates, expliquant les costumes, les usages, les mythes et les traditions, il oubliait le monde et goûtait la sérénité du sage. Lui aussi, à ces heures d'inoffensives extases, aurait pu déclarer comme un monomane célèbre qu'il ne quitterait pas l'examen d'un bas relief pour voir passer sous sa fenêtre le roi Salomon et la reine de Saba.

Dutour de Salvert était comme lui un esprit des plus distingués. Physicien émérite, il avait été nommé correspondant de l'Académie des sciences depuis 1746. Le monde savant connaissait ses *Recherches sur divers mouvements de la matière,* sur l'*Électricité,* ses *Expériences sur les tubes capillaires,* travaux dont l'importance lui avaient fait une place auprès des Euler et des Bernouilli. Il avait partagé le prix avec ces deux célèbres géomètres pour son mémoire sur *l'Attraction de l'aimant.*

Ses rares connaissances étaient encore rehaussées par la

modestie, l'affabilité et la charité. Aussi est-il le seul personnage vivant dont Chabrol ait cru devoir parler dans sa *Coutume*, tant son érudition et ses vertus s'imposaient à ses contemporains.

Son fils était à peu près de l'âge de Gilbert Romme, tout comme Soubrany, Delarbre et Démichel. Avec Romme il étudiait sous la direction paternelle les diverses applications des mathématiques aux arts et à l'industrie; avec Soubrany, le camarade d'enfance, il revivait les beaux jours de la jeunesse faits de rêveries et d'espoir dans l'avenir; avec Delarbre il s'enfonçait dans les bois ou gravissait les montagnes. Et tandis que l'un fouillait les volcans et les mines pour y découvrir les minéraux curieux et préparer les éléments de son mémoire sur la *Lithologie d'Auvergne*, l'autre épiait avec passion la fleur qui s'épanouit, la plante qui germe, le végétal qui se développe, suivant la nature pas à pas, admirant sa sagesse, sa diversité, sa fécondité, se donnant tout entier à cette gracieuse étude de la botanique que l'ennui ne flétrit jamais.

Salvert herborisait avec un tel talent, il dessinait avec une telle perfection, que son beau-frère, M. de Saint-Hilaire, plus tard membre de l'Institut, s'émerveillait des résultats qu'il avait obtenus et tirait partie des fines observations qu'il avait faites. Aussi ce savant naturaliste, au milieu des vastes forêts du Brésil, dans l'enivrement de la découverte d'une flore nouvelle s'épanouissant sur les rives de l'Amazone ou au sein des innombrables graminées qui peuplent les pampas, voulut-il l'associer à sa gloire en donnant son nom à l'une des plus belles plantes qu'il venait de conquérir. La *Salvertia* prit place dans le catalogue des botanistes en consacrant ainsi l'union touchante et la longue collaboration de ces deux chercheurs.

Dans la galerie que nous esquissons, la Littérature était représentée par un prêtre et la Théologie par un médecin ; non pas que le littérateur ne fut aussi un écrivain religieux et le théologien un excellent disciple d'Hippocrate, mais parce que les tendances les plus immédiates de l'esprit humain, les instincts innés de l'individu échappent quelquefois à la fonction professionnelle ou en élargissent le cercle.

L'imagination l'emportait chez le chanoine BEAULATON ; chez le docteur BOIRAT le mysticisme. L'un connaissait mieux l'art de développer les idées, l'autre l'art de les concevoir. Le premier s'abandonnait plus volontiers à sa nature harmonique, le second à l'harmonie de la nature.

Boirat était sobre, concis, aride même dans son langage et dans ses écrits : Beaulaton, au contraire, était fleuri, enthousiaste, affecté, emphatique. Toujours pompeux dans ses expressions, outré dans ses témoignages, il n'approchait ses amis qu'avec un luxe de compliments propres à étourdir, à éloigner même, si chacun n'avait su que ce débordement de périodes n'altérait en aucune façon chez lui la franchise du sentiment et la générosité de l'âme.

Originaire de La Perche, près Montaigut-en-Combrailles, Beaulaton avait professé les humanités à l'Oratoire de Riom. Il avait donné là un libre essor à son goût pour l'étude des langues et des littératures étrangères. Il s'y était même tellement absorbé qu'il dut renoncer à l'enseignement.

Un moment il conçut l'idée de quitter Riom et de se confiner dans la retraite des champs. Il écrivait à ce sujet dans son style à images : « Scipion était à Lintern, Cicéron à Tusculum, Catinat à Saint-Gratien ; ils y portaient le bonheur et l'y trouvaient. » Mais, dissuadé par ses amis, il

se retira plus simplement dans un canonicat qu'on obtint
pour lui à la Sainte-Chapelle de Riom.

C'est alors qu'il entreprit la traduction en vers du *Paradis
perdu,* de Milton, ce grand et divin poème qui jette ses
clartés sur la littérature anglaise comme un phare sur la
mer. Milton n'est pas seulement le poète du Nord, c'est encore celui de l'Italie et de l'Orient. Son poème est le sublime
développement de la Genèse. Un esprit religieux et tendre
comme celui de Beaulaton devait subir la loi d'un pareil
génie et se sentir invinciblement attiré par l'idéal de la
forme, le coloris des tableaux, les images scintillantes qui
distinguent l'œuvre du chantre britannique.

Beaulaton mit près de quatre ans à achever un travail
d'aussi longue haleine. Romme était déjà à Pétersbourg
quand la publication en fut faite. L'auteur l'en avisa par la
curieuse lettre que voici : « Vous savez donc, mon cher
Romme, que votre ami, le célibataire de profession, à qui
vous avez mis l'aumusse sur le bras, a fait un petit morveux
pendant votre absence. Vous le lui pardonnerez car vous
êtes humain, et vous aimerez aussi l'enfant en faveur du
père... Laissez tomber quelques regards, malgré vos charmantes agitations, sur ce marmot qui est — (je voudrais
bien attendrir votre cœur pour lui) — qui est Auvergnat,
Riomois, né au sein de vos amis, l'enfant de l'un d'eux, et
qui pourrait vous faire quelque honneur si vous preniez un
peu la peine de le tourner à votre manière, vous qui tirez
si bon parti des Russes. »

« L'ouvrage de Beaulaton, dit La Harpe, a beaucoup de
rapport avec la *Pharsale* de Brébœuf, c'est-à-dire qu'on y
trouve quelques morceaux bien faits, noyés dans un déluge
de vers boursoufflés et baroques. » La critique est peut-être
un peu sévère, néanmoins on est obligé de reconnaître que

notre autre poète, Delille, ne s'en est pas inspiré lorsqu'il a donné à son tour, dans un chef-d'œuvre de verve et d'inspiration, une nouvelle copie de ce tableau d'un grand maître.

Pendant ce temps, le docteur Boirat avait été nommé correspondant de la Société royale de Médecine. Il entrait en rapport avec Vicq d'Azir et lui adressait un mémoire sur les abus existants à l'hôpital de Riom et sur le meilleur mode à adopter pour y traiter les maladies des pauvres. Il se tenait au courant de toutes les découvertes et multipliait les efforts pour mettre son art au niveau de sa philanthropie ; mais tout le temps que ses occupations n'absorbaient pas, il le consacrait à l'étude des questions philosophiques, morales et religieuses. « La religion vaut encore mieux que la science, répétait-il souvent à Gilbert Romme pour lequel il avait une affection paternelle, le savoir enfle, seule la charité vivifie. » Il se complaisait dans ce travail solitaire de l'esprit humain qui cherche la vérité intrinsèque de chacune des conceptions du créateur, dans la méditation de cet admirable ensemble de doctrines qui harmonise sous la loi du devoir les volontés que mettraient incessamment en conflit les passions et les intérêts.

La note joyeuse était donnée par le bon, par l'incomparable FAUCON. Vif, alerte, plein de sève et d'entrain, aux oreilles longues, au nez de perroquet, aux yeux petits et vifs, aux larges et profondes narines, à l'élocution pétulante, abondante, énergique, il allait, versifiant à force, en patois du dialecte limagnien, laissant échapper de sa bouche bien fendue la plaisanterie grivoise et le rire sonore.

Amable Faucon, fils d'un marchand chapelier, occupait à Riom l'emploi de conducteur royal des chemins. L'intelli-

gence dont il était doué l'avait mis presque aussitôt au fait
de cette partie. Il était goûté de ses supérieurs et adoré
des paysans auxquels il faisait faire tout ce qu'il voulait en
riant et en se familiarisant avec eux.

Absolument sans fortune et surchargé de famille, il se
trouvait souvent aux prises avec les difficultés de l'existence : mais toujours gai et content, quelque tribulation
qu'il essuyât, il restait toujours le même homme, inconsé-
quent et sans jugement, babillant sans cesse, sans inquiétude pour le présent, sans préoccupation pour l'avenir,
content de vivre du jour à la journée et ne s'embarrassant
pas du lendemain.

Tout le monde avait voulu lire son *Portrait d'après nature
de l'homme sans pareil,* ses *Stances sur un dragon qui méprisait l'infanterie* et maintes autres bluettes patoises,
émaillées de jolies trouvailles, dont on s'arrachait les manuscrits et dont la ville entière faisait son régal.

Il préludait ainsi à des morceaux de plus longue haleine,
tels que le *Conte des Perdrix,* imité de Grécourt, le IVᵉ chant
de l'*Enéïde,* et surtout la *Henriade travestie.*

Le genre burlesque, le moins relevé de tous, qui ne saurait donner ni nourriture, ni nerf à l'intelligence humaine,
apparaissait encore quelquefois dans notre littérature, malgré les objurgations déjà anciennes de Boileau.

De même que d'Assoucy avait parodié Ovide, Brébeuf
avait travesti Lucain, Scarron l'*Enéïde,* de Junquières le
Télémaque. A son début dans la carrière, Marivaux avait
également parodié Homère et s'était laissé attribuer le travestissement de la *Henriade* de Voltaire dont il n'avait pas
cependant revendiqué ouvertement la paternité (1).

(1) Vers la même époque avait paru une *Henriade travestie* de Fou-
geret de Montbrun.

Ce fut cette dernière œuvre que Faucon entreprit de traduire en vers auvergnats, et qui mit le sceau à sa réputation de poète comique.

Mais ce travestissement où il a égréné à pleines mains les perles de sa gaieté bouffonne, qui donne aux nerfs de fortes secousses et désopile la rate ne devait voir le jour que quelques années plus tard.

Quant à SOUBRANY DE BENISTANT et à DÉMICHEL, ils sont liés d'une façon si intime à la vie du futur conventionnel, que leur silhouette se détachera forcément de la suite de notre récit.

DUBREUIL formait le trait d'union des divers personnages que nous avons mis en scène. C'est à la poste aux lettres dont il était le directeur que l'on se rencontrait le plus souvent comme sur un terrain neutre.

Sans posséder une spécialité bien marquée en aucun genre, son esprit était apte aux connaissances les plus diverses. Il s'occupait de mœurs, d'histoire, de voyages, de géographie, de politique. La politique devint même, sous l'influence des événements, sa préoccupation dominante. Au mois de février 1789, lors de l'assemblée relative à la confection des cahiers du Tiers-Etat, il fut élu député de la commune de Riom immédiatement après Malouet.

Dubreuil sortait peu, à raison d'une santé débile et d'un estomac délicat, mais il écrivait beaucoup. Pendant quinze années consécutives il entretint avec Romme une de ces correspondances intimes, affectueuses, pleines de détails, de personnalités et de remarques prises sur le vif qui constituerait un curieux journal de Riom à cette époque s'il n'était encore trop tôt pour le publier. Il fut le fil conduc-

teur qui mit incessamment son cher Gilbert en communication directe avec ses concitoyens, prévint l'oubli qu'en-
gendre l'éloignement et conserva à l'absent une patrie. Il
se fit pour lui la trompette de renommée qui proclame le
mérite, publie le savoir, sonne le rappel des influences de
clocher. Il dressa enfin à sa *vertu austère* un piédestal qui
permit à Romme, à l'heure où les mots de vertu et d'austé-
rité servaient de talismans, de venir s'offrir pour représenter le Puy-de-Dôme à la Législative et à la Convention.

Telle était la société au sein de laquelle s'écoulèrent les
premières années de Romme ; telle fut la sphère où gravita
sa jeunesse, sphère sereine et lumineuse où chacun accep-
tait la noble égalité du talent et la suzeraineté de l'âge et
du génie.

CHAPITRE II

Gilbert Romme à Paris. — La société française au xviiie siècle. — Savants et Philosophes. — Le comte de Golowkin. — La comtesse d'Harville. — Chaire de physique expérimentale à l'Académie de Riom. — Charles Romme. — Rapports entre les deux frères. — Démichel.

I

Gilbert Romme partit pour Paris dans les derniers mois de l'année 1774. Là seulement pouvait se développer tout à son aise sa puissante organisation pour le travail.

Sur le conseil de Boirat, il avait résolu de donner un but immédiat à son existence en étudiant la médecine dont le domaine complexe embrasse les connaissances les plus diverses, la physique, la chimie, l'histoire naturelle, les mathématiques mêmes qui lui tenaient si fort à cœur et dont rien n'aurait pu le détacher.

Il avait en poche des lettres de recommandation pour l'abbé Rozier, dans le *Journal de physique* duquel M. de Salvert publiait des articles, pour Vicq d'Azir, pour l'abbé Seguin que connaissait M. de Védières, pour du Carla et Fréron, amis intimes de Dubreuil, pour Thomas, Marmontel et Delille, les littérateurs auvergnats. Son nom devait suffire à le recommander à de Lalande.

C'était bien là d'ailleurs sa principale ou, pour mieux dire, son unique richesse. Comme Bias en Ionie il portait avec lui tous ses biens, sa foi dans l'avenir, quelques ouvrages scientifiques et une sacoche contenant une somme de 200 livres que le chanoine Beaulaton lui avait généreusement prêtée, sans emphase, cette fois, et sans que personne le sut. Gilbert avait tenu, en fils dévoué et tendre, à laisser à sa mère la jouissance intégrale du petit pécule qu'il aurait eu le droit de prélever sur la succession paternelle.

Notre jeune Auvergnat se fait inscrire au cours d'anatomie de M. Portal, au cours de chimie de MM. Roux et des Essarts.

Il achète une épée, une bourse à cheveux, un chapeau à mettre sous le bras, une boîte à poudre et court chez les personnes pour lesquelles il a des références espérant trouver en elles des protecteurs.

Ses premiers pas dans la grande cité furent une sorte d'ivresse morale, ses premières impressions un éblouissement intellectuel, une contemplation extatique.

Il était survenu dans la nation française un de ces phénomènes qui précèdent à peu de distance le renouvellement des peuples. Un esprit d'investigation, curieux jusqu'à l'audace, s'était introduit dans la partie pensante de la société. La verve scintillante, la gaieté satirique envahissaient toutes les questions politiques, religieuses, sociales avec l'impétuosité d'un torrent et soulevaient les idées avec la puissance d'une tempête. La philosophie était à l'ordre du jour ; elle réunissait autant d'adeptes que le fameux baquet de Mesmer. Les célébrités anciennes, les réputations naissantes, animées de l'esprit de vertige, se constituaient les apôtres du doute, les promoteurs de toutes les doctrines sensualistes et sceptiques.

Le branle de novation avait été donné par la publication de l'*Encyclopédie*, œuvre gigantesque, marquée au coin d'une constante propension vers le matérialisme, ce dernier mot de la philosophie du XVIIIe siècle. Il n'y a pas une page, même la plus désintéressée et en apparence la plus contemplative, qui ne révèle cette tendance et cette sorte de polémique de l'esprit; chaque article y est imprégné d'un principe de destruction présenté comme l'instrument du principe de renouvellement.

Ce n'était pas en vain que ce levier immense avait pesé sur les institutions. En les ébranlant par secousses il les avait lézardées et mûries pour la chute. A force de tout remuer autour d'elles il en avait mis les fondements à découvert.

La philosophie s'étala à son aise sur cet amas de décombres; elle se joua au milieu du chaos; elle tria des matériaux dans cette incomparable Babel pour constituer un nouvel ordre de choses. Dans toute l'Europe les Universités, les Académies étaient les échos de la philosophie française. Ses principaux organes, consultés, respectés comme des oracles par le monde entier, distribuaient en quelque sorte la renommée.

On se laissait aller à la dérive, confiant dans le coup d'œil de ces hardis pilotes dont l'allure était virile, émancipée, pleine de promesses. Le bandeau des illusions couvrait même le front royal. Frédéric le Grand, Catherine II s'arrachaient nos Platons modernes. Joseph II adoptait leurs maximes. On écoutait ceux qui jetaient une note discordante au milieu de l'universelle et présomptueuse confiance comme les Troyens écoutaient Cassandre.

Nouveaux Curtius marchant aux abîmes, les grands se montraient les plus laborieux ouvriers de ce grandiose enfantement. Les ducs de La Rochefoucauld, de Nivernais, de Clermont-Tonnerre, le prince de Beauveau et autres introduisaient dans la bonne compagnie le culte des sciences, l'engouement pour tous les genres de mérites personnels.

Les salons les plus en vogue s'ouvraient à l'expansion des doctrines dont ils ne pressentaient pas les destinées sanglantes. C'est à peine si Mme du Deffant contenait à demi l'explosion du sensualisme d'Helvétius, les licencieuses imaginations de Diderot, les impiétés du baron d'Holbach. Le boudoir de Mlle Lespinasse servait de laboratoire aux propositions de d'Alembert. Mme d'Epinay couvait J.-J. Rousseau près des eaux de la Chevrette, dans son hospitalier hermitage de Montmorency. Mmes de Sillery, de Buffon, de Sercy, de Simiane, de Sabran, d'Angiviliers tenaient des bureaux d'esprit dans leurs hôtels dont les portes mi-closes laissaient s'échapper des tressaillements précurseurs.

Elevées avec les livres de Mme de Genlis, avec les romans de Diderot, avec les utopies de Jean-Jacques, les femmes dépouillaient leur cœur de toutes les croyances naïves et faisaient les philosophes pour se grandir. Eprises de la nouveauté et des soucis virils, elles jouaient à l'abstrait, se lançaient dans le mouvement avec l'ardeur passionnée et sans règle de la nature féminine. Le *Contrat social* devenait leur évangile, l'*Emile* leur manuel d'éducation, la *Nouvelle Héloïse* le code de leurs amours.

Mais aussi quelle soif inextinguible de connaissances nouvelles ! quel essor de l'intelligence humaine, quel monde de scintillements, quelle pléiade de talents, de génies, d'artistes !

Lavoisier et de Fourcroy élevaient par leurs travaux la chimie au rang de l'une des premières sciences. Entraîné sur les pas lumineux de Laplace et de Lagrange, on commençait à mesurer hardiment les cieux. Choiseul Gouffier et Volney tiraient le voile que trois siècles avaient jeté entre nos yeux et l'Orient. Bougainville parcourait les quatre parties du monde.

Dorat, Collardeau, Doré, Crébillon semaient leur muse et leur esprit, leur madrigal ou leur badinage. Gudin, Dussaulx, Bitaubé, Cailhava, Buffon rêvaient ensemble les utopies de la raison.

Le théâtre se réveillait de ses fades langueurs aux traits acérés, aux saillies mordantes de Beaumarchais. Un frisson de jeunesse ravivait sur la scène l'acteur Brizard, l'Anchise aux cheveux blancs de la Comédie-Française.

On courait aux ateliers de Houdon, de Moitte, de Vien, de David, de Julien.

On goûtait et on recherchait Bernardin de Saint-Pierre, Ducis, Bailly, La Harpe, l'attique Barthélemy, l'éloquent Thomas, le patriotique du Belloy, le pindarique Lebrun. Lemier à la forme barbare, Lemier, le poète d'un vers, lisait à l'Académie ses fragments de tragédies remplis de tournures et d'ellipses étranges, tandis que l'abbé Delille, notre Virgile français, y déclamait son épisode des *Catacombes*.

Dans la rue, mille voix, mille cris, tout un peuple enfiévré, une ville murmurante, musée et égout, enthousiasme et fougue, grandeur et abaissement, gloire et vanité, anéantissement et rénovation. Comment ne pas être ébloui par un pareil spectacle, comment ne pas être un moment étourdi par le tourbillon !

II

Cependant Gilbert Romme était une nature trop positive pour demeurer longtemps accessible aux rêves et aux chimères. Chez lui la fièvre était froide comme les sens. Une seule passion l'absorbait, l'étude.

De son modeste appartement situé près du ciel, à quatre-vingts marches au-dessus du sol, dans la rue des Lavandières, place Maubert, il coudoyait plus souvent la pauvreté qui grouille que l'opulence qui rayonne. Mais le luxe n'était pas pour lui un besoin et le cénobitisme ne l'effrayait pas.

« Deux morceaux de bois me servent de chenets, écrivait-il ; je les laisse brûler lorsqu'il fait trop froid, c'est-à-dire que je n'ai ni chenets, ni pelle, ni pincettes. Jugez de mon embarras pour faire cuire les marrons que ma mère m'a envoyés ; je les mets aisément au feu, mais je ne les retire pas de même. Je ris souvent du manége auquel je suis obligé de me livrer, et c'est la seule impression que me fait l'aspect de ma misère... Un lit à sangles, un matelas, un drap, une couverte, point de rideaux, deux chaises, un pot à eau, un verre, voilà l'inventaire de mon mobilier. »

En revanche il n'était pas de jour qui ne lui fournît l'occasion de précieuses relations intellectuelles.

Delille lui avait fait connaître l'abbé d'Espagnac, fils de l'historien du maréchal de Saxe. — Rozier l'avait présenté à M. Sigaud de Lafond chez qui il rencontrait Turpin, l'auteur du *Plutarque français*, Suard, La Harpe et Mittouard. — Par l'intermédiaire de l'abbé Seguin, il avait été mis en relations avec l'abbé Bossut et avec l'académicien Guettard. — Sage, Cabanis, Portal et Cousin l'accueillaient et s'intéressaient à lui.

Il lui avait même été donné de pénétrer dans cette fameuse salle à manger de l'éditeur Panckoucke, où, après les dîners du jeudi, le cénacle encyclopédique, le jeune et élégant Helvétius, Diderot sale et débraillé, d'Holbach le voluptueux, d'Alembert aux formes vulgaires, admettaient un petit cercle d'admirateurs.

A cette fréquentation des hommes en renom, l'esprit s'assouplit; l'œil perçoit les objets avec une netteté particulière; s'il distingue mieux les quintescences, les miroitements et les ciselures, il distingue aussi les aspérités de caractères, les défauts de l'idole, le strass qui marie ses facettes à celles du diamant.

Dans son rôle de solliciteur, Gilbert était maintefois exposé à se trouver placé au revers de la médaille. Nous trouvons quelques-unes de ses observations prises sur le vif déposées dans sa correspondance avec Dubreuil, journal intime que nous feuilleterons souvent parce que les impressions y sont tracées avec d'autant plus de franchise et d'abandon qu'elles sont confiées à l'oreille seule d'un ami.

« J'ai vu d'Alembert, lui dit-il. Il était avec un peintre qui dessinait son portrait. On peut dire que sa taille et sa physionomie font un grand contraste avec l'esprit et les talents qui lui valent une réputation si étendue. Si le peintre n'eut point eu de crayon à la main, je l'aurais pris pour le savant et d'Alembert pour son domestique. Le père Berthier à qui j'étais redevable de cette entrevue lui demanda quel plan d'études devaient suivre les jeunes gens pour s'instruire en mathématiques. D'Alembert conseilla le cours de Bezout pour commencer, les ouvrages de Jacquier et d'Euler pour se perfectionner, et ses propres ouvrages si on voulait pénétrer dans ce que les mathématiques ont de plus transcendant. Ce dernier trait m'apprit ce que d'Alembert pensait de lui-même. »

Quant à M. de Lalande, « il veut être dans la conversation ce qu'est d'Alembert dans les deux Académies dont il fait partie, c'est-à-dire seul juge et directeur. Quiconque a le malheur de lui déplaire, déplaît aux deux compagnies. Il se charge seul de distribuer les manteaux philosophiques et d'asseoir dans les fauteuils académiques non pas qui le mérite, mais qui lui convient. »

Appréciant ensuite la différence de réception que lui avaient faite Guettard et l'abbé Bossut : « Je n'ai jamais mieux senti, observe-t-il à son confident habituel, quelle différence la géométrie et la physique mettent dans les caractères qu'en présence de ces deux messieurs. L'un, simple et bon, oblige pour le seul plaisir de le faire, l'autre n'oblige qu'en faisant sentir sa supériorité. Il semble qu'un géomètre a le droit de se croire autant au-dessus des autres hommes que sa partie est au-dessus des autres sciences. » — N'est-ce pas là la plus naïve exclamation qui puisse échapper à un géomètre convaincu ?

D'ailleurs le jeune Riomois éprouvait des scrupules de mettre à contribution le bon vouloir de tant d'hommes éminents : « Je commence à être peiné de l'approche de tous ces savants. Je me sais mauvais gré d'intéresser des personnes de premier rang au sort d'un petit provincial qui, parce qu'il n'a pas d'argent dans sa bourse, veut que les d'Alembert, les Bossut, les Guettard se remuent pour lui en procurer. Tout bien considéré, ma conduite a quelque chose qui choque. »

D'un autre côté, cette multiplicité de protecteurs faisait craindre à ses amis de Riom tantôt que Romme ne se laissât détourner de la carrière médicale sous la pression absorbante des spécialistes, tantôt que les littérateurs et les poètes n'exerçassent sur lui le charme magnétique de leur langage. Gilbert ne cessait de les rassurer. « Il n'en est rien, leur disait-il, je n'ambitionne que trois ou quatre

élèves pour lesquels je sacrifierai quatre heures par jour.
Le reste est destiné à la médecine. »

Et pour les confirmer, pour se confirmer lui-même dans
cette détermination peut-être un peu contrainte, il leur
adresse une sorte de profession de foi sur son goût pour
l'universalité et sur son dégoût pour l'histoire et pour la
simple littérature.

« Je me plais trop à la partie curieuse des sciences, vous
a-t-on dit, je ne cherche pas assez à me fixer. Il n'y a qu'une
personne très-éclairée qui soit en droit de porter un tel jugement, car il n'y a qu'une personne très-éclairée qui
sache distinguer le curieux de l'utile ou, plus exactement,
l'utile du supplément agréable dans les sciences. Avec la
meilleure envie de mettre de la bonne foi dans ce propos,
on pourrait encore très-bien ne pas approcher de la vérité.

» Mon instruction est mon seul but, ma seule passion.
Toutes les découvertes modernes ont droit de m'intéresser
et je m'y livre avec ardeur. Si c'est là mon crime, je l'avoue,
et j'ai cela de commun avec une classe que je respecterai
toujours, celle des gens studieux qui ne connaissent d'autre
jouissance que d'acquérir une connaissance de plus.

» La carrière des sciences offre des joujoux, des amuset-
tes comme toutes les autres parties de l'industrie humaine.
La physique et la chimie qui jettent un jour si important
dans les arts mécaniques, arment aussi les charlatans et
dirigent les artisans du luxe.

» Le chimiste cherche dans une plante un remède, et
c'est aussi le chimiste qui y cherche avec le même scrupule
la fécule dont nos dames se peignent le visage. Le frivole
est à côté de l'utile et on parvient à l'un et à l'autre en se
servant souvent des mêmes instruments, de la même marche
et en montrant autant d'art et autant de lumières.

» Lorsque Comus se propose d'amuser tout Paris par ses tours, il fait de la physique aussi bien que Franklin lorsqu'il protège nos maisons contre la foudre. Ainsi, entre les mains de Comus, la physique est un art frivole, entre les mains de Franklin elle est un art utile. Faut-il donc abandonner cette carrière parce qu'il s'y trouve quelques charlatans ? Par la même raison il faudrait renoncer à la vie parce que vous respirez un air qui a traversé les poumons d'un coquin...

» L'universalité est mon faible. Je me jette à corps perdu sur tout ce qui paraît intéressant, sans considérer s'il en rejaillit quelque lumière sur la partie qui doit me donner un état ; mais ne pensez pas que je perde un instant pour me procurer une place fixe comme vous me le recommandez .très-bien.

» .... Je déteste l'histoire presqu'autant que la simple littérature ! Voulez-vous que je commente moi-même le blasphème que je viens de proférer ? Les petits vers, les romans, les grands et les petits poèmes, enfin tous les colifichets de notre littérature, dans lesquels on admire l'élégance, la fraîcheur, l'énergie, la pureté, le coloris, la fécondité, l'harmonie du style, sont pour moi d'une fadeur insoutenable. La lecture en est si insipide pour moi, que ce qu'on appelle les ouvrages de génie dans ce genre, qui provoquent le souris gracieux de nos femmelettes, l'encens de nos flatteurs, me font bailler à la mort. Je n'y trouve que des mots, des phrases, — des mots, des phrases et du beau papier. Voilà ma profession de foi pour la littérature ; vous voyez que c'est le contre-pied de ce que vous pensez.

» Vous ne vous êtes pas mépris autant pour l'histoire que je distinguerai en histoire politique et en histoire des mœurs et des sciences. Cette dernière est vraiment essentielle et mérite toute l'attention des gens sensés ; ils apprennent par elle à apprécier les progrès de nos connaissances, à confondre les ignorants qui dépriment les anciens et les fanatiques qui les admirent à l'excès.

» L'histoire des mœurs a beaucoup d'inconvénients et n'a pas encore été traitée d'une manière intéressante et *ex professo*.

» Mais l'histoire politique, l'histoire des conquêtes est toujours celle des carnages, des injustices, de la cruauté, de l'ambition des hommes de tous les âges. Ne suffit-il pas d'être les tristes et malheureux témoins et trop souvent les opprimés dans les scènes odieuses qui se passent sous nos yeux, sans chercher à nous repaitre des folies des anciens et à autoriser nos atrocités par les leurs. A mes yeux, un héros est toujours un fou, et trop souvent un coquin qu'on décore parce qu'on le craint, qu'on ne pourrait le punir, et peut-être aussi parce qu'on croit retrouver en soi-même quelque conformité de goûts ou de passions avec celui qu'on honore. On applaudit aux vices qu'on cherche à approuver en soi, et l'on aime à appeler grand homme celui qui nous ressemble....... »

III

Gilbert Romme vit enfin se réaliser ses plus chers désirs. Ses trois premiers écoliers furent trois Américains : l'un de Grenade, les deux autres du cap Tibron, à Saint-Domingue. Pour lui qui ne dépensait que 27 livres chaque mois, trois leçons par semaine, à un écu la leçon, c'était déjà la possibilité de vivre.

Bientôt même sa position s'améliora. Le mathématicien

Dupont lui ouvrit en effet l'accès de la maison d'un seigneur russe qui devait avoir sur son avenir une influence décisive.

Le comte de GOLOWKIN était un homme aussi élevé par le cœur que par le rang, d'une éducation parfaite, très-instruit, aimant à entretenir les savants, vivant en philosophe moderne. Né à Berlin, où son père représentait la Russie en qualité d'ambassadeur, il avait été chambellan du roi de Prusse. Plus tard, devenu infirme, il s'était fixé à Paris pour s'occuper de l'éducation de ses enfants. Il avait toujours refusé de rentrer en Russie, pays d'origine de sa famille, disant, avec une grande indépendance d'opinion, qu'il ne remettrait les pieds à Pétersbourg que lorsqu'on n'y pratiquerait plus les trois proverbes suivants, dont voici la traduction :

> Je suis coupable sans avoir péché.
> Tout est à Dieu et au souverain.
> Quoique je ne sois pas content, je suis tout prêt à obéir.

Depuis cinq ans son fils était placé sous la direction d'un gouverneur allemand qui parlait la langue de cinq différentes nations et qui eût été vraiment instruit s'il avait su penser en autant de sciences.

Romme était appelé à compléter l'enseignement de ce grammairien universel et à développer dans cette jeune intelligence les dispositions étrangères à la linguistique. De l'école de chimie, des amphithéâtres de dissection, il se rendait comme à une fête chez le père de son élève qui, soit dans son hôtel à Paris, soit à sa campagne de Passy, le recevait avec l'affabilité la plus grande et le retenait souvent à dîner.

Détail caractéristique et que l'on ne peut s'empêcher de

remarquer dans le cours de l'existence de Gilbert Romme, toutes les personnes qui le connurent plus intimement s'attachèrent à lui. L'estime qu'il inspirait dégénérait insensiblement en sympathie. La confiance naissait de sa sériosité même qui était chez lui la compagne fidèle d'une raison saine et d'un cœur droit. Sa franchise, son peu d'habitude d'habiller sa pensée, loin de lui nuire, lui conciliaient les esprits.

Le comte de Golowkin n'échappa pas à cette influence, et son amitié devint pour Romme comme une rosée bienfaisante qui vivifie la plante, lui donne une sève nouvelle et redresse sa tige au milieu des herbes folles parmi lesquelles elle serait demeurée confondue.

Un nouvel horizon de fréquentations utiles apparut au jeune savant, grâce à la puissante entremise du comte qui sut intéresser à ses efforts le baron de Stahl, le baron de Flaxelanden, le comte Dessuilles, le chevalier de Lameth, le comte d'Albaret. Les salons de la comtesse de Genlis, de Mme Helvétius, de Mlle de la Valeterière, de la comtesse de Jumilhac lui furent ouverts. La marquise de Moncamp et la comtesse d'Harville, toutes puissantes sur l'esprit du comte, ne négligèrent aucune occasion de fixer l'incertitude de son sort.

L'effet de ces hautes influences ne tarda pas à se faire sentir. On commença à s'apercevoir que Romme avait du talent et du mérite.

Des chaires de professeur de mathématiques en province, puis à l'institution Rollin, puis à l'Ecole militaire, lui furent offertes ; il les refusa.

Rozier, dont le journal était une tribune ouverte à toutes les théories de physique et d'histoire naturelle, lui confia le soin de répondre à plusieurs questions formulées par l'Académie de Lyon.

Sage, le célèbre chimiste, l'adversaire scientifique de Lavoisier, de Guyton de Morveau, de Fourcroy et de ses confrères en général, le recommandait au prince de Montbarey comme un homme de grande valeur, auquel il s'intéressait *comme à son frère*.

Mme la comtesse d'Harville elle-même, née princesse de la Cisterne, dame d'honneur de Mme la comtesse d'Artois, n'hésita pas pour Romme à redevenir écolière. Elle le fit descendre de son grenier pour l'installer dans son hôtel de la rue des Petits-Augustins et recevoir de lui des leçons sous lesquelles elle déguisait avec une délicatesse touchante le plaisir d'obliger. L'amitié féminine est tout indulgence, tout sacrifice, tout abnégation. Elle a le charme doux de la violette, l'attrait irrésistible du soleil d'une matinée de printemps. L'attachement pur et loyal de la comtesse devait résister à l'action du temps, à l'éloignement, au vertige révolutionnaire ; il devait survivre à la mort.

Grâce à ces relations, Romme prenait auprès de ses compatriotes une véritable importance. Ces derniers lui écrivaient comme à un homme influent. Gilbert s'en affligeait : « Je ne suis encore, leur répondait-il, qu'un très-petit maître de mathématiques dont le crédit est aussi borné que la fortune. »

Il est vrai qu'en ce qui concernait son pays natal, il ne négligeait ni les souvenirs particuliers, ni l'intérêt général.

Il envoyait à Dubreuil les publications nouvelles, à M. de Salvert des instruments perfectionnés, à Rollet d'Avaux d'intéressantes observations météorologiques. Il indiquait à M. Boirat des cas curieux de médecine et de chirurgie susceptibles de l'intéresser. Il cherchait à Paris un censeur pour un nouvel ouvrage de Beaulaton, visitait à l'abbaye de Saint-Martin un des nombreux fils de Faucon. A Soubrany il adressait des spécimens d'un journal militaire en création : « Tâchez de faire quelques souscriptions parmi nos jeunes officiers, lui recommandait-il ; ils apprendront ainsi que ce n'est pas en fréquentant les coulisses et en menaçant des histrions que nos héros français ont porté leur nom au temple de mémoire. »

En même temps, il poussait M. Rozier à se fournir de papier à Thiers plutôt qu'à Limoges pour son journal. Il faisait encore rechercher dans la même ville des industriels capables d'installer une papeterie sur l'Ourcq, dans la terre de la Trousse, à Mme d'Harville, à 15 lieues de Paris.

Il caressait aussi un autre projet avantageux pour sa patrie et qui était de nature à le rapprocher de ses amis. Pour le réaliser, il mettait en jeu tous les ressorts dont pouvaient disposer ses protecteurs et toute l'énergie que lui donnait le sentiment de poursuivre une œuvre utile.

Depuis le commencement du XVIIe siècle, Riom possédait une Académie prospère, où un écuyer, pourvu des lettres-patentes du roi, enseignait aux gentilshommes de la province l'équitation et le métier des armes. Elle servait de complément à l'école d'Effiat. Romme avait rêvé de doter cette Académie d'une chaire spéciale de mathématiques et de physique expérimentale.

Or, quand Romme poursuivait un but, il le poursuivait avec ardeur. Ce n'est pas à tort que son opiniâtreté, son énergie sans apparat, sa solidité au travail lui valurent plus tard le surnom caractéristique de *mulet d'Auvergne*.

Gilbert agite donc au profit de son idée toutes les influences. A Paris, Mme la comtesse d'Harville, d'Alembert, Condorcet, Mme Helvétius, l'abbé Bossut qui venait, lui

aussi, d'être nommé titulaire d'une chaire nouvelle d'hydro-
dynamique, puis MM. Taboureau et Guerrier de Sézanne
entrent dans ses vues ; en Auvergne, M. de Chazerat,
MM. Andraud, de Védières, tous les échevins et personnages de marque. Il écrit à tous ceux dont le concert
est nécessaire pour donner à ce projet la stabilité et la
considération qu'il mérite. Il invite la province à faire les
principaux frais, Riom à donner à un pareil établissement
un aveu authentique. Il adresse mémoire sur mémoire au
ministre Turgot et à Mgr l'Intendant.

« La physique expérimentale, dit-il à M. le Contrôleur
général, qui apprend à étudier la nature, et les mathématiques qui dirigent le physicien dans sa marche ne méri-
tent-elles pas une protection particulière ? Leur utilité est
trop bien prouvée par leurs applications nombreuses dans
les arts et parce qu'elles sont plus propres à former le raisonnement et à accoutumer l'esprit à démêler le vrai du
probable. Les vérités sensibles et agréables de la physique
sont trop propres à disposer aux vérités abstraites des mathématiques pour séparer ces deux sciences dont l'une n'est
que l'instrument de l'autre. »
Puis, spécialisant son sujet, il ajoute : « A ces motifs,
qui seraient applicables à toutes les provinces, s'en joignent
de particuliers à l'Auvergne. Ses habitants n'ont d'autres
moyens de se rendre utiles à la société que de rechercher
des places dans les divers tribunaux de justice. La grande
population qui absorbe tout l'effet de la fertilité du pays
deviendrait une source de richesse pour l'Etat, si on formait une jeunesse oisive aux arts et aux sciences. La jeune
noblesse, pour se dresser à l'état militaire auquel elle se
destine ordinairement, n'a d'autre établissement que l'Académie d'équitation. L'objet que s'est proposé le gouverne-

ment en créant cette institution ne serait-il pas rempli plus complétement si on y joignait une chaire de mathématiques et de physique. La guerre est devenue un art difficile et qui suppose des connaissances depuis qu'on en a fait un art méthodique. »

Il est plus explicite encore dans l'exposé de ses vues à l'Intendant de la province : « Les conséquences d'un pareil établissement seraient incalculables. Les habitants, devenus plus industrieux et plus éclairés, s'efforceraient de rendre à la culture des marais immenses qui infestent les environs de Riom et de Clermont ; les productions de toute espèce, que la nature semble avoir pris plaisir d'y accumuler et qui ne sont encore connues que des naturalistes, permettraient la création de quelques manufactures ; le commerce, pour y fleurir, ne demanderait qu'à multiplier les routes ou à rendre les rivières plus navigables. »

C'est par les mêmes moyens que, dans des lettres rendues publiques, il réchauffe avec une persistance infatigable le zèle de ses concitoyens : « En sollicitant la création d'une chaire de mathématiques et de physique expérimentale, écrit-il, je n'ai jamais entendu solliciter pour moi exclusivement. J'ai pensé que la grande population de notre province demandait d'autres secours que ceux que la nature a répandus sur un sol fécond ; que d'y mettre en honneur les sciences et les arts et réveiller l'industrie était un projet digne d'occuper le ministère. En présentant la fondation d'une chaire, je n'ai présenté qu'une partie d'un projet qui s'étend à des établissements de tout genre. Ainsi un médecin est entré dans mes vues en sollicitant aussi une chaire d'accouchement. Le penchant aux sciences nous fait défaut. C'est à ceux qui sentent le vide de la province à cet égard à en inspirer le goût. On ne saurait aimer ce qu'on ne connaît

pas. Et je regarde comme perdus ceux qui commencent la
carrière par les illusions du bel esprit et par les spectacles.
C'est éloigner toute une classe de citoyens du seul but utile
à l'homme que de lui présenter des amusements et des belles
lettres. L'Auvergne touche au moment décisif pour se former aux sciences ou pour y renoncer à jamais et se voir
livrée au ridicule du bel esprit, qui a tellement infecté nos
Parisiens, qu'on ne saurait tirer d'eux que des mots élégam-
ment rangés, ronflants et harmonieux, mais sans nerfs et
sans fond.

« Sans doute il ne m'appartient pas de réformer mes
compatriotes, mais il m'appartient de le désirer, d'en
concevoir la possibilité et d'y intéresser ceux qui peuvent
le faire. Je n'ai point encore trouvé une seule personne
raisonnable qui m'ait fait, à ce sujet, la plus légère objec-
tion. »

Tout marchait au gré de ses vœux. Turgot, le grand
ministre, Turgot à qui il n'a manqué peut-être pour être un
second Sully que l'appui qu'il eût trouvé dans le génie et
dans la fermeté d'un second Henri IV, approuvait les revendications décentralisatrices qui avaient pour but d'empêcher
les provinces éloignées de demeurer, en toutes matières, les
tributaires de Paris. Lié avec les chefs de la nouvelle école,
désireux de faire disparaître les abus d'une organisation
vieillie, et d'introduire dans les diverses branches de l'administration les réformes devenues nécessaires, il allait
signer les lettres de provision du professeur académiste
lorsqu'il tomba, sacrifié à une intrigue de cour et à l'ambition
des politiques auxquels il portait ombrage, au grand détri-
ment du roi et de la nation.

La disgrâce inattendue de Turgot paralysait tous les

efforts de Gilbert Romme et lui enlevait toute espérance de revoir sa patrie avec le titre de physicien.

Ce n'est pas sans amertume qu'il vit s'évanouir ses espérances et malgré lui la plainte s'exhale à travers l'étalage affecté de sa stoïque philosophie.

« Cet événement devrait m'affecter particulièrement, dit-il, puisqu'il me prive du précieux avantage de vivre au sein de ma famille et de mes amis et de me livrer à l'occupation la plus analogue à mon goût et à ma santé. Ce n'est pas cependant la plus forte blessure que m'ait causée cette chute. Je m'étais trop bien prémuni en ne fondant pas trop d'espoir sur une chose qui dépendait de tant de personnes et de tant de circonstances. Accoutumé à une honnête médiocrité, j'étais ébahi de la perspective agréable que l'on m'offrait et je n'osais y croire. Aussi ai-je actuellement l'avantage de ne pas être obligé de réformer mes sentiments. Mon ambition n'en est nullement révoltée. J'attendrai en silence ma destinée de la Providence.

» Ce serait une folle prétention de se croire exempt des empêchements et des vicissitudes attachés aux actions de l'homme. Ce n'est qu'en fendant la foule et après avoir été ballotté qu'on peut atteindre l'asile qui nous est destiné. Le tourment de l'homme et ce qui le constitue malheureux vient peut-être moins de la suite des maux qu'il essuie que de ce qu'il n'a pas su les prévoir. »

IV

Il y a un sentiment qui est toujours jeune, qui ne fleurit pas avec le printemps pour se flétrir avec l'automne, c'est le sentiment régénérateur de la famille. Au milieu des peines de la vie, de la mêlée vertigineuse des passions il est doux de se réfugier un instant sous la tente des affections naturelles, de s'y retremper pour les luttes du lendemain. Rien ne repose comme le front ridé de l'aïeule ou comme l'âme jumelle d'un frère.

Gilbert aurait dû puiser quelque soulagement à ses déboires dans la présence de son frère aîné qui se trouvait à Paris à cette date, poursuivant, de son côté, sa nomination de correspondant à l'Académie des sciences. Il n'en fut rien.

Entre Charles et Gilbert Romme aucune affinité de cœur n'existait. Esprits distingués tous les deux, doués d'aptitudes analogues, appliqués aux mêmes études scientifiques, tout semblait devoir les rapprocher, et cependant de tous ces contacts intellectuels aucune étincelle sympathique n'avait jailli. Ils marchaient parallèlement dans la vie, sans s'appuyer l'un sur l'autre, sans désir de voir leurs deux noms unis par la renommée.

De son modeste ermitage de Gimeaux, la vieille mère, « cette mère de douleurs qui avait fait successivement le sacrifice de ses trois fils, » gémissait anxieusement sur l'indifférence qu'elle voyait surgir entre ses enfants comme une barrière de glace. Ses lettres simples et naïves, prêchant l'union et l'amour mutuel, étaient, sans le savoir, la touchante paraphrase du proverbe de Salomon qui dit que *les discordes entre frères sont comme les verrous d'un palais.*

Par respect filial, Gilbert avait plusieurs fois tenté d'éveiller cet écho intime auquel la tendresse maternelle faisait de pressants appels :

« Que notre mère, écrivait-il, voie régner l'union entre nous. Je vous le demande pour elle autant que pour moi. Ce serait d'autant plus facile qu'il n'existe réellement aucun motif un peu grave à notre éloignement. Votre sort et le mien sont fort indépendants l'un de l'autre et probablement fixés pour l'avenir. Vous êtes lancé dans les hauts sentiers de la gloire et moi je me suis attaché à une fonction obscure qui m'oblige à mettre à contribution les gens instruits sans jamais pouvoir marcher sur leurs traces. Ainsi, ni un vil intérêt, ni l'envie qui trouble les gens de lettres, ces turpitudes de l'espèce humaine, n'ont prise sur nous. Pourquoi sommes-nous donc divisés ? C'est ce qui dépasse ma perspicacité. Aussi renonçai-je à chercher la cause d'une division honteuse et coupable que je désavoue pour mon compte. La vie est trop courte, tâchons du moins d'en ôter les épines. »

Une autre fois, il complimentait son frère sur ses succès : « Je ne puis voir de sang-froid votre nom placé parmi ceux de nos maîtres et encore moins l'accueil qu'on fait à vos ouvrages. Mais en gardant le silence avec vous, je crois vous servir selon votre goût..... Je vous aime, c'est pourquoi je vous écris : vous ne m'aimez pas, aussi dédaignez-vous de me répondre. Nous ne saurions agir l'un et l'autre plus conséquemment à notre façon de sentir. »

Mais que peut la voix de la raison là où la voix de la nature est muette !

Leurs deux caractères ne s'attiraient pas. Autant Charles était d'une nature exhubérante et épicurienne, autant Gilbert était froid, mélancolique et réservé. Le dernier parlait peu et ne disait jamais rien d'inutile ; l'autre au contraire pérorait, festoyait, renvoyant volontiers au lendemain les affaires sérieuses. Gilbert ne tenait à notre globe que par la science, Charles y tenait en outre par le plaisir.

Le séjour de Romme l'aîné à Paris au moment où Romme

le jeune multipliait ses démarches dans le but de fixer son avenir, paraissait une occasion propice pour dissiper entre les deux frères tout nuage et tout mauvais germe.

Premier professeur à l'école de Rochefort, Charles jouissait déjà d'une réputation acquise à ses travaux considérables sur *Les Vents, les Marées et les Courants*, sur *Les moyens de suppléer en mer à la perte du gouvernail*, et à ses importantes publications sur *L'art de mâter les vaisseaux*. Personne, proclamait Lalande, ne s'était occupé plus utilement de ce grand art de la marine qui est la principale source de la prospérité et de la grandeur des Etats. Il était donc par lui-même une autorité et une influence que Cousin et Vandermonde, ses parrains à l'Académie, eussent été prêts à seconder.

Hélas! autorité et influence, il garda tout pour lui. Vainement son frère souleva-t-il quelque prétention à son appui, à son souvenir. Il se désintéressa avec enjouement des efforts tentés par Gilbert, refusa même de le présenter à M. Bezout, son ami, tout puissant en pareille matière, et partit insoucieux sans se préoccuper de la solution imminente.

Après l'insuccès, il est vrai, il lui adressa, en guise de condoléances, le billet suivant qui rappelle celui de *don Carlos* à la reine dans une scène de *Ruy Blas,* et qui désabusa Gilbert de faire valoir dorénavant auprès de lui son titre de frère :

« Ma jument est depuis huit jours sur la litière par suite des fatigues du voyage ; je m'en embarrasse peu ; elle m'a bien servi, mais je l'ai bien nourrie et bien payée.

» Quant à moi, j'ai eu pour la première fois de ma vie un accès de fièvre qui a altéré mon mince embonpoint et ma

gaicté. Cependant, j'espère remonter la machine en usant
d'un peu de ménagement et d'économie dans mes plaisirs. »
N'était-ce pas là une bien consolante épître?

V

Plus serviable était Gilbert Romme, qui s'estimait heureux
toutes les fois qu'il pouvait obliger ses semblables et concourir au succès de leurs desseins. Ses amis connaissaient
cette disposition bienveillante, réclamaient avec confiance
ses bons offices et en usaient largement. Le malheur servait
auprès de lui de lettre de recommandation.

DELARBRE, qui était venu à Paris étudier la médecine et
qui développait aux leçons de Bernard de Jussieu son goût
pour l'étude des trois règnes de la nature, avait pu apprécier
maintes fois que son obligeance n'était pas un vain mot.

Un autre de ses compatriotes, Démichel, éprouva bientôt
la même expérience.

DÉMICHEL n'était pas un de ces caractères qui pèsent dans
la balance sociale. Nature sensible, triste, à l'imagination
échauffée, d'une complexion molle et lymphatique, il se
rangeait dans la catégorie de ces êtres sans énergie, sans
consistance et sans volonté, que ballottent les événements
et qui glissent sur la pente de la vie au souffle des moindres
brises.

Il avait songé à se faire admettre dans la Congrégation
de l'Oratoire parce que ses maîtres étaient Oratoriens. Mais,
malheureux dans toutes les positions, incapable de se fixer,
il avait bientôt abandonné son état, s'était marié, et avait
ouvert à Riom une boutique de confiseur.

Ses affaires, qu'il négligeait, ne prospérèrent pas. Il quitta un beau jour son magasin et partit furtivement pour échapper à ses créanciers et conserver sa liberté. Il s'était auparavant séparé de sa femme, dont il s'était lassé comme d'autre chose.

Dès ce moment, son existence devient des plus accidentées et se transforme en une piteuse odyssée.

Il entre en qualité de commis chez un marchand bijoutier ; son patron fait faillite. Après mille démarches, il parvient à se caser dans une maison de commission ; deux mois s'écoulent, le négociant vend son fonds, et voilà encore Démichel sur le pavé.

Successivement il postule une place de valet de chambre à livrée chez le marquis de Boulainvillers, de maître d'hôtel chez le chevalier d'Eon, puis chez l'abbé de Saint-Marceau, vicaire-général de l'évêque de Meaux et aumônier de Mme Adélaïde. Enfin il est admis chez Mme de Montesson, où le duc d'Orléans, son mari, apprécie son talent pour faire les pâtes d'abricot. Il les suit à Sainte-Assise et peut juger de la vie brillante des grands seigneurs de la cour, qu'il décrit d'un style mélancolique dans ses heures de loisir.

C'était à Gilbert Romme, auprès duquel le condisciple fourvoyé était venu chercher aide et protection, qu'il était réservé de tirer Démichel d'une situation aussi précaire, d'intéresser à son égard la loge des *Neuf sœurs* pour lui procurer les subsides indispensables et de lui recréer un avenir en l'associant à son sort, ainsi que nous le verrons par la suite. — Touchante victoire de l'amitié pour qui les obstacles ne sont que des stimulants !

CHAPITRE III

Romme devient gouverneur. — Le traité. — Catherine - le - Grand. — Les Strogonoff. — Le comte Alexandre. — La noblesse russe. — Romme à Pétersbourg. — L'éducation. — Portrait de *Popo*. — « Journal de mon élève. »

I

Depuis cinq ans que Romme était à Paris, son esprit avait acquis une précoce maturité. L'haleine fécondante du siècle avait passé sur son front. Il était devenu un homme supérieur.

Le temps qu'il usurpait à l'étude il l'utilisait pour la méditation. Pareil au cénobite qui soumet avec abnégation ses goûts et sa volonté aux règles d'une stricte observance, le jeune savant, ascétique dans ses mœurs, faisait passer toutes les impressions de son intelligence sous les fourches caudines de la raison, rejetant impitoyablement comme un résidu impur les données multiples des connaissances humaines à mesure qu'il en apercevait la fausseté, dissimulée d'abord sous un éclat passager, ne conservant ainsi qu'un matériel éprouvé.

Cadence symétrique, littérature, faconde, tout cela était à ses yeux le *ventus textilis* du poète ; il l'assimilait à la pâle membrane de l'aile du papillon quand on a fait voler la poussière diaprée qui la colore.

Le comte de Golowkin, que l'hydropisie clouait maintenant sur son fauteuil dans l'attente d'une fin prochaine, l'avait depuis longtemps présenté dans les salons de l'ambassade russe, à son neveu, le comte ALEXANDRE DE STROGONOFF. Ce dernier, franc, simple, affable, connu et estimé de ses compatriotes, jouissant dans sa patrie de la plus haute considération, aimait les arts et avait assez d'acquit pour les protéger en homme éclairé. Il avait vu Romme avec un plaisir non dissimulé. Une liaison, dont ils s'applaudissaient tous deux, s'était insensiblement formée entre le savant et le grand seigneur qui, pour en resserrer les liens, conçut la pensée de se l'attacher d'une façon plus intime en qualité de gouverneur de son fils Paul de Strogonoff.

L'enfant avait huit ans. Sa naissance et l'illustration de sa famille le prédestinaient aux charges les plus éminentes de son pays. Préparer à la floraison ce tendre rameau, guider vers l'avenir cette jeune intelligence, l'élever, l'orner, la prémunir contre les écueils, en développer les facultés, la rendre apte à de grandes choses, demandait une main exercée, une vigilance de toutes les heures, un dévouement à toute épreuve ; savoir, délicatesse, tact, douceur et fermeté étaient des conditions indispensables pour remplir une pareille tâche.

Certes le choix ne pouvait tomber sur un plus digne.

L'air austère et froid de Gilbert Romme avait un peu effrayé, il est vrai, la légèreté native de la comtesse, son extérieur ne l'avait pas séduite, mais plusieurs précepteurs s'étaient déjà succédés dans ces fonctions sans répondre à son attente. M. de Saussure lui-même, l'illustre naturaliste Genevois, avait dû renoncer à une entreprise aussi ingrate.

La proposition était flatteuse, néanmoins la décision était grave.

Pour Gilbert, c'était l'inconnu, l'expatriation, l'isolement à huit cents lieues de sa patrie. C'était encore l'abandon de sa carrière, puisqu'il ne lui manquait plus que six mois pour atteindre son titre de docteur.

Cependant les conditions pécuniaires qui lui étaient offertes compensaient amplement les avantages incertains d'un titre nu. M. de Golowkin qui, en se séparant de Romme, croyait faire à son neveu un précieux legs testamentaire, avait jeté lui-même les bases du projet. Dans l'espace de dix années, Gilbert devait toucher 55,000 livres, ce qui lui constituait un sort assuré. En cas de retour avant l'échéance de cette période, l'amitié prévoyante de Mme la comtesse d'Harville lui offrait un asile, un port de refuge assuré.

Romme passe plusieurs jours dans un état violent d'indécision à délibérer, objecter, consulter ; enfin il se détermine, après avoir envisagé toutes les difficultés de l'œuvre et s'être senti au cœur assez de courage pour les surmonter.

« Avant de prononcer le oui définitif, écrit-il, qui devait m'arracher à la société où j'ai trouvé de vrais amis, qui devait m'interdire tout commerce avec les savants que ma liberté et mon goût me mettaient dans le cas de rechercher, qui devait ajouter une distance immense à la distance où je suis déjà de vous, mes chers parents et amis, qui devait m'ouvrir une carrière longue et laborieuse, semée d'épines, qui devait me faire sacrifier mes vues, mon existence pour celles d'un enfant dont je dois répondre jusqu'au tombeau, j'ai été effrayé et j'ai hésité.

» L'amitié du comte de Golowkin et de Mme d'Harville ont fait cesser mes hésitations.

» C'est en voyageant qu'on apprécie les hommes, et j'ai maintenant un double intérêt à les connaître, puisque j'ai entrepris d'en former un.

» Nous verrons Pétersbourg, la Hollande, la Prusse, l'Angleterre, puis je présenterai à mes bons amis de Riom un élève digne d'eux, car j'en veux faire un homme. Il sortira tel de mes mains. Il sera toujours assez tôt grand seigneur, et on aura gagné sur sa vie le temps de son éducation et celui où l'habitude de son enfance aura encore quelque influence sur sa conduite. Si j'étais assez malheureux pour que mes soins ne me promissent aucun succès, j'y renoncerais de bonne heure et tous mes engagements seraient rompus. L'infortune est encore préférable au désagrément d'avoir fait un ouvrage mauvais et d'avoir donné à la société un cœur dur, un ignorant farouche ou un seigneur despote et prodigue. »

Romme adresse à sa mère la copie du traité qu'il vient de signer (A) et la sainte femme lui répond avec ses larmes : « Je prie le Seigneur pour ta conservation ; mets ta confiance en lui ; qu'il te donne la santé du corps et de l'âme, qu'il t'accompagne dans tes voyages, et que ton bon ange ne t'abandonne pas. Je lui demande de te revoir avant que je meure. »

A l'annonce d'une résolution aussi imprévue, ses amis de Riom furent frappés de stupeur. La Russie, mais c'était le lointain du rêve, le pays sauvage, l'exil, l'impossibilité du retour. Et puis les yeux de Romme, faibles et délicats, ne sauraient résister au froid et à l'humidité du climat. Et puis encore... quel serait l'effet de cette atmosphère imprégnée de schisme sur un cœur déjà imbu, peut-être, des principes d'indépendance en matière de religion si prônés par les coryphées de la philosophie actuelle! Le culte orthodoxe l'emporte là sur tous les autres cultes comme l'élément slave sur tous les autres éléments ethnographiques. N'y avait-il pas à redouter la contagion des sophismes et celle de l'exemple!

Aussi les recommandations ne lui sont-elle pas épargnées à ce sujet, et M. Boirat se charge-t-il de lui exposer, au nom du petit Cénacle, dans deux thèses admirables, nourries de textes et de commentaires, les principes de la vraie morale.

Comme complément au plan d'éducation communiqué par Romme, il lui répond : « Il nous a paru que la classe des devoirs de l'homme envers ses semblables a principalement fixé votre attention, mais nous aimons à nous persuader que vous ne perdrez pas de vue ceux de l'homme envers soi-même et envers Dieu. Tous les devoirs de l'homme sont liés entre eux; c'est une chaîne dont le premier et le dernier anneau se touchent. Mais c'est aussi un cercle dont tous les rayons aboutissent à un centre commun, et ce centre est Dieu même. Le plus important principe en morale, celui qui est la base de tous les autres, celui qui peut donner à quelqu'un la qualité de l'homme honnête et de l'honnête homme est le principe religieux. »

Ces ressouvenirs sont instructifs quand on songe que l'homme ainsi conseillé devait devenir l'un des plus fougueux ennemis de toute religion positive.

Gilbert Romme partit donc.

Après avoir traversé Vienne, la Pologne et la Prusse, il arriva avec son élève et la maison du comte, le 1er décembre 1779, dans la capitale de l'empire de celle que Voltaire et d'Alembert avaient surnommée *la Lumière et la Sémira-mis du Nord*, et que le prince de Ligne appelait dans son langage original et piquant : *Catherine le Grand.*

En partant, Romme avait laissé Démichel auprès de son ami et de son protecteur, le comte de Golowkin.

II

C'est une curieuse période que celle au milieu de laquelle apparaît CATHERINE II, cette femme bizarrement gigantesque, composé monstrueux de grandeur et de crimes, « colosse au corps d'argile, aux pieds de plomb, aux mains de fer, dont la tête seule paraît d'or au-dessus du manteau brodé de pierreries qui la couvre (1). »

Depuis dix-huit ans déjà elle jetait un éclat immense, et son trône resplendissait auprès de toutes les nations civi-lisées.

Le peintre devrait recharger plusieurs fois sa palette pour en faire le portrait, car la jeune fille arrivant de Stet-tin ne ressemble plus à la jeune femme qui conquiert le pou-voir au moment même où elle va être répudiée, et encore moins à l'être fantastique et grandiose qui devint plus tard une Ménade en délire.

Son règne commence par de nombreux adultères, par une usurpation et par deux meurtres ; il s'achève au milieu du bruit des armes, des chants d'allégresse, des fanfares de la victoire.

Chez son mari, Pierre III, la nature n'avait placé que

____

(1) Mme la duchesse d'Abrantès.

pusillanimité, inconséquence et déraison ; chez elle esprit, courage et fermeté. Union malheureuse qui allait se dénouer dans le sang.

N'étant encore que Grande Duchesse, on lui avait imposé comme amant pour avoir une progéniture le comte Soltikof. Elle aurait pu être vertueuse, le vice vint la trouver. Après l'homme imposé, elle se choisit un vaillant starote polonais, M. de Poniatowski, qu'elle devait un jour faire roi de Pologne et ensuite déposséder.

Une conspiration de jeunes femmes, conduite par de jeunes officiers, consolidée par son génie ferme et viril s'appuyant sur une pensée nationale, l'élève sur le pavois et précipite son époux au fond d'une prison, vestibule du sépulcre.

Proclamée Impératrice, avec quelle énergie d'une âme forte dans le bien comme dans le mal cette nouvelle Czarine sut soumettre à son ascendant dominateur et la juste indignation des uns, et le mécontentement intérieur des autres, et jusqu'à l'ambition effrénée de ses complices. Femme, elle devient l'un des plus grands hommes du siècle ; étrangère, elle domine de son génie une cour féconde en orages, effaçant la sombre tache de son avénement sous l'éblouissant rayonnement de sa grandeur.

Alors, à Pétersbourg, se trouvaient réunis l'âge de la barbarie et celui de la civilisation, le Xe et le XVIIIe siècles, les mœurs de l'Asie et celles de l'Europe, des Scythes grossiers et des Européens polis. A côté des modes élégantes, de la vie fastueuse de la noblesse, on voyait des paysans au cothurne grossier, vêtus de peaux de moutons, de bonnets fourrés, faisant revivre par leur aspect ces Daces, ces Goths, ces Roxolans, jadis l'effroi du monde romain. Toutes ces figures demi-sauvages que l'on remarque sur les bas reliefs de la colonne Trajane semblaient renaître et s'animer aux yeux de l'étranger.

Ne fallait-il pas une volonté d'airain pour fondre des éléments de races, d'idiomes et de mœurs aussi multiples ; pour tenir sous un même sceptre cent peuplades parlant plus de quarante langues, les Slaves, les Lettons, les Allemands, les Grecs, les juifs, les indigènes du Caucase, les races persanne, finnoise, tartare, mongole, mandchoue !

N'ayant pour voisins que des Chinois dont un désert la séparait, des Tartares sans civilisation, des Turcs imbéciles, une Suède pauvre et sans soldats, une Pologne brave mais divisée, elle se sentait encore à l'étroit et aspirait à s'étendre.

Son ambition n'a pas de bornes. Usurpatrice au dehors comme au dedans, ses yeux de faucon convoitent à la fois la Crimée, la Pologne et Byzance et guettent le moment propice pour fondre sur l'une de ces proies.

Elle triomphe des Ottomans, brûle leur flotte près du Bosphore. On voit sous son impulsion active la Crimée délivrée de ses brigands tatars, turcs et zaporaviens, l'affront du Pruth une seconde fois vengé, la mer Noire ouverte aux navigateurs russes, le Caucase, la Géorgie ajoutés à toutes les conquêtes faites sur les Barbares. Son empire a pour ceinture les mers du Japon, le golfe Bothnique, la Vistule et le Danube.

Catherine après avoir vaincu au dehors se fait législateur au dedans. Débrouillant le chaos des lois, elle organise des tribunaux réguliers et s'efforce d'établir une jurisprudence uniforme. L'*Introduction* de son Code est un résumé assez complet des maximes de Montesquieu. Elle convoque à Moscou les députés des différents peuples de son royaume, elle, monarque absolu, pour délibérer sur les lois qu'elle veut leur donner. Rien de prestigieux comme cette *merveille des siècles,* siégeant dans ce palais du Kremlin considéré de tout temps comme l'Alhambra, l'Acropole, le lieu saint, le palladium et le cœur même de la Russie, en face de cette salle immense aux gothiques arceaux, ornée de vieux drapeaux conquis sur les Turcs et sur les Persans. Là se rencontrèrent les Samoyèdes des bords de la Léna, le Cosaque du Tanais, l'insulaire des îles Kuriles et le Tartare du Caucase, les Sibériens des bords de l'Oby et les Laponiens de l'Océan glacial arctique mêlés aux délégués de la Bessarabie. Cette réunion d'une gigantesque *Chambre des communes* n'eut, comme on le sait, aucun résultat, mais l'idée était grande, germée dans la pensée d'une autocratrice.

Depuis Pierre le Grand, la Russie s'était révélée. Sous Catherine elle se transforme et devient le plus grand empire de l'univers formant en quelque sorte un monde à lui seul. Avant elle, Pétersbourg, dans son horizon de glace, était un point presque inaperçu qui semblait tenir à l'Asie ; sous son règne, Pétersbourg devenue européenne brille entre toutes les capitales du monde moderne.

Aussi son nom se répand-il au loin, même son culte. Des émissaires gravissent les montagnes escarpées de la Chimère. Le nom de Catherine II retentit sur les bords du Cocyte et de l'Achéron. Les solitaires retirés dans les cavernes du Mont des Tempêtes portent sur leur poitrine, à côté de la croix, le portrait de celle qu'ils appellent *Mastuhka,* leur mère. Les Monténégrins rêvent de la mener à Stamboul pour la couronner dans Sainte-Sophie.

Certes la statue est majestueuse, cependant combien d'oripeaux et de voiles fangeux la couvrent.

En soulevant les tentures mystérieuses de son alcôve, on repousse l'idée de laisser Catherine faire profession d'immortalité. On retrouve Messaline, on évoque les pages vengeresses de Tacite et les verges de Juvénal.

Passionnée plutôt que tendre, on la voit nouer les anneaux nombreux de cette chaîne lubrique avec laquelle elle est rivée à la postérité par le mépris. Un précepteur ne pourra donner en dissertation morale à ses disciples la vie des douze favoris de l'*Etoile polaire* comme il leur donne celle des douze Césars.

Il faut reconnaître toutefois que les faiblesses de la femme n'atteignirent pas la souveraine. A l'exception du comte Panin, des Orloff et de Potenkin, ses favoris ne furent en réalité entre ses mains que de petites statuettes en vieux Sèvres qu'elle brisait après les avoir couronnés de fleurs. Dans cette série d'...aides de camp elle découvrit même de grands ministres, bras de fer de sa politique, certains de conserver la faveur royale alors même que le caprice était éteint.

Somme toute l'histoire peut jeter sur elle des lauriers, mais elle ne trouvera jamais une source assez abondante d'eau lustrale.

III

Les STROGONOFF occupaient un rang considérable dans la haute noblesse russe, non pas que leur illustration remontât à une époque très-ancienne mais parce que des faveurs successives en avaient rapproché les membres du trône.

Vers le milieu du XVIe siècle, un de leurs ancêtres, nommé *Anica*, vivait dans une espèce d'indépendance sur les confins de la Sibérie et possédait de grands biens acquis en partie dans le commerce des fourrures. Sous le règne

d'Ivan Vasilewitch, il contribua à la conquête de cette por-
tion de l'Asie en fournissant des troupes, des vivres, des
munitions et en donnant des guides sûrs pour pénétrer jusqu'aux différentes peuplades. Le Czar lui en témoigna sa
reconnaissance, lui donna de nouvelles richesses et lui ac-
corda en outre de grands privilèges. Un de ces privilèges,
tombé depuis en désuétude, était que lui et les siens ne
pourraient être cités en jugement que devant le souverain
même.

Depuis cette époque, la maison de Strogonoff avait tiré
plus de lustre de sa fortune que de ses titres. Ce fut seulement à l'avénement de Pierre Ier qu'elle commença à figu-
rer parmi les plus importantes de l'empire.

Grégori Dimitrich, chef de la famille, avait introduit l'u-
sage étranger de tenir dans son palais des *assemblées*, ce
qui plaisait beaucoup à Pierre Ier qui s'y rendait volontiers
et y accueillait tout le monde avec une familiarité charmante.

Dans une de ces réunions, la grand'mère du comte présenta au Czar qui était de bonne humeur son fils Alexandre
Grégoritch, alors âgé de trente ans, lui demanda de le
prendre sous sa protection et de lui accorder un grade dans
son armée. — Non, dit le prince, il faut qu'il serve, il sera
avancé à son tour. — Mais il est si âgé ! — J'ai bien servi
moi-même, j'ai été simple soldat ; tout ce que je puis faire
est de le nommer caporal. — Ce qui ne contentait guère les
parents. — Attendez, reprit le grand monarque, j'en par-
lerai à *Catinka* (l'Impératrice), et si elle y consent, je le
nommerai son gentilhomme. — Plutôt que d'enfreindre la
règle qu'il avait établie, Pierre aimait mieux encore faire
un gentilhomme qu'un caporal de son parent et du fils d'une
personne qu'il affectionnait.

Le comte Alexandre, chef actuel de la branche aînée, était du nombre des seigneurs qui avaient quitté la Russie lors de la fin tragique du dernier Czar. Il était allé s'installer à Paris où, pendant huit ans, il avait mené un train considérable.

L'Impératrice, qui depuis la mort de son mari mettait tout en œuvre pour en faire oublier l'horreur à ses sujets, l'avait vivement incité à rentrer dans sa patrie où elle lui promettait un accueil distingué. Malgré plusieurs lettres pressantes, il avait toujours ajourné son départ. Catherine crut avoir trouvé le moyen de contraindre sa décision en interceptant ses revenus.

Le moyen en effet était efficace. Pendant quelque temps, il est vrai, le comte et la comtesse de Strogonoff, séduits par le tourbillon de Paris, continuèrent leur existence évaporée. La comtesse, dépensière, coquette et légère avait mis en gage au Mont-de-Piété ses diamants pour subvenir à son luxe. Mais enfin il fallut céder à des ordres d'ailleurs bienveillants et sympathiques.

C'est alors qu'ils partirent avec Romme.

Pour le remercier de sa tardive obéissance, l'Impératrice attacha le comte à sa personne d'une façon immédiate et le fit entrer au Sénat, au nombre des vingt élus dépositaires des lois et surveillants de la fortune et des biens des citoyens.

Le comte possédait une somptueuse habitation sur la place même où *Pierre-le-Grand*, de Falconnet, décrit par Diderot, fait cabrer son cheval de bronze, le bras étendu vers la Néva, au sommet de l'immense roche de granit qui lui sert de socle.

Son état de maison, soit à Pétersbourg, soit à Moscou, était des plus brillants. Le domestique montait à plus de cent personnes, toutes esclaves, à l'exception de quelques Français attachés à la personne du comte ou de son fils.

Il n'y a pas en Europe de corps de noblesse qui possède autant de richesses, de priviléges personnels et de puissance matérielle que la noblesse russe. Plus de la moitié du sol cultivé lui appartient, plus de la moitié des habitants sont ses serfs. — Et en même temps il n'existe pas de corps plus dépendant, plus despotiquement gouverné, plus assujetti aux variations et aux caprices du pouvoir. Le gentilhomme russe est l'être le plus singulier qui existe. Il vous étonne comme l'amalgame extraordinaire des choses les plus incohérentes. Placé entre le Czar qui le domine et le paysan qui lui appartient, entre le double arbitraire de l'autorité qu'il subit et de celle qu'il impose, entre son maître et sa chose, il vit à l'aise, dans cette position intermédiaire, sans éprouver ni regrets de sa soumission ni remords de sa puissance.

Lorsque Gilbert Romme arriva à Pétersbourg, l'hiver s'était déjà depuis longtemps mis en marche des régions du pôle. Sur les larges nappes de la Néva chargée de glaçons, l'immobilité avait succédé à l'animation la plus vivace. Les traîneaux et les troïkas glissaient dans les longues avenues sur des surfaces uniformément polies comme des bandes de verre. La neige blanchissait la face brune des palais ainsi qu'une couche de poudre de riz dans la teinte transparente de laquelle scintillaient des micas comme dans le marbre du Pentélique. On aurait pu croire marcher sur le sable d'argent de la voie lactée à travers des monuments couverts d'un manteau d'hermine.

Romme fut bientôt fait aux différences de forme, aux particularités caractéristiques du pays, aux idiotismes de l'architecture qui saisissent l'œil vierge encore de toute habitude.

La bonté soutenue du comte à son égard, ses prévenances pleines d'intérêt et d'affabilité, avaient puissamment contribué du reste à adoucir la brusque transition que venait de subir son existence et à acclimater son esprit.

M. de Strogonoff l'avait, en arrivant, conduit dans l'appartement qu'il lui destinait, logis vaste et confortable à la suite duquel se trouvaient plusieurs cabinets d'histoire naturelle remplis d'objets curieux et intéressants, un cabinet d'anatomie, un de physique et une importante bibliothèque. Après lui avoir tout fait remarquer, il lui avait dit : « Voilà votre royaume, mon cher ami, planez-y librement ; je ferai tout ce qui dépendra de moi pour que vous soyez heureux dans ma patrie. »

Les fourrures contre le froid et la retraite contre les importuns lui promettaient donc un avenir tranquille.

Mais l'attachement qu'on lui témoignait ne lui faisait oublier aucun des liens de devoir et d'engagement qu'il avait contractés, ni perdre de vue l'objet de sa mission. L'éducation de son élève devenait son rêve, son unique sollicitude. Il se disait, dans sa rigidité de principes, que celui qui fait métier de donner du bon sens pour de l'argent doit toujours craindre de recevoir trop et de donner trop peu ou qu'il ne donne pas ce qu'il promet.

C'est par le fils qu'il voulait prouver au père sa reconnaissance.

IV

L'éducation, a dit Montaigne, *c'est l'institution morale de l'homme ;* — la perfection de l'éducation, c'est l'union de la science et de la vertu.

Mais ces deux précieuses semences sont comme les fleurs, il importe de les semer dans une terre propice et bien préparée.

Lorsqu'il s'agit d'ouvrir un jeune cœur à cette double germination, il faut s'oublier soi-même et profiter de sa propre expérience pour éviter à celui qu'on élève les douloureux sacrifices par lesquels on l'acquiert ; il faut l'initier à la vie en lui gardant les douces tromperies que le temps viendra toujours détruire assez tôt. Les enfants voient l'avenir comme le ciel qu'ils trouvent toujours superbe. N'y aurait-il pas danger et cruauté à les faire vieillir trop vite !

Quintilien, Cicéron et Plutarque, ces païens, ont laissé échapper de belles et touchantes pensées sur l'enfance et sur les soins à donner à son innocence. On dirait des inspirations chrétiennes, tellement toute cette antiquité avait un admirable instinct pour les choses graves et saintes.

C'est dans la lecture des anciens, puis dans l'étude des théories de Tissot, de Rousseau et de Locke, que Romme puisa les éléments de son plan d'éducation afin d'arriver à une plus saine pratique.

Il devint pour Paul de Strogonoff, que l'on nommait *Popo* en famille, un second père et en adopta tous les sentiments.

Mme de Strogonoff était grosse de Popo lorsqu'elle avait quitté la Russie. Ainsi, l'enfant conçu en Russie était né à Paris ; il ne connaissait que la langue française. Romme, pour lui apprendre le Russe, devait donc l'apprendre avec lui.

Il se mit à l'œuvre avec passion, rapportant tout à la noble mission qu'il avait acceptée, sa vie, ses mœurs, ses goûts, ses moindres actions. Si les paroles ébranlent, en effet, les exemples entraînent et un bon modèle parle plus éloquemment au cœur qu'un bon livre ou un beau discours.

Ce n'était pas du reste une tâche facile que celle de former
et d'assouplir le jeune Russe. Voici le portrait moral que
Romme en a tracé une fois :

« Entêté, jaloux, paresseux, égoïste, insensible, cédant aux
représentations raisonnées, s'irritant de la raillerie et du
persiflage lorsqu'il en est l'objet, ne suivant un conseil ou
ne se soumettant à une défense non motivée qu'autant qu'on
est parvenu à lui inspirer une grande confiance, sensible aux
récompenses, ne se doutant pas encore des procédés qui,
pour des êtres sensibles, sont moins les liens de l'amitié que
les prérogatives et les jouissances, ignorant ce qu'on nomme
générosité, libéralité, étant cependant étonné qu'on ne soit
pas généreux pour lui, ayant un tact presque toujours sûr
pour juger des personnes qui l'entourent dans ce qui peut
avoir rapport à leur manière d'être, ne se livrant pas aisément à ceux qu'il ne connaît pas, mais aussi quelquefois trop
libre avec ceux qu'il voit souvent, écoutant avec docilité ce
qu'on lui dit en tête à tête, mais se montrant revêche aux
représentations publiques. Son amour-propre humilié s'exhale
en mauvaise humeur et taquinerie ; c'est alors qu'il tâche
d'exercer son esprit de domination. Il a beaucoup de sensa-
tions, plus d'idées justes que son âge ne le comporte, mais
nul sentiment. »

Au lieu des joies factices de l'oisiveté qui énerve et
dégrade, Romme s'efforce de développer chez son élève
celles du travail qui console et fortifie. Mais dans sa pré-
voyance méditative, il ne se borne pas à agir sur l'intelligence, il surveille les conditions physiques et hygiéniques
avec le soin le plus scrupuleux.

Nous retrouvons des instructions rigides données à Clément, domestique de Popo, pour triompher du caractère

dur, injuste et emporté de celui-ci et pour lui servir de règle de conduite.

Il tenait note des conversations qu'il avait avec son élève pour juger ensuite plus sainement la portée de son esprit, ses tendances, ses progrès et ses instincts. C'est par écrit qu'il lui faisait les remontrances les plus sérieuses afin de laisser à la raison et à la réflexion le temps de l'emporter sur la vivacité et l'entêtement. C'est par écrit qu'il lui remettait de véritables mémoires, tant pour réformer son moral que pour modifier ses goûts, affermir sa santé et développer ses aptitudes naturelles.

« Il importe, lui disait-il, pour votre constitution, de faire plus d'exercice à cheval et à pied, de nager, courir, sauter, porter, vous exposer aux intempéries des saisons, continuer la sobriété et la tempérance que vous avez pratiquées jusqu'à présent et y ajouter dans l'occasion, moins vous couvrir le jour et la nuit, contracter la simplicité de votre coucher et de vos habillements, être moins lent à vous vêtir, résister en un mot à l'inertie qui vous efface et dont vous ne triomphez parfois que pour aller tourmenter les domestiques ou tyranniser un chien. »

Jamais précepteur ne prit son devoir plus au sérieux. Il n'était pas le moindre détail, même puéril, sur lequel il ne porta son attention. Il notait tout et en constituait ce qu'il appelait le *Journal de mon élève*, miroir intime dans lequel il appréciait son œuvre.

En voici quelques extraits qui, en reflétant la physionomie du disciple, ne laissent pas que de refléter aussi la principale caractéristique de l'esprit du gouverneur :

« La lecture de *Bélisaire* a beaucoup intéressé Popo. Je lui ai sauvé le dégoût de ce qui est purement politique ou métaphysique, de toutes les grandes maximes qui par leur abstraction ou leur profondeur n'auraient pu lui donner que des idées obscures et confuses. J'aimerais mieux encore qu'il eut quelques idées fausses que de la confusion. On peut espérer de rectifier les premières, mais rarement on débrouille les dernières parce que l'enfant se décourage lorsqu'on donne trop à faire à son esprit. — Cette lecture a fait sur lui la plus vive impression. Il s'arrêtait avec émotion aux scènes où Bélisaire pauvre, souffrant, abandonné, conservait néanmoins son amour pour sa patrie, son respect pour son souverain et sentait se développer dans le malheur toute la noblesse et toute l'énergie de son âme. Le livre lui tombait des mains ; mes larmes se mêlaient souvent aux siennes. Je trouvais dans ces effusions un charme que je n'aurais pas connu si j'eusse lu isolément. Après un recueillement que lui seul devait interrompre, il exhalait son indignation contre les courtisans et contre Justinien lui-même, et y entremêlait les réflexions les plus sages et les plus sensées. Je n'y mêlais que rarement les miennes. Un simple *oui,* mon attention à l'écouter suffisaient à lui apprendre que j'étais satisfait de ce qu'il me disait...

» Il a voulu lire jusqu'à quatre fois la *Vie de Jules César,* par Plutarque, et deux fois ses *Commentaires.* Il a relu aussi celle d'*Alexandre* en notant d'appréciations chaque trait de sa vie. Lorsqu'il arriva à l'acte de générosité d'Alexandre envers un muletier qui, pour ménager sa bête, portait lui-même un sac d'argent à la tente du roi, il l'approuva fort. Mais après un moment de réflexion, il dit : Cependant Alexandre aurait pu faire mieux. — Quoi donc ? — Cet homme était très fatigué, pourquoi Alexandre qui ne l'était pas n'a-t-il pas porté lui-même la charge ? — C'est juste, il aurait soulagé un homme, mais où Alexandre aurait-il porté cet argent ? — Mais, chez le muletier puisqu'il le lui avait donné.

» ..... La lecture de *Socrate,* faite à peu de temps de celle de Bélisaire, l'a aussi profondément troublé. L'injustice de l'aréopage et la mort de ce sage l'ont attendri, et c'est au milieu de sanglots qu'il me dit en poussant un long soupir : Tous les gens de bien sont donc persécutés ; les plus vertueux sont donc les plus exposés à être tourmentés !...

» Un domestique de Mme Zagriaski lui proposa, il y a huit jours, de lui vendre un oiseau. Popo lui donna un rouble et accrocha l'oiseau dans sa chambre à coucher. Cet oiseau était sa première préoccupation à son réveil, son gazouillement l'amusait, il aurait été fâché d'en confier le soin à un autre. Hier, j'ai dû m'absenter un instant. A mon retour, Popo me dit d'un air de contentement : — J'ai donné la liberté à mon oiseau. — C'est bien, racontez-moi comment cela est arrivé. — Il fait beau, le temps est doux et je l'ai mis à la fenêtre pensant que l'air lui ferait du bien. Mais j'ai vu d'autres oiseaux voler en liberté. Il a dû les voir aussi et être peiné. Alors j'ai ouvert la porte de sa cage. Il est sorti très content. Je l'ai suivi de l'œil jusqu'à ce qu'il ne paraissait pas plus gros qu'une mouche. J'ai dit cela à André qui m'a répondu : *Il priera Dieu pour vous.* (Et c'est un esclave qui parle ainsi.) J'ai envie de mettre du grain sur la fenêtre, peut-être viendra-t-il manger sans crainte, car *il est libre...* — Et il a mis du grain. »

CHAPITRE IV

La Czarine et les Philosophes. — Romme courtisan. — Gens du monde et
gens de lettres. — Liaisons scientifiques. — L'Académie de Pétersbourg
et la princesse Daschkoff. — Rapports de Romme avec sa patrie. —
Mlle Daudet. — Démichel en Russie. — Déboires d'un *outchitel*. — Projets
et programmes d'explorations.

I

Déjà les idées de liberté, de devoirs des grands, d'injustice des souverains se dégagent, comme on le voit, de chacune des impressions moulées dans le cœur du jeune de
Strogonoff par l'enseignement philosophique de son gouverneur.

Et néanmoins Romme se montrait le sincère admirateur
du gouvernement moscovite ou du moins de l'autocratique
souveraine qui en tenait les rênes.

Catherine avait rendu la Russie populaire au xviiie siècle
par son alliance avec les gens de lettres et le parti philosophique.

Connaissant la vogue qu'ils obtenaient en Europe, leur
instinct rapace, leurs faux sentiments et leur facilité d'admiration quand on caressait leurs caprices ou leur amour-
propre, elle les flattait, elle les courtisait. Une ligue avec
cette puissance nouvelle satisfaisait tout à la fois sa politique et sa vanité.

Elle écrivait à Mme Denis. Elle envoyait à Voltaire une boîte d'ivoire façonnée de ses propres mains, et Voltaire lui adressait en échange une paire de bas de soie blanche qu'il avait tricotés lui-même.

Le patriarche de Ferney avait touché d'elle plus de cent mille livres et de précieuses collections pour l'ouvrage qu'il préparait sur *Pierre Ier*. Elle désirait que l'opinion fut favorable à toutes ses entreprises et le poète obéissait doucement à sa voix dorée, l'appelait *Minerve, Cléopâtre, Sémiramis,* chantait ses vertus, ses talents, sa beauté, ses armes et son peuple dans un magnifique galimatias mythologique et dans des épitres basses et charmantes.

Elle offrait à d'Alembert de publier l'*Encyclopédie* dans ses états où il trouverait toute liberté d'opinions. Elle en faisait son agent littéraire à Paris et se le gagnait par de brillantes propositions que le savant, un peu maladif, déjà plein de marasme et de vapeurs, n'était plus en état de mettre à profit.

Elle prônait en public l'œuvre pédante et un peu déclamatoire de Marmontel et en faisait traduire des chapitres par ses courtisans.

Diderot était encore mieux traité. L'homme qui avait attaqué plus profondément la société et la famille, Diderot, licencieux, presque immonde, était admis dans son intimité et chargé de l'éducation du Grand Duc Paul ; tellement dans cette époque bouleversée les souverains oubliaient les lois de leur propre conservation. Elle achetait sa bibliothèque 50,000 francs, lui donnait cent louis par an pour la conserver et lui payait cinquante ans d'avance de son traitement. Diderot vint avec orgueil. Il est vrai qu'on admira son esprit mais qu'on rejeta ses doctrines.

Elle donnait des marques éclatantes d'estime au célèbre

Pallas dont elle acquérait le cabinet à un prix excessif dans
le but d'offrir délicatement une dot à la fille du naturaliste.

Entre temps elle envoyait au loin des vaisseaux avec des
savants chargés d'importer en Russie toutes les richesses
d'un autre monde, fondait une École militaire et une École de
marine, créait des banques, des fabriques d'acier, des tane-
ries, des manufactures, des fonderies, protégeait et appelait les Jésuites dans l'espoir que, comme au Paraguay, ces
Pères feraient un Élysée des steppes de la Moscovie, intro-
duisait les vers à soie en Ukraine, formait à prix d'or des
cabinets précieux, s'occupait enfin, au moins en apparence,
de l'instruction publique.

Aussi les philosophes professaient-ils une vraie passion
pour Catherine ; ils l'immortalisèrent de son vivant et leurs
éloges, souvent mérités, lui firent un éclatant diadème.

Celle-ci d'ailleurs poussait la flatterie à leur égard jusqu'à se faire le collègue des gens de lettres et des savants.
Elle dirigeait elle-même l'éducation de ses petits-fils
Alexandre et Constantin, et écrivait pour eux des *Contes
moraux* et un abrégé de l'*Histoire des premiers temps de la
Russie*. Ses lettres spirituelles au prince de Ligne sont de-
meurées célèbres. Elle appréciait *ex professo* les œuvres de
littérature et se posait imperturbablement en critique littéraire. Nous possédons un curieux catalogue du petit nombre des livres que l'Impératrice trouvait bons, catalogue
donné par elle-même au comte de Strogonoff, le 21 avril
1781, et qui constitue un étonnant amalgame des productions les plus diverses (B).

Enfin elle composait à ses heures de loisirs des comédies
françaises qu'elle faisait exécuter dans sa retraite chérie de
l'*Hermitage*, dans ce jardin d'hiver où les fleurs d'Asie et
d'Europe mariaient leurs parfums, où l'arbre à thé s'épa-

nouissait à côté du pin d'Italie, de la rose de Bengale, du jasmin d'Arabie, dans le feuillage desquels des artistes et des chanteurs improvisés entremêlaient leurs tirades et leurs concerts au ramage et au gazouillement des oiseaux.

Gilbert Romme, pour qui le temple encyclopédique était le temple de l'oracle, ne pouvait échapper à la contagion d'admiration que la Czarine étendait sur tous ceux qui en Europe tenaient une plume ou un pinceau.

Admis à baiser la main de Catherine dans le palais de Czarkozèlo, il avait été moins ébloui par le porphyre, le lapis lazuli, le malachite qui enrichissaient cette fastueuse résidence que par la majesté de la souveraine drapée dans son costume moscovite, imposante en public, bonne et naturelle en société, dont la gravité conservait de l'enjouement et la gaieté de la décence.

Il en a tracé un portrait flatteur dans ses *Notes intimes,* impressions recueillies au lendemain de cette première course à travers un pays inconnu qui détruit ou réalise l'imagination que l'on s'était faite. Mais on sait qu'avec Romme il n'y a qu'une manière d'apprécier, la longue étude; il n'emploie jamais l'épreuve instantanée.

« Je ne puis m'empêcher, écrit-il, de dire quelque chose du caractère et de la manière de vivre de l'Impératrice. La vénération et l'estime profondes qu'elle inspire à ceux qui sont à portée de la connaître, mettent cette femme au rang des êtres extraordinaires et privilégiés qui éclairent les hommes en les rendant heureux et qui sont au-dessus de leurs semblables même par leurs faiblesses, dont aucun n'est exempt. Elle a passé sa jeunesse dans la retraite où elle s'est instruite de tout ce qui peut étendre et agrandir la raison humaine. Elle parle et écrit fort bien le Français et l'Allemand. Elle se sert volontiers d'une de ces langues lorsqu'elle ne peut rendre sa pensée comme elle le voudrait en Russe. Montée sur un trône tant de fois agité par de terribles secousses, elle a su l'affermir par sa douceur, par le tendre intérêt qu'elle montre pour ses sujets. Constante dans ses affections, elle n'abandonne ni un principe d'administration, ni un projet, ni un ami. Chacun garde avec sécurité ses charges et ses emplois, ce qui enlève tout but à l'intrigue. Quoique déjà âgée elle se lève de très-grand matin, allume son feu elle-même et travaille six heures par jour. Le bonheur de son peuple l'occupe tout entière. Aussi a-t-elle inspiré une confiance générale et le calme politique qui règne autour d'elle s'étend jusqu'aux limites reculées de son vaste empire où l'on bénit son nom à l'envi. »

Par l'intermédiaire du comte de Strogonoff, un des assidus de la cour, Romme avait fait agréer par la Czarine une écritoire, merveilleux travail de mécanique auquel il avait consacré de longues veilles. En l'ouvrant on apercevait le mouvement du soleil, de la lune et des planètes ; les mois, les jours et les heures y étaient marqués ; des marmousets ingénieusement articulés présentaient du papier, de l'encre, des plumes, de la cire, — ouvrage un peu puéril, amoureusement parachevé pour une reine, par la même main qui devait élaborer quelques années plus tard une constitution régicide.

II

Le comte de Strogonoff recevait une société choisie bien susceptible d'intéresser Romme. On rencontrait chez lui tous les personnages les plus aimables de la cour et de la ville : les Romanzoff, les Razoumovski, Kourakin, Woronzoff, Galitzin, Dolgorowki, Bezborodko, Narischkin... Parmi les dames, les comtesses Soltikoff, Osterman, Tchernicheff, Schouwaloff, Zagreski, la princesse Bariatinski, madame Divoff...

MM. de Cobentzel, de Goërtz, de Saint-Saphorin, Fitz-Herbert, ambassadeurs d'Autriche, de Prusse, de Danemarck et d'Angleterre y représentaient l'élément diplomatique dans lequel on distinguait particulièrement comme un modèle de grâce et d'élégance le jeune comte de Ségur, ambassadeur de France. M. de Vergennes n'avait pas hésité à confier, malgré son âge, un poste aussi important à l'élève du baron Grimm et du comte d'Aranda qui s'était fait donner pour l'aider dans sa mission, en qualité de secrétaire de légation, un de ses amis sage, doux et franc, le chevalier Charette de la Colinière.

Le samedi, la table du comte était somptueuse et réunissait tous les Français de distinction voyageant en Russie, c'est-à-dire tous ceux avoués par le ministre résidant. Les Français recevaient en effet partout un accueil empressé, car Catherine aimait leur esprit vif, leurs mœurs légères et tout ce qui venait des rives de la Seine.

A ces dîners, où la cuisine substantielle du Nord était relevée par la délicatesse de l'art culinaire parisien, où le *kwas*, l'*hydromel* et les boissons acidulées extraites par l'industrie slave du miel, de la farine torréfiée ou de la sève de bouleau se confondaient avec les vins les plus généreux nés aux pays du soleil, Romme affectait une sobriété spartiate. Il ne buvait que de l'eau, ne mangeait que des plats à la russe, quelques viandes rôties, du gruau, du pilau ou autres drogues.

Taciturne et sauvage par tempérament, il se montrait plus défiant encore à raison de l'infériorité relative de sa condition. Son attitude vis-à-vis des grands seigneurs à la courtoisie un peu hautaine était moins encore un effacement modeste et volontaire qu'une réserve calculée et une susceptibilité ombrageuse. MM. de Ségur et de la Colinière seuls l'attiraient par une affabilité de rapports qui ne tarda pas à engendrer une affectueuse réciprocité de bons sentiments.

Mais bien différente devenait sa manière d'être lorsque les goûts artistiques du comte composaient son cercle des savants, des écrivains, des poètes et des célébrités en vue. Une transformation s'opérait en lui ; son être tout entier participait aux jouissances intellectuelles produites par un pareil groupement. L'épanouissement silencieux qui le gagnait dans l'intimité des hommes d'étude s'explique par des affinités d'esprit, des aptitudes similaires, des analogies de sentiments ne modifiant pas la diversité de leur nature.

C'est là que Romme noua d'utiles et d'intéressantes relations avec les personnages les plus en renom de l'époque : Pallas le naturaliste ; Jean-Albert Euler, fils du célèbre Léonard ; Nicolas Fuss qui continua les travaux d'Euler sur la dioptrique ; Œpinus regardé comme le véritable inventeur du condensateur électrique et de l'électrophore ; Grégoire de Razoumofski, minéralogiste distingué avec lequel il entretenait un échange d'échantillons ; Hyp. Bogdanowitsch, poète surnommé l'*Anacréon russe*, diplomate entre temps et président des archives de l'empire ; Zouboff, futur favori de Catherine sexagénaire...

Il servait de trait d'union entre eux et les savants français dont l'opinion faisait autorité. Court de Gébelin, l'auteur du *Monde primitif* dont d'Alembert disait qu'il faudrait quarante hommes pour en exécuter le plan, Gébelin, disciple bien aimé de Quesnay le chef des économistes, lui annonçait la création du *Musée français* qu'il venait de fonder avec Fontanes, de Cubières et Cailhava. Et grâce à l'intermédiaire de Romme, Pallas devenait correspondant du Musée français et lui adressait son travail sur les *Langues de Sibérie*.

Romme envoyait à Sage des aigues marines, du fer natif, du plomb rouge, des pierres du Labrador, du talc, du sel de Glauber, provenant soit de la collection Strogonoff, soit des plus beaux cabinets de la Russie ; et Sage, en échange, envoyait à l'Académie de Pétersbourg son *Art d'essayer l'or* et son *Cours de chimie*. « Ce dernier ouvrage, disait-il dans sa lettre d'envoi, m'a coûté bien du mal ; je le relis avec plaisir ; je m'attends bien que mes adversaires le liront avec peine. »

L'Académie des sciences de Pétersbourg dont je viens de parler était encore une création de Catherine. Une femme, la princesse Daschkoff la dirigeait. La princesse était hautaine, d'un caractère tranchant, impérieux, excentrique, de manières brusques et saccadées, tenant plus de notre sexe que du sien. Elle avait joué un rôle assez important lors de l'avènement de l'Impératrice. Elle se l'exagérait peut-être, et il lui était venu à l'esprit la prétention bizarre d'obtenir le commandement d'un régiment des gardes. L'Impératrice la nomma *Directeur* de l'Académie qu'elle venait de fonder. Si ce n'était pas par raillerie, l'idée n'en était pas moins singulière, mais là où une femme était roi, une femme pouvait bien diriger une assemblée savante.

Quoi qu'il en soit, Mme Daschkoff, tout en ayant quelques connaissances, n'avait pas celles nécessaires dans un pareil poste. Elle détestait cordialement les Français et écrivait très-mal leur langue. Mouche vaniteuse du coche, elle se croyait apte à tout, réglementait à tort et à travers. En 1784 elle cassa du titre d'académicien Zouief, connu par son voyage en Crimée, pour avoir donné des conférences à l'Ecole normale sans son autorisation. Avec elle, l'intrigue et la cabale donnaient souvent accès dans une enceinte dont le mérite aurait dû être la clef unique. Aussi Pallas s'écriait-il dans son mécontentement : « Je suis charmé que la porte en reste toujours ouverte pour pouvoir y passer au besoin. »

Romme rapporte le trait suivant qui ne laisse pas que d'éclairer d'un jour assez original un des côtés de la physionomie de Mme Daschkoff.

« La princesse directeur propose au comte de Strogonoff de lui céder un exemplaire de la *Cristallographie* de Romé de Lisle. Le comte paye cinq roubles et reçoit l'exemplaire vendu. Au dessous du 1er titre du 1er volume, je lus ces mots manuscrits : *Pour l'Académie impériale de Saint-Pétersbourg, de la part de son très-humble serviteur, l'auteur.* Un ouvrage donné généreusement à une Académie et vendu cinq roubles par son président, cela me paraissait trop révoltant pour ne pas croire à une méprise. En réfléchissant à cette aventure, j'ouvris la *Préface* et l'*Introduction* de cette brochure. J'en étais là lorsque la princesse fit réclamer le 1er volume en indiquant qu'elle s'était trompée. Le soir, je reçus de nouveau un 1er volume dont la feuille de titre avait été déchirée et qui était ouvert dans la préface et l'introduction seulement. »

M. Romé et les correspondants de l'Académie pouvaient donc envoyer indifféremment à Mme Daschkoff leurs ouvrages ou leur valeur en argent. L'un ou l'autre auraient sans doute abouti au même résultat.

Néanmoins ce corps académique, qui ne comptait qu'un

nombre restreint de Russes, et qui était presque entièrement composé d'étrangers, surtout d'Allemands, offrait
d'immenses ressources à l'esprit insatiable d'un laborieux
partisan de l'universalité en fait de sciences. Le baron
d'Holbach, Joseph Priestley, Jacquin, Banks et Forster y
donnaient de très-intéressantes communications, et Gilbert
Romme en suivait assidûment les séances.

III

Au milieu de ses travaux classiques et de ses préoccupations scientifiques, Romme n'oubliait ni sa patrie, ni sa
famille. Les lettres qu'il recevait d'Auvergne lui apportaient
cet air vivifiant, imprégné des parfums de son enfance,
qui réconforte l'absent et dore l'exil du rayon de l'espérance.

Ses appointements avaient été doublés et il en avait profité pour faire, par les soins de Dubreuil, l'acquisition de la
terre de Solignat, voisine de la petite propriété de Gimeaux.

« Je prie ma bonne mère, écrivait-il, d'en prendre possession et d'en jouir comme de son bien propre. Je souhaite
qu'elle retrouve dans la maison de ses pères le repos que je
désire y trouver un jour pour moi-même. Et si elle s'y plaît,
c'est à vous, mes amis, que j'en serai redevable, car c'est à
vos soins que je la remets. Mon vœu est qu'autour de ma
mère respire l'aisance, le contentement et la sérénité de
l'innocence. Que je sois instruit de son bonheur et que j'aie
la permission d'y contribuer. »

Et il ajoutait dans un élan d'affection et de sincère tendresse :

« Pour moi, mère chérie, je vous porte dans mon cœur et j'aime tous ceux qui vous aiment. Vous savez que vous pouvez disposer de tout ce qui m'appartient, excepté de mon temps dont je ne suis plus le maître. »

Parfois, dans un de ces moments de sentimentalité rares chez une nature aussi concentrée que la sienne, il se laissait aller à épancher dans le sein de son cher Dubreuil quelques-uns de ses rêves d'avenir toujours tempérés par le sentiment du devoir. Il remerciait chacun de ses amis de Riom de la part d'affection qu'ils lui conservaient et dont les témoignages réchauffaient son cœur.

A l'enthousiaste Beaulaton qui refusait le remboursement de ses avances et qui voulait étendre son bienfait en le partageant à d'autres, il disait : « Le temps du repos n'est pas encore venu pour moi, mais qu'il vienne, je sens que je vivrai content dans ma chaumière de Gimeaux, voisin de mes bons amis, que je regretterais d'avoir quittés pour courir à la fortune si loin de mon berceau si je n'avais rencontré des personnes d'un mérite rare qui ont décidé de mon sort. Dieu veuille qu'elles m'aient mis sur la voie d'être utile et que mon élève bénisse un jour leur mémoire. »

Il traduisait le catéchisme russe pour Boirat et enrichissait par des envois de monnaies russes, allemandes, prussiennes et saxonnes la collection numismatique de Rollet d'Avaux.

A Faucon, dont il ne pouvait se rappeler sans émotion la déraison pleine de comique, les lueurs de bon sens et de sensibilité, la gaieté inaltérable mêlée d'un grain de malice, à Faucon qui lui avait fait parvenir toutes ses poésies françaises et patoises accompagnées d'une paire de gants d'Angola et d'une pièce de vers de sa façon, il demandait de joindre à ses poèmes auvergnats un vocabulaire en même langue afin de comparer l'idiome Limagnien à divers idiomes de l'Asie.

Delarbre, qui venait de découvrir près de Loubeyrat une mine de cobalt, se tenait constamment en rapport avec lui sur des sujets d'histoire naturelle. Il lui envoyait à Pétersbourg un mémoire manuscrit sur la *Lithologie d'Auvergne* et faisait suivre cet intéressant document de l'exposé confidentiel de sa situation précaire et de ses hésitations. « Dois-je n'écouter que mon amour-propre, être à Riom pour m'entendre dire : Vous avez des dispositions, vous êtes chimiste, botaniste, physicien et pis encore médecin. Sans pratique et sans fortune, personne ne me fait ce dernier compliment, et cependant il est très-vrai que je suis sur le point de négliger mon état pour le plaisir de parcourir l'Auvergne. Je ferais mieux, je crois, de retourner à Paris, mais Romme n'y est plus, j'ai ruiné Richier ; il faudrait encore y vivre garçon apothicaire. Réfléchissez, mon ami, sur ce que je dois faire (1). »

Quelqu'un encore pour qui Romme s'employait activement à raison même de sa faiblesse et de son peu d'énergie morale, c'était son compatriote Démichel.

Nous avons laissé ce dernier auprès du comte de Golowkin agonisant à Passy. Après avoir écrit le codicille de cet homme de bien et lui avoir fermé les yeux, Démichel s'était occupé de l'inventaire des papiers de la succession et de l'accomplissement des dernières recommandations faites par le défunt. Puis il était retombé dans les indécisions et

____

(1) Cette lettre écrite en décembre contenait l'épigraphe suivante :
Fuguesso yo lo proumé do Babi que te souhaitoun la sanda, la bouno anado.

les hasards d'une existence sans boussole. Il eût continué à servir de jouet aux événements si l'amitié n'avait veillé sur son sort.

Depuis quelque temps Romme se trouvait sous l'influence d'une cause secrète de misanthropie. Il lui fallait lutter contre un certain engourdissement qui pesait sur tout son être ; une sorte de mélancolie s'était emparée de lui comme un mal incurable minant sourdement son caractère et même sa constitution physique. Pour la première fois son esprit était hanté par les chauve-souris de l'hallucination. Le visage langoureux et les grands yeux tristes de Mlle Daudet, demoiselle de compagnie de la comtesse de Strogonoff, n'étaient sans doute pas étrangers à l'origine de ce mal étrange.

Cette jeune femme, la seule vraisemblablement qui ait jamais agité le cœur de l'impassible Gilbert, était une Strasbourgeoise que sa beauté avait fait rechercher par un parti fort riche. Tout était conclu et disposé pour son union lorsque, le jour même fixé pour le sacrement, son futur mourut subitement en la conduisant à l'autel.

Comment l'amour s'était-il infiltré à travers le triple airain qui recouvrait la poitrine de notre savant ?

Quoiqu'il en soit, Romme pouvait être surpris un instant, mais il avait en lui assez de ressort pour broyer sa passion contre son devoir. Au besoin il savait se prémunir contre ses propres entraînements.

C'est alors qu'il songea à appeler Démichel en Russie où depuis quelque temps on voyait affluer une quantité considérable de Français en qualité d'*outchitels*, c'est-à-dire de gouverneurs et gouvernantes d'enfants, et à fixer pour la seconde fois sa destinée.

« Venez, lui mande-t-il délicatement, venez vivre avec

moi, venez partager mon bien-être, venez charmer ma solitude où la mélancolie et des perplexités toujours renais-
santes empoisonnent le cours de ma vie. Votre présence
me soulagera. Confiez-vous à moi. J'attache votre sort au
mien. M. le comte m'autorise à vous dire que votre avenir
est assuré. »

Et Démichel, qui professait pour Romme une affection
singulière, trop respectueuse même, qui allait jusqu'à l'idolâtrie, était accouru plein de reconnaissance pour remplir
d'abord les fonctions de secrétaire et de bibliothécaire auprès du comte, puis pour entreprendre, sous la direction de
son ami, l'éducation du jeune baron de Strogonoff, cousin
de Popo, d'un an plus âgé que lui.

Après avoir accompli cet acte de bienfaisance, Romme
refusa tous les remercîments que provoquait sa conduite.
S'il avait en effet assuré l'avenir d'un ami, il s'était d'un
autre côté donné à lui-même un témoin dont la présence
devait le protéger contre toute défaillance.

Démichel, qui désormais allait tenir la plume et entretenir
à lui seul la correspondance avec le pays, rendait compte
en ces termes aux amis communs de son appréciation personnelle :

« Romme n'a point changé et ne changera jamais.
Toujours sérieux, toujours réfléchi, il ne vit que pour
penser, pour procurer à son élève des connaissances nouvelles et augmenter les siennes. Plus j'apprécie tout ce qu'il
vaut et plus je sens la distance qui nous sépare. S'il n'avait
pas le cœur aussi sensible, ce qui me rapproche de lui, je
crois que je me repentirais de m'être expatrié. Je ne connais
personne qui porte la circonspection aussi loin. Rien absolument ne lui échappe de ce qui peut contribuer à l'instruction de son élève et à la formation de son jeune cœur. »

IV

Cependant le métier de gouverneur n'est pas sans déboires. A certains moments Romme se trouvait découragé.
Les résultats de sa méthode ne répondaient pas toujours à
ses espérances. Il ne se fortifiait pas assez vite, à son gré,
dans la langue russe. De plus l'âge de puberté approchant
jetait sur les bonnes qualités de son élève une sorte de las-
situde physique et de mollesse.

D'un autre côté, la comtesse de Strogonoff, évaporée et
irréfléchie, heurtait parfois, avec une dédaigneuse indifférence, le plan d'éducation qu'il s'était fixé et voulait disposer de son fils à sa guise.

Romme se révolte. Fier et jaloux des prérogatives que
lui donne, même vis-à-vis de la mère de son disciple, la responsabilité qu'il a acceptée, il s'exprime ainsi :

« Si j'étais chez vous, simple particulier, libre de toutes
fonctions, les contestations qui s'élèveraient entre nous
seraient pour moi autant de ridicules, autant de torts qui
me rendraient indignes de vos bontés... Mais oublierez-
vous que vous m'avez confié le dépôt le plus sacré que vous
ayez au monde...

« Je dévorerai les distractions, les caprices, les injustices
mais jamais les bassesses et les humiliations... Mon devoir
seul me fera accompagner votre fils dans la société. Le dis-
crédit et l'espèce de déshonneur dont sont couverts les
gouverneurs dans ce pays-ci alarment trop ma délicatesse
pour que je n'aie pas la plus grande attention de n'inquié-
ter que le moins possible par ma présence ceux de votre

société qui auraient de la répugnance à respirer le même air qu'un *Outchitel*. C'est déjà d'après ma propre expérience que je plains de tout mon cœur les êtres sensibles qui sont réduits à courir ici la même carrière que moi. »

Mais cette lutte intestine ne pouvait se prolonger.

Ajoutons, qu'à l'imitation de la souveraine, le comte et la comtesse menaient une inconduite notoire que Popo était seul à ignorer et qu'il importait de lui celer avec soin afin de ne pas tarir ou diminuer en lui la source du respect filial.

En face d'une situation aussi périlleuse, il fut donc résolu qu'il y avait lieu d'entreprendre, sans plus tarder, la série des voyages d'exploration prévus lors de la conclusion du traité entre Romme et le comte comme le plus excellent mode d'éducation complémentaire à donner à un jeune seigneur destiné par son rang et par sa naissance aux représentations de la vie publique.

Mais, avant d'aller demander aux nations lointaines le secret de leurs civilisations, avant d'aller admirer dans son ensemble le tableau de l'humanité, il convenait d'étudier la nation russe, de parcourir son sol immense, ses villes et ses déserts, de s'identifier avec ses peuplades, ses mœurs et ses usages. Connaître son pays n'est-ce pas lire la première et la plus intéressante page du livre de la vie ?

Au moment d'entreprendre une course de huit à dix mille werstes à travers l'Empire, le nouveau Mentor d'un nouveau Télémaque, ou mieux le guide du nouvel *Emile* se donne à lui-même les motifs de cette détermination :

« Mon élève a treize ans, dit-il ; il approche de cet âge où les passions décident des mœurs et du caractère de toute la vie et ont besoin d'être réfrénées. Des goûts vifs, mais innocents par leur nature, sont le frein que je leur prépare. Popo a pour le cheval un goût qui acquiert de jour en jour plus de vivacité. Il aime les exercices violents, la marche, la fatigue. Ce voyage est bien fait pour changer ces goûts en habitude et pour l'endurcir à la faim, la soif, le chaud, le froid.

» C'est ce qui me fait préférer le *kibitque* à toute autre voiture. C'est ce qui me détermine à ne prendre que très-peu de provisions. Partout où nous trouverons des hommes nous trouverons à vivre. Du lait, des œufs, des fruits sauvages ont déjà fait ses délices dans la capitale même d'un grand Empire ; j'espère bien qu'il ne s'en dégoûtera pas lorsqu'il les puisera à leur source, encore dans l'enveloppe brute mais pure de la nature. L'infortune et la misère n'ont qu'à l'assaillir un jour, elles pourront amaigrir son corps, mais son âme restera saine, heureuse et inébranlable.

» La chasse aux pierres comme au gibier est encore un goût que j'essaierai de lui inoculer. Il occupe les sens, fatigue le corps et laisse l'âme dans toute sa pureté. C'est pour remplir cet objet, au moins en partie, que nous nous sommes associés un vieux chasseur, vigoureux, grand amateur de la chasse et bon père de famille et que nous avons pris avec nous, marteaux, ciseaux, engins sans lesquels ne marche pas un zélé minéralogiste.

» ... Popo ne saisira pas tous les détails d'une fabrique, tout l'ensemble d'une suite d'opérations qui constituent un art ; mais moi je les saisirai ; c'est à quoi je donnerai toute mon attention ; il sera présent et je n'aurai un jour qu'à rappeler à sa mémoire qu'en tel lieu on coule des canons, en tel autre on imprime des toiles... il comprendra les entretiens que j'aurai avec lui dans un âge plus avancé.

» ... En résumé, ce voyage fortifiera son tempérament, le rendra sobre et actif, le perfectionnera dans sa propre langue, lui fera connaître son pays, l'instruira en m'instruisant moi-même et conservera son innocence. Voilà ce que je désire. Si je me trompe, qu'on me le dise avant que mon erreur devienne incurable. »

CHAPITRE V

Pallas. — Voyages en Sibérie, à la mer Blanche et à Moscou. — Déception
du gouverneur. — Travaux de Romme et du comte. — Les aérostats. —
Description de la *Taurique* de Hablits. — Voyage en Crimée. — Retour
au pays. — Joie de Démichel. — Enthousiasme de Beaulaton.

I

Les voyageurs choisirent pour première étape cette Sibérie asiatique, berceau de la famille des Strogonoff, où le
comte avait des possessions dans lesquelles on dénombrait
jusqu'à vingt-trois mille sujets.

C'était un but magnifique d'observations et de recherches
que cette promenade des bords de la mer Baltique aux
Monts Ourals, du golfe de Kamtschatka et de la Péninsule
scandinave au fleuve Amour qui limite la Chine.

Mais le plus grand charme, l'attraction la plus puissante
était le concours inappréciable de Pallas, le *Buffon de la
Russie.*

Ce naturaliste si connu avait déjà parcouru la contrée
avec l'expédition chargée d'aller observer le passage de
Vénus sur le soleil. Il en avait rapporté des collections et
des notes que l'Académie avait admirées. Il avait promis
de se joindre à la caravane et il répétait à Romme enthousiasmé d'entreprendre une pareille exploration en pareille
compagnie : « *Nous la ferons fructifier si c'est possible.* »

Par malheur la maladie vint entraver ces beaux projets et réduire cette brillante perspective. Pallas se mit en route, mais, terrassé par les infirmités, il dut bientôt abandonner ses compagnons de voyage et les priver de son expérience. Il cède à Romme sa tente chinoise, lui trace l'itinéraire à suivre, lui donne un herbier, une liste complète des principales productions géologiques du pays... Et la petite colonne, munie de bonnets fourrés, de bottes doublées de flanelle, de pelisses de peaux de renards enveloppant nuques et occiputs, s'avance, diminuée de son principal guide, vers cette Asie, berceau du genre humain, pays de majestueux contrastes, où les tableaux grandioses évoquent les grandes pensées.

Dès le début de la route, Romme avait retracé à Mlle Daudet, dans des lettres tendres et presque émues, ses observations et ses remarques. Son style en devenait plus doux; les cerisiers de Volodimer, les rosiers et les véroniques des bords de l'Occa fleurissaient sous sa plume; la Sancha aux ondes poissonneuses coulait dans son récit d'habitude concis et grave.

Les voyageurs cheminaient avec un peintre dessinateur, un chasseur, un domestique et un bas officier des gardes de S. M. pour les assister dans l'occasion et les couvrir de toute la dignité imposante d'un garde du corps.

Ils arrivèrent bientôt dans les possessions du comte à Ilimski-Célo, sur les rives de la Kama et de la Tchoussovaïa, dans ces lieux où les ancêtres de la famille avaient si longtemps vécu à l'état de colons ou de *Mourzas de la Horde d'or*. Ils visitèrent Kankor, bâti par un Strogonoff, et pénétrèrent dans ces espaces engourdis par la gelée et par la neige où la nature sauvage, âpre, indomptable, prédomine encore sur une civilisation ébauchée.

Plaines herbacées ou sabloneuses aux flaques d'eau sau-
mâtre, steppes sans fin ressemblant à des savanes améri-
caines, salines, toundras ou marécages, immenses forêts de
cèdres, fleuves gigantesques roulant leurs ondes à travers
des terres désertes d'où l'éternel hiver bannit les arts et la
vie sociale, tout prenait place sur le journal fidèle que le
précepteur et l'élève tenaient en partie double afin de refléter le caractère divers des impressions produites sur l'intelligence rassise de l'homme et sur l'imagination vibrante
de l'enfant.

Des Monts Ourals où croissent améthistes, topazes, tour-
nalines, grenats, bérils, calcédoines, onyx, jaspes, agates,
amiantes et zircons à l'Altaï aux couches aurifères, dans
le parcours de cette vaste région qui forme le boulevard de
la Russie et de l'Europe contre la Mandchourie, la Mon-
golie et la Tatarie, de l'Oby à la Léna, de l'Ienisseï au fleuve
Amour, du lac Baikal aux lacs salés, — depuis le plus petit
des quadrupèdes, la musaraigne, jusqu'au plus grand de
tous, le mammouth à l'état fossile, depuis les zibelines, les
hermines et les renards bleus jusqu'aux castors et aux
moindres animaux aquatiques, tout devenait une leçon et
un enseignement, enseignement puisé au grand livre de la
nature, à cette école dont le créateur est le grand maître et
l'instituteur sublime.

Les régions du Nord servirent encore d'objectif à la seconde excursion entreprise par nos pèlerins scientifiques.
Ils explorèrent cette fois la mer Blanche, ce grand golfe de
l'Océan glacial, qui sert de décharge à l'Onéga et à la
Dwina, dont le littoral est occupé par les Finois, les La-
pons et les Samoyèdes.

Après avoir suivi le cours fertile de la Néva, trait d'union entre le lac Ladoga et le golfe de Finlande, ils entrèrent, en cotoyant la Swir, dans le gouvernement d'Olonetz qui formait autrefois les confins de la Suède. Ils étudièrent dans leurs plus minimes détails les carrières de marbre, les usines de cuivre, de fer blanc et la fonderie de canons de Pétrozavodock devenue depuis deux ans la capitale de la province, les édifices en bois de la ville territoriale d'Olonetz bâtie en bois et pavée en bois sur une étendue de plus de dix werstes et sur une largeur de quelques sagènes seulement qui est celle des bâtiments, Arkangel d'où Romme expédia douze caisses de pierres et de minéraux, en un mot tout ce que cette contrée offre de curieux en mines, carrières, fabriques, salines, déjà décrits dans les relations de Jacques Heemskerk et de Guillaume Barentsz.

Monastères fortifiés semés dans la solitude, églises, inscriptions, rivières, canaux étaient vus et consignés avec soin sur le carnet des voyageurs à côté de la description des usages, des mœurs et des notions saillantes d'agriculture, de commerce et de religion.

L'année suivante, Romme et son élève dirigèrent leurs pas du côté des provinces méridionales de l'Empire. Après Olonetz Moscou, après le lac Ladoga l'Ilmen, après la Swir le Volga.

Ils traversèrent la ville naissante de Sophie près de Tzarko-Célo, puis Novogorod, jadis surnommée la Grande, et furent frappés des phénomènes que présente le Volkof dont les eaux changent parfois leur cours et refluent vers leur source. Des hauteurs du plateau de Valdaï aux magnifiques horizons ils admirèrent les pays pittoresques arrosés par le Volga dont la large dimension près de son embouchure dans la mer Caspienne le rend semblable aux fleuves géants du Nouveau-Monde, tandis qu'il coule là entre deux rives assez plates sans enfler son onde ni jeter de folle écume.

Ils firent halte enfin à Moscou, ce centre important d'activité manufacturière, ville des plus originales que l'on puisse voir, où l'on trouve presque tous les peuples de l'Europe et de l'Asie, presque toutes les religions de la terre et presque tous les styles de l'architecture, la Grecque comme l'Italienne, la Gothique comme la Bysantine, le Tatare comme la Persanne.

Certes l'élève et le gouverneur n'avaient pas parcouru du Sud au Nord le vaste empire des Romanof en touristes oisifs et en observateurs superficiels. Les aperçus topographiques, physiques, politiques que nous possédons et qui proviennent de Gilbert Romme, les notes curieuses qu'il a laissées sur ces divers voyages prouvent la profondeur de ses vues, l'étendue de ses recherches, le soin minutieux de ses investigations pour utiliser au profit de l'instruction et des connaissances pratiques les incidents, les hommes et les choses.

Le savoir est partout dans la création; il est accroché aux brins d'herbes humides, aux brouillards blancs de l'aube, aux bruyères roses, aux mille rayons du soleil qui sont comme les baisers du ciel à la terre qu'il féconde.

Devant la belle, la grande, l'émouvante nature de Dieu, en face des plus merveilleuses combinaisons de l'art, des industrieuses applications de l'homme savamment expliquées et judicieusement commentées, l'esprit du jeune seigneur s'ouvrait à la vie intellectuelle, le savoir s'infiltrait en lui avec la raison.

Romme atteignait là le point le plus élevé et le plus délicat de sa mission.

Car faire d'un enfant un être pensant, un être fort, qui sera riche quand il pourra se passer de richesse, c'est-à-dire quand il aura développé ses membres, ses sens, son âme, quand il saura se servir de sa personne et de la nature, enfin quand il aura sa valeur indépendante de la race, des préjugés et de la fortune, — faire cela, ce n'est pas être inutile et impuissant, c'est accomplir la grande œuvre dédaignée par la plupart des pères, c'est créer un homme.

II

Durant trois ans Romme avait avec son élève foulé dans tous les sens le sol moscovite; depuis six ans déjà il avait dit adieu à sa patrie. Son désir de revoir la France et d'aspirer à nouveau les effluves du sol natal était immense.

Depuis longtemps il pressait le comte de Strogonoff de faire cesser un exil auquel, après mille ennuis, Mlle Daudet s'était aussi arrachée en regagnant son pays d'Alsace.

Le comte qui ne pouvait plus douter du dévouement de Romme, qui en lui parlant de Popo disait : *notre fils,* comprenait la légitimité de ce désir. Il sentait qu'un départ était tout à la fois conforme au plan d'éducation auquel il avait souscrit, à la prudence et aux convenances sociales; mais il reculait devant une séparation rendue cependant indispensable par sa conduite privée et par son entourage.

Il s'était engagé à obtenir, pour l'époque du retour des voyageurs, l'agrément de l'Impératrice au départ du jeune Paul pour l'étranger, en même temps que l'on solliciterait la même autorisation pour le jeune baron de Strogonoff. Et pourtant, oublieux de sa promesse, il se borna au dernier moment à déclarer que Catherine s'y était opposée.

Il était évident que le comte avait demandé la permission de manière à ne pas l'obtenir, car aucune difficulté n'avait été faite au jeune baron qui avait pu sans peine quitter la Russie en compagnie de son gouverneur Démichel.

Froissé de ce manque de parole, Romme se retira auprès de M. de Ségur, ministre de France, qui lui avait fait ses offres de service et le tenait en grande estime. Il ne fallut rien moins que les instances réitérées de la famille de son élève et la chaude entremise du chevalier de la Colinière pour lui faire reprendre sa tâche interrompue. Il consentit enfin à patienter encore pendant une année durant laquelle il irait faire un voyage dans l'Ukraine. Sa résolution de rentrer en France passé ce délai était immuable.

Il fallait d'ailleurs compter maintenant avec Romme dont la personnalité s'était affirmée et dont les hommes de mérite faisaient le plus grand cas.

Il était beaucoup plus connu et apprécié à Pétersbourg qu'à Riom.

Il n'avait voulu rien ignorer de ce qu'il faudrait un jour enseigner à son disciple. Il connaissait non-seulement la topographie de la Russie mais son histoire et ses historiens, exposant avec une autorité indiscutable son jugement sur MM. Lévêque et Le Clerc qui avaient raconté les fastes de cette nation.

Il avait traduit en Français l'*Histoire de Suède,* de Dalin.

On citait ses savantes recherches sur l'*Orographie* et la lettre qu'il avait écrite à Tamara en Georgie, ce parvis du paradis de Mahomet : « Depuis longtemps, lui disait-il, je suis tourmenté de l'idée que les chaînes des grandes montagnes répandues sur tout le globe forment dans leur ensemble un grand arbre généalogique dont le tronc est en Asie. Soyez, je vous prie, un de mes coopérateurs archivistes pour débrouiller cette antique filiation. »

Lorsqu'avait éclaté quelques mois auparavant l'annonce de la découverte mémorable de Montgolfier, le téméraire espoir de se rapprocher des astres avait germé dans l'esprit public. On voyait déjà la direction des ballons trouvée, des flottes nombreuses traversant les airs, des escadres aériennes se livrant bataille au milieu des éclairs et dans le séjour de la foudre, les aérostats planant au-dessus des forteresses, annihilant les remparts, modifiant l'art de la guerre. Tout ce que l'imagination peut ajouter à la vérité, toutes les folies que peuvent engendrer les plus vives fantaisies agitaient tour à tour les espérances. Chacun voulait répéter l'expérience des Charles et de tant d'autres, essayer la vapeur du feu ou la légèreté du gaz, ranimer cette *Colombe volante* d'Architas, décrite par Aulu-Gelle, tenter sur une frêle chaloupe une audacieuse ascension, couver en un mot l'œuf d'or déposé dans l'idée encore à l'état rudimentaire. Chacun se demandait s'il ne serait pas l'heureux aréonaute qui, aidé par ce précieux collaborateur que l'on trouve si souvent au seuil des découvertes, le hasard, résoudrait le problème fécond de la navigation aérienne.

La notoriété de Romme, comme physicien, était telle que ce fut sur lui que la cour jeta les yeux pour une expérience concluante, et l'ouvrage de M. Faujas de Saint-Fond sur la *Machine aérostatique* publiait une lettre de Gilbert à M. Sage, de l'Académie des sciences, annonçant qu'il avait été chargé de construire un ballon de la part du Grand-Duc de Russie.

Le comte de Strogonoff, qui ne manquait pas de connaissances, travaillait avec ardeur à un *Voyage pittoresque de la*

Russie qu'il comptait dédier à son fils. Ce recueil lui tournait la tête; il achetait des documents, faisait travailler des peintres aux vues du Caucase, trouvait les artistes d'une lenteur désespérante et utilisait pour cet objet les mille notes que Romme avait recueillies dans ses voyages.

De son côté, Gilbert mettait la dernière main à un travail de longue haleine qu'il avait entrepris depuis longtemps et qui prenait à ses yeux un intérêt d'autant plus spécial qu'il se rapportait à cette Crimée vers laquelle il allait diriger ses pas. Cet ouvrage était la traduction de la *Description de la Taurique ou petite Tartarie,* de Hablits.

Tous les yeux étaient fixés sur cette *Tauride* fameuse dans la fable et dans l'histoire que l'audace d'une femme venait d'enlever aux farouches enfants de Mahomet.

Habitée depuis les temps les plus reculés par des Scythes e des colons grecs, elle avait, depuis Hérodote, été conquise et ravagée par plus de soixante et dix peuples différents. Elle avait obéi aux Scythes, aux républiques de la Grèce, aux rois de Bosphore, aux Huns, aux Romains, aux Sarmates, anx empereurs grecs, aux Génois, aux Vénitiens, aux Turcs avant de devenir *la perle de la couronne de Russie*. Les ombres d'Iphigénie, d'Oreste et de Pylade, planant sur les métopes du temple de Diane, formaient un merveilleux horizon à cette contrée, apanage du fils de Mithridate avant de devenir celui des fils de Gengiskan, et son origine, pleine de légendes et de mystères, ne pouvait percer les brouillards ou *timbres Cimmériens* qui régnaient et règnent encore sur les bords du Palus-Méotides.

La péninsule de Crimée passait pour l'un des plus pittoresques et des plus magnifiques pays de la terre. Hablits l'avait admirablement décrite, mais une traduction française pouvait seule lui donner une sorte de consécration

Traduire un ouvrage en Français était en effet le seul moyen à cette époque de lui faire secouer ses langes et de lui créer une renommée cosmopolite.

La traduction de Romme avait un mérite réel, et Hablits lui-même avait exprimé sur son compte une très-favorable impression. « *Votre œuvre est une véritable refonte,* » disait à l'auteur, M. de la Colinière, d'autant meilleur juge qu'il avait traduit lui-même, avec le concours de Pallas, quelques extraits du même ouvrage. Le Chevalier, dont l'amitié pour Romme était devenue un sentiment impérissable, le pressait de terminer son travail qu'il se chargeait de transmettre à M. de Vergennes. Le comte de Ségur espérait obtenir à Paris l'imprimerie royale pour cette publication, et le comte de Strogonoff projetait d'en faire paraître une autre édition à Pétersbourg sous le patronage de la cour.

Cette œuvre d'ailleurs qui devait être imprimée en France et en Russie est encore inédite. — Il a été le propre de Gilbert Romme de ne jamais parvenir à donner un rayonnement quelconque à sa lumière.

III

Ce fut dans les premiers mois de l'année 1786 que Romme entreprit sa dernière excursion sur la terre slave.

Avant de partir il s'était montré désireux de connaître tout ce qui avait été publié à propos de l'Ukraine. Il avait recherché ce qu'Hérodote et Ptolémée avaient écrit sur cette partie de la Chersonèse; il s'était procuré une description italienne de la Crimée et la relation manuscrite du voyage sur les côtes de la mer Noire fait deux ans auparavant par Lafitte Clavé, ingénieur français.

Au mois de mars il était avec son élève à Kiew dans la petite Russie, sur les confins de la Russie occidentale et de la Volhinie, d'où ils s'enfoncèrent plus avant dans les terres, à travers les steppes monotones.

Sans doute leur voyage ne s'accomplit pas au milieu des illusions et des fantasmagories qui devaient l'année suivante, sous la baguette de Potenkin, et au prix de sept millions de roubles, charmer et émerveiller la souveraine ; mais en voyant les choses de plus près on les voit plus au naturel, les mirages disparaissent et l'utile observation reprend ses droits.

D'ailleurs les voyageurs étaient recommandés aux gouverneurs, aux généraux et aux plus importants personnages qui leur facilitaient les recherches et les explorations.

Ils traversèrent le Borysthène, visitèrent Kerson sur le commerce de laquelle Romme écrivit un important mémoire, Azow, près des bouches du Tanaïs, d'où étaient sortis les Scythes qui, sous la conduite d'Odin, envahirent le nord de l'Europe, puis ils pénétrèrent dans la Crimée qui ne se rattache au continent que par l'isthme étroit de Pérécop. Au sud de cette région le climat est enchanteur ; l'atmosphère y féconde une végétation tropicale ; rien ne saurait égaler la grâce des vallons plantés de myrtes comme on n'en voit pas en Andalousie, et coupés là par un couvent grec, là par une mosquée Tatare.

Après avoir admiré les restes de Krim, l'ancienne ville des Tartares au xiiie siècle, et Caffa, l'ancienne Théodosie, principal entrepôt des Génois au xvie siècle, ils poussèrent leur course jusqu'à Balaclava et Sébastopol.

La mer Noire si curieuse, nommée autrefois le Pont-

Euxin, ils la parcoururent depuis les côtes de la Roumélie jusqu'à l'embouchure du Phase dans la Géorgie, de la mer d'Azow au Bosphore. Ils suivirent la côte d'Okzakow de la Crimée jusqu'au Danube.

Ils avaient eu probablement la pensée de se porter beaucoup plus à l'est et de franchir les Monts Caucase, car ils s'étaient munis de la relation du voyage de M. Voinowitz dans la mer Caspienne, mais l'époque fixée pour le rapatriement était arrivée et Romme ne voulait pas en retarder l'heure.

Il sentait dans la juvénile enveloppe de son élève grandir, travailler, fermenter le germe de la raison. De l'état de bouton la fleur passait à l'épanouissement.

Il était temps de l'initier aux civilisations étrangères, de le faire asseoir aux divers banquets de l'humanité, de lui faire goûter les fruits produits par d'autres climats. Comparer, c'est apprendre doublement. Il n'y a pas de moyen meilleur pour augmenter l'acuité d'observation, perfectionner les facultés et mûrir l'intelligence.

Les voyageurs abrégèrent donc leur vaste itinéraire et prirent la route de Pétersbourg. C'était prendre la route de la France.

Cette fois, en effet, le comte ne pouvait plus équivoquer et l'on dut se préparer aux adieux.

Popo fut nommé aide de camp du maréchal prince Potenkin, ce qui lui donnait rang de capitaine, et reçut la permission de résider en pays étranger pour compléter son éducation.

M. de la Colinière décida qu'il partirait en même temps que ses amis et qu'il irait les rejoindre dans leur ermitage d'Auvergne. Il renonçait d'ailleurs à la diplomatie, trouvant l'amour plus agréable que la politique et les yeux de Mlle de Charron plus doux que ceux du vice-chancelier.

Romme avait conçu la pensée de réunir les deux cousins pour les faire servir l'un à l'autre de stimulant et d'associer ces deux natures dans lesquelles la conformité d'âge, la parenté, l'amitié, la patrie formaient autant de liens qu'il tâcherait de mettre à profit pour le bien commun.

Démichel apprit ce projet de rapprochement avec une joie tenant du délire. Il était parti en effet non sans inquiétude touchant l'éducation qu'il avait entreprise, alors surtout qu'il se sentait dorénavant livré à ses propres forces. Esprit très-changeant, très-impressionnable, tantôt satisfait, tantôt mécontent, il se décourageait au moindre obstacle parce qu'il ne savait ni diriger ses plans, ni les suivre avec méthode. Il avait conscience de son insuffisance et le confiait modestement à Dubreuil : « Je me mettrai ainsi que mon élève sous la direction de Romme, lui disait-il ; au lieu d'un élève il en aura trois, mais ce n'est pas trop pour sa bonne tête. Pourquoi aussi s'est-il imaginé de me faire gouverneur ? Pour un homme d'esprit je trouve cela un peu bête. »

Quant aux amis de Riom, l'annonce du prochain retour de l'absent les plongea dans une bien douce émotion.

Et Beaulaton, le lyrique, saisissant aussitôt son théorbe, entonna sur un rythme emphatique ce chant d'allégresse :

« Ah ! mon cher Romme, quel joli printemps s'annonce ici ! Que de rossignols préparent leurs gosiers, que de zéphirs leurs haleines ! L'aurore va émailler au double des précédentes années nos prairies et nos vergers... Et tout cela pour vous, pour M. le comte et M. de la Colinière. Pomone ornera vos chapeaux de ses plus beaux fruits, Flore vous couronnera de sa plus fraîche verdure et de ses plus tendres

fleurs. Et moi de battre des mains et de crier à gorge d'é-
colier : *Vivat, Vivat* — et puis encore d'envier la palette du
peintre de la nature. »

Quelques mois plus tard Romme arrivait à Strasbourg,
embrassait Démichel auquel il apportait de la part du baron
de Strogonoff une gratification de 4,000 livres et revoyait
sans trouble Mlle Daudet. Puis, laissant durant quelques
jours les deux jeunes Russes aux préparatifs de leur réunion
définitive, il courait à Paris payer à Mme la comtesse
d'Harville le tribut de la reconnaissance et du souvenir,
dette sacrée due à une amitié constante et sincère.

CHAPITRE VI

Une petite ville. — Les amis et la famille. — Delarbre. — Faucon, journaliste. — Soubrany. — L'Institut génevois. — M. Vernet. — Parallèle entre les deux jeunes Russes. — Voyage aux Alpes et dans les Vosges. — Savants. — Lavater. — Le chevalier de la Colinière. — Luttes entre Riom et Clermont. — Voyage en France. — L'abbé Rozier. — Le chevalier de Combe Blanche. — Paul Otcher.

I

Balzac a peint avec une rare souplesse de pinceaux la physionomie spéciale des petites villes de province, ce monde à part, surtout avant les progrès réalisés par le dernier siècle, dont la vie ou plutôt le sommeil léthargique ne se prête qu'à la longue aux transformations et aux renouvellements. Les gens et les choses y gardent mieux que partout ailleurs leur caractère originaire. On y conserve les idées, les opinions, les préjugés avec le même soin que l'on respecte les vieilles maisons, asiles du souvenir, où les générations se sont succédées, en déposant par couche sur les murailles la vétusté et les rides.

On se trouve là sous le coup de cette surveillance officieuse qui fait de la vie privée une vie quasi publique, qui vous prend au berceau et vous suit dans les diverses phases de l'existence. Il est difficile dans ce milieu de revêtir un masque, d'usurper la considération, de tromper le sentiment public, de tricher au jeu social. Le *qu'en dira-t-on* est un point d'interrogation, tout à la fois gêne et sauvegarde, qui se dresse au seuil de tous les actes et aux exigences duquel nul ne peut se soustraire.

Au moment de reparaître devant leurs compatriotes, au sein de la petite ville de province qui les avait vu naître, de cette petite ville de Riom dont la physionomie mélancolique et un peu claustrale semble porter le deuil d'un illustre passé, la pensée de l'opinion publique hante involontairement l'esprit des voyageurs.

Démichel exprime ses impressions avec une ingénuité spirituelle :

» Aurions-nous jamais pensé, écrit-il à Dubreuil, que je reparaîtrais à Riom chargé d'une mission si peu analogue à l'état que j'y ai exercé. Je me rappelle encore l'époque où après ma sortie de l'Oratoire, je ceignis pour la première fois la noble serpillère. Les premiers jours je n'osais point paraître en veste dans les rues. J'allais en habit chez le boulanger et je cachais soigneusement dessous le tablier de l'ordre.

» Je ne fus pas cependant longtemps l'esclave d'une vanité si ridicule et si déplacée. Je sentis bientôt que, n'étant pas plus noble que mon père, je pouvais exercer sa profession sans rougir.

« Il me semble déjà voir quelques-uns de mes compatriotes porter sur toute ma personne un regard malin et curieux et se dire entre eux pour se consoler de la fierté qu'ils me supposeront : *Il faisait autrefois des dragées.* Oui, sans doute, j'en faisais, et je les faisais bonnes, je m'en vante. Je faisais aussi de bons biscuits, de bons massepains, d'excellente pâte de guimauve, de bonne eau de coings, de belles confitures de cerises, quelquefois [de bonnes pâtes d'abricots, mais pas toujours. Et je n'aurais pas honte d'en refaire encore si j'en avais la force et si j'espérais trouver dans mon ancien état l'aisance et le bonheur.

» Rassurez-les, mon bon Dubreuil, dites-leur bien qu'ils ne trouveront en moi d'autre vanité que celle d'avoir su conserver l'estime et l'attachement de mes amis. »

Quant à Romme, moins démonstratif et plus philosophe, il regrette néanmoins qu'on lui ait retenu un logement dans l'hôtel Teilhot, assurant que son ancienne chambre et l'auberge de la *Tête noire* lui auraient parfaitement suffi à lui et à sa suite, car il tient à séjourner dans son pays avec la plus grande simplicité.

Quoi qu'il en soit, vers les premiers jours de septembre, il faisait à Riom son entrée dans une voiture à six chevaux, avec deux domestiques, plus un jeune peintre Russe, nommé Voronikin, ancien esclave du comte de Strogonoff, qui l'avait accompagné dans ses voyages pour les dessins à relever et dont il avait obtenu la liberté en récompense de son dévouement.

Durant un intervalle de treize ans, aucun vide ne s'était produit dans le cadre de ses affections; famille et amis tout était au complet. Ainsi lui avaient été épargnées les douloureuses surprises du retour. Mais la mauvaise fortune ne perd pas ses droits. Laissons s'écouler quelques années encore et la mort fauchera à grands coups, tranchant les plus chères têtes : de Salvert, d'Avaux, Boirat, Soubrany, Gilbert lui-même, décimant ce cercle intime au point de n'en laisser que deux ou trois rares survivants.

Romme trouve à Riom, auprès de sa vieille mère, un enfant de cinq à six ans, du nom de Benjamin, fils de son frère Charles, qu'il a eu de la veuve d'un capitaine de vaisseau marchand de Rochefort, née dans la religion réformée et à qui son père n'a pas permis d'épouser un catholique.

Il revoit son frère le *Bénédictin* qui n'a pas trouvé dans le cloître le repos du cœur. Sous le coup de certaines tracasseries monacales que son imagination exaltée lui faisait sentir plus vivement qu'à tout autre, il exhalait ces plaintes, précurseurs d'une défection prochaine : « Ah ! malheureux que je suis ! Cruel sacrifice que j'ai fait une fois en ma vie, que tu me donnes souvent matière à réflexion !... Hélas, j'ai renoncé à tout pour embrasser une croix, mais je m'égare... Souvenez-vous d'un pauvre orphelin qui a bien eu la cruauté de se séparer de vous. »

Toujours philanthrope, le docteur Boirat continuait à se plonger dans ses études scientifiques et mystiques.

Beaulaton, faisant trêve pour un moment à la littérature, travaillait à un ouvrage chrétien qui devait, dit-on, paraître en cinq volumes et avoir pour titre : *Monologue* ou *Discours sur Dieu, la nature et l'homme.*

Delarbre écrivait un mémoire sur les différents *Basaltes en boule de l'Auvergne* et un autre sur le *Fer spéculaire.* L'arrivée des caisses de Romme, parvenues au Havre sur le vaisseau *Saint-Nicolas* après de nombreuses péripéties, vint lui fournir une distraction pleine d'intérêt. Les collections minéralogiques qu'elles renfermaient comprenaient en effet des morceaux absolument neufs dont il entreprit de faire la description pour le monde savant. Ce travail lui occasionna l'échange de notes très-curieuses avec MM. Patrin, Tingry et Murith.

Quant au bon Faucon, sa verve poétique s'était éteinte sous de violentes contrariétés. Sa muse avait exhalé son dernier rire en mettant en vers les tentatives aérostatiques faites à Clermont, avec souscription publique, par M. Clédières, professeur de physico-mathématiques. Ce professeur, ancien chirurgien à Vertaizon, avait fait de mauvaises spéculations, et le plaisant poète soutenait qu'il ne voulait monter en ballon que pour se mettre au dessus de ses affaires.

Mais bientôt les ennuis étaient venus tarir sa gaieté. Il s'était vu sur le point de perdre sa place de conducteur des chemins, convoitée par un domestique de Mme de Montagnac. Il avait fallu pour tirer le pauvre Faucon de ce mauvais pas agir, par le canal de Mme d'Harville, sur le Contrôleur-général de Calonne, sur M. Chaumont de la Millière, Intendant des Ponts-et-Chaussées, sur M. Cadet de Chambine, premier commis, afin de triompher du mauvais vouloir de l'Intendant de la province.

Tout cela était parvenu à aigrir l'esprit le moins susceptible et le plus insouciant de France. Humiliations et rebuffades lui étaient restées sur le cœur. Depuis lors il ourdissait dans l'ombre une trame ténébreuse et projetait de sinistres résolutions. Ses plus intimes confidents se répétaient avec une stupéfaction comique qu'il allait se lancer dans le journalisme militant, faire de l'opposition au pouvoir et publier avant peu de mois une feuille hebdomadaire destinée à étonner le monde. Pourtant ils se rassuraient devant cette bonne nature, certains de ne jamais respirer un air vénéneux à l'ombre de ce nouvel *arbre de Cracovie*.

Le retour dans ses foyers d'un jeune gentilhomme, Soubrany, qui venait de briser soudainement sa carrière, permit à Romme de profiter de son séjour en Auvergne pour renouer des liens plus étroits avec un camarade d'enfance.

Pierre-Amable SOUBRANY DE BENISTANT était d'une famille d'origine génoise, les *Soprani*, dont une branche s'était établie à Riom depuis le commencement du XIV⁰ siècle. Cette branche, féodalement possessionnée à Charbonnières-les-Varennes et à Clerlande, avait fourni plusieurs conseillers au Présidial de Riom et un président-trésorier de France en la Généralité d'Auvergne.

A sa sortie du collége de Juilly, le jeune Soubrany avait passé quelque temps auprès de sa mère, née du Boys de Macholles, demeurée veuve de bonne heure, qui ne dédaignait pas d'associer parfois son veuvage à celui de Mme Romme.

Les deux femmes fraternisaient dans leurs enfants, et les jeunes gens s'étaient prêtés à une camaraderie mutuelle, malgré les différences de castes, de goûts et de caractères.

Lorsque Gilbert était parti pour Paris, Amable avait rejoint le régiment et embrassé avec ardeur la carrière militaire pour laquelle il était né. Officier au Royal-Dragons, riche, grand, bien fait, nature ouverte et martiale, l'avenir se présentait à lui sous les perspectives les plus séduisantes. Le marquis de Gontaut, colonel de son régiment, et surtout la marquise, lui témoignaient une bienveillance particulière. Tout semblait lui sourire, quand se produisirent sur sa route quelques-uns de ces heurts d'amour-propre suffisants souvent pour faire dévier une destinée. Un mariage avorté avec Mlle de Saint-***, un duel dont il ne sortit pas satisfait et qui souleva un de ces points d'honneur du ressort de la *Table de marbre,* un froissement du marquis de Capony, quelque passe-droit et le refus qui lui fut fait d'une compagnie de cavalerie, l'amenèrent à rompre son épée et à abandonner la vie des camps (C). Il quitta le service et regagna le toit maternel (1).

(1) Je dois à l'obligeance de M. Alphonse du Corail, si compétent en tout ce qui concerne l'Auvergne, une intéressante note sur Soubrany, note dont j'ai utilisé les principaux détails.

Avec Soubrany, avec Dubreuil, Romme refaisait ces longues promenades, pèlerinages charmants que l'homme mûr aime à accomplir aux lieux où s'est écoulé son enfance, nids de souvenirs, poésie des premiers âges.

Il accompagnait M. Le Grand d'Aussy, de passage en Auvergne, à Enval, à Volvic, à Châtel-Guyon, à Gimeaux, à Saint-Myon voir les eaux minérales dont le savant faisait l'analyse. — Il tentait une réconciliation entre Démichel et sa femme. — Enfin il faisait connaître aux deux jeunes Russes cette Limagne, si curieuse et si fertile, qui sera toujours un objet d'admiration pour le visiteur. Il faut être étranger à ce pays pour en sentir tout l'attrait, pour en apprécier l'aspect pittoresque, riant et grandiose à la fois qui vaut tous les paysages. Les deux enfants respiraient à pleins poumons cet air vivifiant dans la paisible retraite où l'on vivait de la vie patriarcale.

Voronikin, l'ancien esclave, avait gracieusement payé sa bienvenue en faisant les portraits de Mme Romme, de Dubreuil, de Beaulaton et de Mlle de Courtaurel de Rouzat, nièce de ce dernier.

Cependant le mois de septembre passait avec rapidité. Les heures ont des ailes quand elles s'écoulent au milieu des épanchements de la famille et des douces causeries de l'amitié. Les vacances que Romme s'était fixées touchaient à leur terme, et il fallait reprendre la série des études interrompues.

C'était en Suisse cette fois, c'est-à-dire à quelques pas du pays en comparaison de l'éloignement ancien, qu'il allait faire continuer à ses élèves ce rôle des abeilles qui vont, infatigables, butiner les fleurs éparses dont le suc vient ensuite remplir la ruche.

Ils passèrent tous ensemble quelques jours à Gléné chez le président Rollet d'Avaux et arrivèrent à Genève au moment où l'automne touchait à sa fin.

II

Il y avait alors en Suisse une pléiade d'esprits d'élite et de professeurs distingués. Les noms de Saussure, Pictet, Murith, Bonnet, Tingry, Lavater, Vernet, Jalabert, Senebier suffisent à prouver que le centre était admirablement choisi pour grouper autour de jeunes élèves les éléments d'instruction les plus variés.

Dès leur arrivée à Genève, Romme et Démichel s'informent des cabinets à visiter, des curiosités à voir, et se munissent de lettres de recommandation pour les savants.

Ils revoient M. de Saussure, premier instituteur de Popo, l'illustre physicien et naturaliste si connu du monde savant. Ils se font présenter par lui à M. Senebier, membre de la plupart des Académies d'Europe, homme universel, qui avait publié tour à tour des *Contes moraux*, des ouvrages de physique végétale et animale, de chimie, d'encyclopédie et qui s'occupait actuellement de l'*Histoire littéraire de Genève*.

M. de Saussure les présente encore à son oncle, M. Bonnet, homme affable et séduisant, qui joignait aux connaissances les plus étendues en physique les vues les plus profondes en métaphysique. Ils s'électrisaient réciproquement. Romme était dans sa véritable sphère, le contentement se peignait dans tous ses traits. M. Bonnet avait un auditeur digne de lui.

La science et le mérite attiraient Romme comme l'aimant attire le fer. Il se lie avec le baron d'Escherny, philosophe, moraliste et historien ; avec Jean Jalabert, conservateur de la bibliothèque, ancien syndic de la République helvétique, auteur de nombreuses publications sur l'électricité ; avec M. Gorss qui avait la faculté de vomir à volonté en avalant de l'air, privilège dont il profitait pour observer les degrés de digestion des aliments.

La fréquentation qui lui était entre toutes la plus précieuse était celle de M. Vernet. Vernet, neveu de Leclerc, le savant auteur de l'*Histoire de la médecine,* avait quatre-vingt-dix ans, mais son intelligence était aussi nette qu'à cinquante. Il parlait avec élégance et justesse, et sa mémoire encore fraîche lui fournissait à profusion des récits pleins d'intérêt. Durant de longues années il était demeuré en relations suivies avec Voltaire et Rousseau. Montesquieu, dont il avait été l'ami, l'avait chargé de faire imprimer à Genève, en 1747, la première édition de l'*Esprit des lois.* Il est aisé de se rendre compte du charme que ses entretiens devaient emprunter à de pareils ressouvenirs et de l'attrait de ses réceptions du jeudi pour les jeunes gens qui trouvaient tout à la fois auprès de lui exemple et précepte.

Ce vénérable doyen des pasteurs de Genève s'était d'autant plus attaché à Popo qu'il avait été le professeur d'histoire de son père. Il encourageait Romme, il le félicitait d'avoir adopté pour les deux jeunes seigneurs un système d'éducation susceptible d'en faire des hommes et non des évaporés du siècle. Il s'était constitué le maître de théologie des deux cousins auxquels il communiquait ses idées sur la religion et sur le culte extérieur.

N'y a-t-il pas quelque chose d'étrange dans ce cours religieux fait par un protestant à deux membres de l'église grecque, en présence d'un membre de l'église latine? Romme cependant en était enthousiasmé et ne pouvait s'empêcher de témoigner sa satisfaction dans les lettres confidentielles qu'il adressait à Boirat sur cette matière.

Le gouverneur partageait avec Popo et Grégoire de Strogonoff les exercices d'allemand, de physique et même de manège afin de leur servir d'émule. Ils prenaient ensemble des leçons particulières et assistaient à celles des leçons publiques qui ne se donnaient pas en latin. Tingry, l'éminent chimiste, vice-président de la *Société des Arts,* faisait un cours dont la réputation était considérable. Comme le cours ne pouvait s'ouvrir assez vite faute d'un nombre suffisant de souscriptions, Romme prit à lui seul les huit inscriptions manquantes.

Certes ce mode d'éducation n'est pas à la portée de tout le monde, mais tout le monde non plus n'eut pas été à même d'en extraire tout le profit et l'utilité pratique comme le vigilant précepteur. Les heures étaient distribuées, les études ordonnées. L'équitation, l'escrime, la danse et la musique fournissaient un ample contingent de distractions utiles. Quelques heures étaient consacrées chaque semaine aux devoirs de société et aux règles de la bienséance, mais ce que Romme cherchait surtout à développer chez ses élèves, c'étaient les perfectionnements du cœur et de la raison : « Qu'ils soient bons, intègres et instruits, c'est tout ce que je demande actuellement, disait-il, je serais inquiet et mécontent de moi s'ils étaient *aimables.* »

Depuis la réunion des deux cousins, l'émulation avait placé aux mains de Gilbert Romme un nouveau et puissant moyen d'action sur l'esprit de Popo. Le fils du baron lui était un aide précieux qui le secondait à merveille sans s'en douter. Il donnait une impulsion à l'un pour la faire parvenir plus naturellement à l'autre. C'est le propre de l'instituteur intelligent de ne négliger aucune ressource pour parvenir à son but.

Dans une lettre adressée de Genève à Mme la comtesse de Strogonoff, nous trouvons le parallèle suivant, résultat des observations faites par le professeur :

» Popo est d'une nature sauvage, son cousin est plus sociable ; le premier a beaucoup d'intelligence, une conception prompte mais une attention légère et difficile à fixer ; le second a une conception plus lente, mais beaucoup de zèle et une attention constante et ferme. L'un est humain, bienfaisant par instinct, par sensibilité, l'autre l'est par raison, son jugement lui fait sentir qu'il est bon de faire du bien. La sensibilité de l'un l'empêchera de faire une faute, elle sera un frein à sa passion ; l'autre n'a aucun frein dans ses moments d'ivresse, il déraisonne, il est dur et injuste, mais dès que l'ébulition du sang se calme, sa raison reprend ses droits et il retrouve son cœur. Grégoire travaillerait longtemps, sans être fort scrupuleux sur la perfection de son travail ; Popo a souvent des moments d'impatience qui l'éloignent de son devoir et dans lesquels il est mécontent de lui-même ; il voudrait mieux faire, avoir de meilleures inspirations ; il cherchera des heures entières et ne se résout à adopter une idée médiocre qu'après avoir senti son impuissance à trouver mieux. La raison a plus d'empire sur l'un et l'exemple sur l'autre. Celui-là consulte, écoute et se soumet ; celui-ci, plus fier, plus indépendant, ne consulte, n'écoute qu'autant que cela lui plaît, il ne connaît ni les condescendances qu'impose le respect, ni la confiance qu'inspire un bon raisonnement, il veut juger lui-même ce que vaut un conseil et l'adopte ou le rejette selon la disposition de son esprit. Le physique diffère beaucoup dans ces deux jeunes gens, et l'on ne peut se refuser à regarder les différences de leur être moral comme ayant leur source dans la différence des tempéraments. »

» Je me garderai bien, Madame, d'étendre davantage un parallèle déjà trop long. Je crains de m'être un peu trop livré au désir que j'aurais de vous avoir pour témoin, pour juge, pour appui. »

Désireux d'apprendre, toujours apprendre, Romme employait ses rares moments de loisirs à étudier l'horlogerie fort en honneur à Genève, et la notice qu'il a laissée sur cet objet prouve l'étendue de ses recherches dans une partie de la mécanique qui nécessite une prodigieuse subdivision de connaissances.

III

Durant vingt mois consécutifs, la petite colonie Franco-Russe puisa abondamment aux sources scientifiques de l'Institut génevois. Elle n'apporta d'autre intermittence à ses études que celle occasionnée par les vacances de 1787.

Et ces vacances furent utilisées comme Romme savait utiliser toute chose. Il décida en effet qu'elles seraient employées à une pérégrination aux Alpes et dans les Vosges. Après avoir fait la théorie des sciences naturelles, il trouvait bon d'aller se livrer de plus près à l'examen des causes et des effets et à fixer dans l'esprit de ses élèves, au moyen de l'observation directe, les notions parfois trop vagues de l'enseignement.

Comme d'habitude il se trace un plan à lui-même :

» Le voyage de Suisse que nous allons entreprendre a
pour objet : 1° de nous exercer aux fatigues des voyages,
aux privations qu'on y éprouve et à la frugalité des montagnes ; 2° d'étudier la géographie et l'histoire de ce pays,
sa constitution physique, politique et morale ; 3° d'étudier
ses fabriques.

» Pour parvenir à remplir ce triple objet, je désire que
nous soyons accompagnés de Voronikin comme dessinateur,
de Clément pour tenir la dépense, veiller aux bagages, préparer les gîtes, et d'un troisième qui sache parler allemand
et français. Notre équipage sera composé de l'ouvrage de
M. de Saussure, de celui de M. de Buffon, du Dictionnaire
géographique, de cartes, d'un thermomètre et de quelques
réactifs...

» La minéralogie, les fabriques, l'industrie rurale, les
usages, la distribution des eaux, la disposition des montagnes, les contrastes de température, tels seront les objets
de nos observations et de notre journal qu'il sera bon d'écrire
exactement... »

Les excursionistes passèrent entre le Salève et les Voi-
rons en remontant l'Arve, visitèrent la grotte de Balme et
parvinrent dans la vallée de Chamounix.

Le professeur Pictet, physicien et météorologiste célèbre,
avait adressé Romme à Pierre Balmat, guide sage, honnête,
prudent et instruit qui devait, l'année suivante, illustrer
son nom en conquérant avec Saussure le géant des Alpes.
C'est avec lui que la petite caravane put visiter les glaciers
et étudier, comme l'avait fait Bourrit, correspondant de
Buffon, l'accroissement sur les hauts sommets de ces agglo-
mérations de neiges congelées dont les couches horizontales
s'accumulent jusqu'à des épaisseurs insondables. Du haut
des pics alpestres, belvédères admirables, ils assistèrent à

ce spectacle merveilleux, à ces scènes grandioses que la nature semble avoir combiné pour confondre l'esprit humain.

Ils entrèrent dans le Valais et passèrent à Martigny où ils furent reçus par le chanoine Murith, curé de Lyddes, minéralogiste distingué, qui les conduisit, en compagnie du capitaine Wild, à la carrière de feldspath et à la roche coquillère de Ferrex qu'il venait de découvrir.

Ils séjournèrent quelques jours à l'hospice du Grand-Saint-Bernard. Nous possédons, écrite de la main de Romme, une curieuse notice sur le *Mont-Jou* ou mont Saint-Bernard, qui contient de très-intéressants détails archéologiques et historiques, détails puisés en partie peut-être au manuscrit du chanoine Murith.

Mais nous ne pouvons suivre les voyageurs dans un itinéraire qui nous entraînerait trop loin et dont Romme a écrit la relation complète. Qu'il nous suffise de dire que chacune de leurs étapes est marquée par des observations géologiques curieuses et par la connaissance de quelques-uns de ces esprits d'élite que les troubles de la République avaient un peu disséminés sur le sol helvétique.

Une grande joie les attendait à Zurich, je veux parler de leur introduction chez Lavater où la curiosité, et un peu aussi l'amour-propre, attirait tous les étrangers. Voici comment Romme s'exprime sur ce grand homme qu'une balle française devait un jour frapper mortellement :

» On a assez de confiance en soi-même pour se présenter avec assurance à l'œil perçant de ce célèbre physionomiste. Mais on est peu satisfait sur l'article parce que c'est celui sur lequel il parle le moins. On assure même que ce serait mal lui faire sa cour que de le consulter. Il ne répondrait pas, à moins d'adopter le style énigmatique des oracles qui n'était pas le style des vrais philosophes.

» Mais la morale, la métaphysique, l'éducation, les rapports de l'âme et du corps, tout ce qui tient à notre être intellectuel, voilà les sources abondantes qui fournissent à sa conversation lorsqu'il trouve à qui parler. Il a sur ces matières une expérience et des réflexions de quarante ans. Il parle avec feu, sa physionomie s'anime, la parole, trop lente pour exprimer sa pensée, est suppléée par le geste et l'émotion générale qui l'anime. Il aurait à faire à un Chinois qu'il se ferait encore entendre.

» Il est intéressant à étudier dans ses moments d'enthousiasme, mais ce n'est point alors qu'il faudrait juger de sa philosophie, on serait injuste. Qu'on le voie ensuite en tête à tête, qu'on n'effarouche pas son sang-froid, ce sera le moyen de s'assurer de toute sa sagesse et de toute la force de sa raison. Alors ses opinions plus mesurées, exprimées avec plus d'ordre, paraîtront aussi plus profondément méditées. On l'écoutera avec intérêt et on lui pardonnera de parler aussi souvent de lui-même. »

Un homme de cette trempe possède une pénétration particulière pour apprécier le cœur humain. Aussi Romme, toujours préoccupé de sa tâche, s'entoura-t-il de ses conseils et de ses avis sur l'art de dresser les hommes pour la société.

Après avoir parcouru les cantons de Lucerne et de Saint-Gall, les voyageurs traversèrent le lac de Constance, franchirent le Rhin et pénétrèrent dans l'Alsace et la Lorraine.

Ils visitèrent dans tous leurs détails les mines de fer et les usines du baron de Dietrich, près d'Hagueneau, les forges de Niederbronn et de Mutrouzen, la verrerie de Saint-Louis, les magasins de sable, de manganèse, de potasse, d'arsenic et de minium employés à la fabrication des cristaux, Sainte-Marie-aux-Mines, les forges de Roth et de Frammont, les carrières de grès de Soultz, la papeterie de Wasselone... De la comparaison de ces divers établissements, de leurs procédés et de leurs perfectionnements, Romme avait fait une de ces analyses consciencieuses qui lui permirent plus tard d'apporter un précieux appoint d'expérience aux comités d'Instruction de l'Assemblée nationale.

Enfin ils rentrèrent en Suisse par Bâle où ils étaient recommandés au philosophe Mérian, auteur de la *Vue de l'Univers*, par Berne, où ils apprécièrent le cabinet de M. Springli, et par Lauzanne où ils revirent avec plaisir la fille du comte de Golowkin, devenue baronne d'Aruffens.

De ce voyage Romme rapportait un nouveau bagage de connaissances et la satisfaction d'avoir ajouté à son œuvre un nouveau principe de perfection.

Il ne conservait qu'un seul regret, celui de n'avoir pu l'effectuer, ainsi que cela avait été projeté au début, en compagnie du bon chevalier de la Colinière.

Ce dernier, en effet, s'était marié. Il venait même d'éprouver les douceurs de la paternité et il épanchait la joie de son foyer dans le sein de son ami.

Romme, en réponse, lui avait adressé les lignes suivantes plus raffinées de sentiment que l'on ne l'en aurait cru capable, afin de l'engager à maîtriser l'excès de sa félicité :

« La sensibilité morale suit la dégradation de la sensibilité physique, et les abus qu'on fait de l'une influent nécessairement sur l'autre. L'ivresse ne peut pas être un état con-

tinuel sans qu'il s'en suive un affaissement de tout notre
être.

» Dans la vie sentimentale une sage économie demande
une répartition raisonnable de notre temps : *Tous les jours
à l'amitié et les fêtes à l'amour.*

» Pour moi, triste célibataire, il ne doit pas y avoir plus
de jour de fête que pour l'impie. »

IV

Le moment était enfin venu où, après un laborieux travail de maturation, l'esprit des jeunes Russes pouvait être
exposé sans danger aux raffinements de la civilisation parisienne. — Du moins Romme le pensait ainsi, ne songeant
même pas à se défier pour lui-même d'un milieu dans lequel
la politique allait déposer ses ferments et les divisions sociales leurs fureurs.

Mais avant de fixer ses disciples au sein de la capitale, il
jugea bon de leur faire connaître le pays hospitalier qui
allait les accueillir et de les initier à ses richesses et à ses
splendeurs.

Leur première halte se fit à Riom tout en émoi de la lutte
ardente qu'il soutenait alors contre Clermont, son éternelle
rivale.

Depuis des siècles les questions de suprématie et de préé-
minence fournissaient aux deux cités voisines un perpétuel
aliment de discorde. On ferait des volumes avec les ordon-
nances royales, les arrêts du conseil, les réclamations et
les mémoires provoqués par leurs compétitions réciproques

et par la sauvegarde de leurs prétendus privilèges. La moindre étincelle suffisait à raviver la querelle.

Or le moment semblait critique et les champions des deux villes étaient armés en guerre.

L'édit qui avait désigné Clermont, au mois de juillet 1787, comme siége de l'*Assemblée provinciale* d'Auvergne avait porté un coup funeste aux prétentions de l'ancienne cité ducale. Mais bientôt l'établissement à Riom du *Grand Baillage* avait cicatrisé la blessure faite à son amour-propre. Que l'on juge de sa stupeur quand, quelques mois plus tard, furent supprimés les Grands Baillages, machines de guerre dressées par Brienne et Lamoignon contre les Parlements.

Il s'agissait maintenant de savoir quel serait le siége des *Assemblées primaires* pour la nomination des députés aux *Etats généraux,* et chacun se mouvementait pour faire maintenir les prérogatives de la Sénéchaussée d'Auvergne. Jamais controverse philosophique n'avait excité une pareille agitation.

Le bon Faucon n'était pas le dernier sur la brèche. Un temps avait été où il chantait et où il faisait chanter ses plaisirs. Ce temps était passé pour ne plus revenir. Mable, Mable, *Quæ te dementia capit!* Aujourd'hui, on le citait comme le rédacteur d'un *Bulletin hebdomadaire* publié à Riom, contenant les nouvelles de l'étranger, du royaume, de la province et de la ville. Sa réputation s'étendait d'Aurillac à Cosne-sur-Loire, — ne se vantait-il pas ? — dans l'espace de 70 lieues. Entouré de gagistes, il était la lumière du pays, donnait des audiences, tenait bureau d'esprit, jouait à l'homme important.

Faucon luttait dans sa sphère, pendant que Guillaume Chabrol, quoique septuagénaire, reprenait sa vaillante plume toujours au service de ses compatriotes.

Les voyageurs ne prirent pas parti dans cette guerre de clocher. Ils parcoururent paisiblement Clermont et ses environs, s'occupèrent d'hygrométrie avec dom Debouis, bénédictin de l'abbaye de Saint-Alyre, et de recherches historiques avec dom Latour. Ils fouillèrent les cabinets de M. Le Grand, prieur de Saint-André, et de M. Cortiges, chanoine de la Cathédrale ; ils visitèrent Pont-du-Château et sa roche au calcédoine, Lezoux et le château de Ligogne à M. de Chazerat, Thiers avec ses papeteries, ses coutelleries et ses curieuses communautés des Pinon, des Péricoux et des Tarenté.

Puis, tandis que Démichel se dirigeait avec le jeune baron vers les provinces méridionales de la France, Romme prenait avec Popo la route de Lyon, de la Bourgogne et de la Franche-Comté. Ce dernier, heureux de semer dans son champ pour la première fois, emmenait avec lui dans cette excursion scientifique son neveu Tailhand.

Le Père Ignace, de Riom, leur avait donné des références pour être admis au château et dans les mines de charbon de Saint-Chamond. M. Rollet d'Avaux les avait recommandés au vicomte de Saint-Pardoux, qui leur donna accès à la manufacture d'armes de Saint-Etienne, aux fabriques de rubans, ainsi qu'à la mine brûlante de La Ricamarie.

A Annonay, ils se trouvaient tout naturellement recommandés à M. de Montgolfier, qui se rappelait avec plaisir le temps passé au séminaire de Paris en compagnie de son condisciple Charles Romme. Grâce à l'empressement que leur témoigna cet homme aussi aimable que savant, ils purent examiner en détail non-seulement les papeteries, mais l'établissement fondé par M. Bouillon de Brogneux pour la culture des vers à soie et les galeries d'histoire naturelle de M. Monneron, dont les principales pièces provenaient des Indes orientales.

Une agréable rencontre vint agrémenter le séjour à Lyon de la petite caravane. Ce fut celle de l'abbé Rozier, dans le *Journal de physique* duquel Romme avait fait ses premières armes. Le physicien était aussi un agronome émérite que la publication d'un *Cours d'agriculture* et de *Démonstrations de botanique* avait signalé au choix du gouvernement. Il avait été nommé Inspecteur de la Pépinière royale située au bout du faubourg de Vaise, derrière la Saône, dans un bassin presque circulaire appartenant aux religieuses des *Deux-Amants* ou de *Sainte-Elisabeth.*

Romme passa quelques journées heureuses auprès de cet ami dévoué dont les conversations instructives avaient un charme particulier. Il ne devait plus le revoir d'ailleurs, car, quatre ans après, l'abbé Rozier mourait à Lyon, frappé dans son lit par une bombe, lors du siége de cette ville par l'armée conventionnelle.

Gilbert Romme profita de son passage à Lyon pour consulter le chevalier Janin de Combe-Blanche, oculiste connu de toute l'Europe par ses cures merveilleuses. Il avait guéri le cardinal de Rohan, le duc de Modène, Thomas, Ducis..... Il soigna la vue fatiguée du gouverneur qui lui conserva toujours une enthousiaste reconnaissance.

Cependant, les événements dont la France était le théâtre préoccupaient Romme plus qu'il n'aurait voulu se l'avouer à lui-même. Les assemblées Provinciales avaient révélé des hommes nouveaux, des idées nouvelles. Le pays semblait avoir entrevu des horizons inexplorés, *terra incognita.* Le doublement du Tiers-État, arrêté par la seconde assemblée des Notables, avait tinté comme un glas funèbre à l'oreille des ordres privilégiés. Les États généraux s'annonçaient et avec eux l'inconnu gros de remaniements et de surprises.

Une certaine agitation s'emparait des esprits les plus calmes.

Aussi Romme avança-t-il de quatre mois son arrivée à Paris. Le tourbillon l'attirait « quoique, écrivit-il à sa mère, nous ne soyons pas des hommes d'État et que nous n'ayons rien à faire dans les assemblées nationales qui vont se tenir. »

Toutefois, il jugea à propos de faire changer de nom à son élève. Popo choisit celui d'*Otcher,* d'une possession de son père en Sibérie. Paul Otcher irait à Paris, le comte de Strogonoff ne devait point y être.

Le gouverneur et son élève s'établirent à Paris au moment où les événements politiques allaient se dessiner plus importants.

Démichel et le jeune Grégoire les y rejoignirent bientôt ; mais au mois d'avril 1789, arriva la nouvelle de la mort du baron de Strogonoff. En même temps que la douleur du fils, commencèrent les perplexités du précepteur. Il fallait partir immédiatement pour la Russie ; tel était l'ordre des tuteurs.

Démichel se presse sur la route de Pétersbourg ; il arrive en toute hâte, reçoit de la famille de son élève une gratification de dix mille roubles, refuse d'entreprendre une nouvelle éducation chez les Zagriaski et revient, sans désemparer, à Paris qu'il ne reconnaît plus, tellement quelques mois et la Révolution ont tout changé.

CHAPITRE VII

États généraux. — Préludes de la Révolution. — Club des Jacobins. — Société des *Amis de la loi.* — Théroigne de Méricourt. — Education politique d'Otcher. — Monument du *Jeu de paume.* — Progression des idées de Romme en politique et en religion. — Société populaire à Riom. — Romme délégué de sa ville natale. — Soubrany est élu maire. — Emoi de la Cour de Russie et de la famille de Strogonoff. — Enterrement civil de Clément. — Rappel d'Otcher.

I

Il y a des époques dans l'histoire, a dit Lamartine, où les branches desséchées tombent de l'arbre de l'humanité et où les institutions vieillies et épuisées s'affaissent pour laisser place à une sève et à des institutions qui renouvellent les peuples et rajeunissent les idées.

La France était arrivée à une de ces époques.

Dès l'ouverture des États généraux, les événements ne marchaient plus, ils se précipitaient avec l'effrayante impétuosité de la trombe. Le pays respirait au milieu de convulsions, ignorant de son avenir et du but à atteindre.

Depuis deux ans, l'opinion avait ouvert la brèche contre la monarchie. Le vent qui soulevait la poussière des rues passait en semant des colères. Il y avait dans l'air un souffle de bataille. La nation semblait en proie aux spasmes d'un gigantesque travail de réenfantement. Abus à détruire, réformes à opérer, constitution à établir, régénération, bonheur public, tout cela se heurtait dans les cerveaux échauffés des masses populaires.

En vain, dès les premières séances des États, le Clergé et la Noblesse avaient fait abandon de leurs priviléges pécuniaires, le Tiers, confiant en sa force, avait secoué l'entrave de la distinction des ordres et s'était érigé en *Assemblée nationale* en prononçant son fier serment du Jeu de paume.

En vain, les deux mêmes ordres, sur la pression directe du roi, s'inclinant devant cet acte de puissance, étaient venus se ranger autour du Tiers-État pour délibérer en commun, le peuple n'en avait pas moins envahi la Bastille, considérée par lui comme la dernière forteresse de la royauté. Une populace effrénée avait mangé des morceaux de Flesselles et de Launay. Il y a toujours eu par intervalles de ces sortes de festins dans la capitale de la civilisation.

En vain encore, dans la fameuse nuit du 4 août, un élan d'ivresse et d'enthousiasme unanime avait-il fait proclamer spontanément l'abandon de tous les droits féodaux, l'immolation des prérogatives des provinces et des villes, la réformation des Jurandes, l'égalité des impôts et des droits, celui même qu'on venait de proclamer le *Restaurateur de la liberté française* n'en était pas moins définitivement condamné à se mouvoir au milieu d'une hostilité persistante et d'un bon vouloir stérile. Un peuple ne sait jamais rentrer dans l'exercice modéré de ses droits.

Le foyer d'opposition était sans cesse alimenté par les réunions publiques.

A l'exemple de l'Angleterre, des clubs s'étaient formés sur tous les points, servant de tribune aux orateurs populaires les plus violents. La porte en était ouverte aux journalistes, aux écrivains, puis à tous les citoyens, foule de toutes classes et de tous costumes, femmes, enfants, jetant des éclats de voix, huées ou transports, parlant avec des gestes tenant du trépied, lançant parfois des mots magiques, entonnant des chants frénétiques qui communiquaient des pulsations de fièvre, des palpitations de patriotisme.

Le club dominant était celui des *Jacobins,* centralisation de l'anarchie. Le *club Breton* s'était d'abord fondé à Versailles sous l'impulsion de Sieyès, de Barnave et des Lameth. Ses séances étaient suivies comme celles de l'Assemblée ; on y devançait les questions que celle-ci devait traiter.

Après les journées des 5 et 6 octobre, le club Breton, transporté à Paris à la suite de l'Assemblée nationale, y avait pris le nom plus énergique de Société des *Amis de la Constitution* et siégeait non loin de la Chambre, dans l'ancien couvent des Jacobins Saint-Honoré.

Qu'on se figure ces séances où les citoyens, agités déjà par l'air orageux de l'époque, venaient, à la nuit tombante, dans une de ces nefs arrachées au culte, se grouper autour des orateurs chéris du peuple. Que l'on se replace en face de cette éloquence pleine de bouillonnements, de ces paroles faites de feu, de passion, d'élans, odes élevant la discussion jusqu'au lyrisme, l'enthousiasme jusqu'à la convulsion, et l'on comprendra la puissance de ce club qui ne faisait pas de lois, mais qui faisait l'opinion.

Ainsi que l'on pouvait le prévoir, Romme avait été envahi par le mouvement dès qu'il avait touché le sol électrisé de Paris. Adieu les beaux rêves d'études scientifiques, les projets d'instruction raffinée, les engagements de prudence contractés envers lui-même et envers la famille de celui dont il répondait.

La politique était devenue son seul objectif. Il conduisait tous les jours son élève, tant à Versailles qu'à Paris, dans les tribunes de l'Assemblée.

« Depuis quelque temps, écrivait-il lui-même, nous suivons exactement les séances de l'Assemblée. Elles me paraissent pour Otcher une sublime école de droit public. Il y prend le plus vif intérêt. Elles fournissent amplement à nos conversations. L'instruction qui s'y présente à nous de toute part sur les grands objets d'une constitution politique captive si fort notre attention et absorbe si complètement notre temps que toute autre occupation nous est devenue presque impossible. »

Romme conduisait encore le descendant d'une des plus hautes familles de la despotique Russie dans les réunions populaires, l'initiant à la foi nouvelle, le formant à l'égalité, dans cette atmosphère brûlante du Paris révolutionnaire. Il berçait une imagination de 18 ans de la république, de théories antiques, d'un idéal que le rêve seul a jamais réalisé.

Le jeune comte étonné, troublé, souriait à cette aurore de délivrance. Il était tout dévoué à son gouverneur, et mettait en lui sa confiance la plus absolue. Il s'enivrait des mêmes idées et se parait de son patriotisme avec la bonne foi et tout le feu de son âge.

Certes ce n'était pas dans ce but que la famille de Strogonoff avait confié à un étranger l'âme et l'avenir de son fils et, moins aveuglé ou moins entraîné, le gouverneur eût compris qu'il se rendait coupable du plus odieux des abus de confiance, celui qui s'attaque au cœur et à l'intelligence.

Mais Romme était sincère en poussant son élève à l'étude de la révolution. Il envoyait au comte la plupart des productions qui paraissaient en France, toutes imprégnées de l'esprit du jour. Nous avons la note de plus de 150 brochures adressées par mer au comte de Strogonoff, parmi lesquelles figurent : *les Considérations sur les gouvernements, les Opinions sur la Constitution, la Sanction royale, le Veto, la Déclaration des droits de l'homme,* les Procès-verbaux de l'Assemblée, les Rapports, Mémoires, Décrets et Proclamations, tout ce qui pouvait en un mot le renseigner sur l'opinion publique en France.

Romme et Otcher ne demeurèrent pas longtemps simples spectateurs du drame social qui se déroulait. Ils y prirent bientôt une part active.

Le jour de la fête de la *Fédération* ils campèrent ensemble sur le Champ-de-Mars. — Romme fut un des premiers pour la *Déclaration du quart* et paya à l'Assemblée 800 francs de contribution patriotique relative à ses appointements. — Le journal de Beaulieu mentionne le don de boucles d'argent fait à la barre par un jeune étranger et parle de son digne précepteur. — Il poussa Mme d'Harville à offrir en cotisation toute sa vaisselle d'argent.

Il produisait son disciple en public et lui procurait l'amitié des hommes en renom. Je possède de nombreux autographes des principaux personnages du temps dans lesquels des ressouvenirs affectueux unissent sous la même expression le maître et l'élève.

Gilbert Romme fonda, le 10 janvier 1790, le club des *Amis de la loi,* avec de Larminat, Sponville, Beugnet, Viaud de Bélair, et en devint le président. Otcher, Tailhand et Beaulieu figurent au nombre des premiers affiliés. Là, comme dans les autres réunions publiques, les associés devançaient toutes les questions que l'Assemblée devait traiter et émettaient des décisions préventives propres à impressionner le vote des législateurs. La *Liberté de la presse* et la *Déclaration des droits* dont la première idée avait été empruntée à l'Amérique y furent l'objet notamment, de la part de Romme, de rapports ou discours écrits qui révèlent ses tendances philosophiques.

Il préconise la liberté de la presse sans laquelle la nation se partagerait en despotes et en esclaves. Il la veut sans entraves, *indéfinie* dans son rapport avec la Constitution, le roi, les ministres, les corps administratifs et judiciaires, *circonscrite* dans son rapport avec les mœurs, *limitée* dans ses rapports avec les particuliers. Il compare la pensée humaine aux plantes dont on utilise celles-là mêmes qui sont vénéneuses.

Quant aux droits de l'homme, Romme les divise en naturels et sociaux, subdivisés eux-mêmes en politiques et civils. Il étudie le pacte social, le corps social ou la cité, le corps politique. Le peuple, c'est tous les individus du corps social; la nation, c'est tous les individus du corps politique. Grands mots, grandes choses que la définition étreint difficilement. Il conclut que nul ne doit user de ses droits jusqu'à nuire à ses semblables. — L'Evangile avait dit mieux et depuis plus longtemps.

Par malheur pour Otcher, les séances des *Amis de la loi* se tenaient chez Mlle Théroigne de Méricourt, l'archiviste de la société. Et Théroigne était une femme fatale à l'inexpérience et à la jeunesse.

Connue du peuple des faubourgs sous le nom de *la belle Liégeoise,* jetée dans le désordre par l'amour outragé, puis échauffée par le vice; elle vivait dans l'ivresse des idées et des plaisirs. Sa beauté servait d'enseigne à la multitude. Vêtue en amazone d'une couleur de sang, un panache flottant sur son chapeau, le sabre aux côtés, deux pistolets à la ceinture, elle courait aux insurrections. La première à l'assaut elle était montée sur les tours de la Bastille. Aux journées d'octobre elle avait conduit à Versailles les femmes de Paris. Sa parole avait l'éloquence du tumulte, ses images, disait Desmoulins, étaient empruntées de Pindare et de la Bible.

Elle était encore à ce moment la courtisane de l'opulence, avant de devenir la prostituée des rues. Otcher ne put résister à l'attraction de cette impudique Judith, d'autant plus dangereuse pour le jeune Russe qu'elle aimait avec froideur en comparaison de la frénésie de ses opinions politiques.

Otcher était captivé par ses charmes, Romme par son patriotisme.

Pour faire montre de patriotisme à son tour, Romme fit voter par la section du *Jeu de paume,* dont il était un des principaux membres, l'hommage à l'Assemblée d'un monument commémoratif du serment prêté par les députés de ne se séparer qu'après l'achèvement de la Constitution. Ce monument fut scellé le 20 juin 1790, en grande pompe, dans le mur du Jeu de paume, avec des pierres tirées des fondations de la Bastille, et Romme prononça à cette cérémonie un discours sur le ton lyrique qui rappelle le serment des Suisses :

« Trois habitants des Alpes, réunis sur les bords du lac des Quatre-Cantons, jurèrent de rendre la Suisse libre et heureuse, et elle fut libre. Leurs noms gravés sur tous les rochers appellent l'attention des voyageurs et leurs vertus sont devenues la leçon des siècles. De même..... »

Tout cela n'empêchait pas Romme et le jeune comte d'être également affiliés à la grande société des Jacobins qui était le forum du peuple comme l'emplacement de la Bastille était son Mont-Aventin.

Le diplôme du club des *Amis de la Constitution*, délivré à
Paul Otcher le 7 août 1790, est signé de Barnave, président,
de Millin, Moreton et Populus, secrétaires. Il porte sur un
cachet de cire rouge, au-dessus d'une fleur de lys, la légende : *Vivre libre ou mourir.* La fleur de lys devait bientôt
être remplacée par la pique et le bonnet phrygien.

II

Durant toute cette période, Gilbert Romme entretient
une correspondance très-active avec sa ville natale. Ses
lettres très-fréquentes sont comme une analyse des événements. Il engage Riom à ne pas se tenir en dehors des
réformes, excite le zèle de ses concitoyens, incite la municipalité à faire quelque chose qui la mette en relief aux yeux
des patriotes :

« Ne pourrait-on par exemple, dit-il, proposer aux Oratoriens d'enseigner la *Déclaration des droits* et créer un prix
qui serait décerné par le maire en grande cérémonie. »

Ce n'est pas que pour l'heure les sentiments révélés par
ses lettres soient empreints d'aucune exagération de fanatisme. Non.

En politique, il en est encore à la république de Platon.
Son programme se résume en une rêverie, en une idéalité
naïve :

« Il aimerait un gouvernement où les bonnes mœurs
seraient respectées, où les arts utiles et les sciences exactes
seraient préférés aux arts frivoles et aux sciences de luxe,
un gouvernement où l'agriculture fût honorée et l'agri-
culteur à l'abri de la misère, où le clergé ne se montrât

dans la société que pour y répandre l'amour du bien et de
la paix, pour instruire et pour consoler, et rentrât ensuite
dans la solitude, où le mérite fût appelé à toutes les places
et dignités, et où, à parité de mérite, le noble fût préféré,
afin d'honorer un homme vertueux jusque dans sa descen-
dance, où la magistrature rendît gratuitement la justice,
où chaque paroisse nourrît ses pauvres, où la nation seule
se donnât des lois qu'un monarque en s'y soumettant ferait
respecter. »

En religion, il en est encore à la théorie de l'Evangile.
Il veut bien la trouver sublime et consolante, en dehors de
la pratique de ses ministres qui empêche de la voir telle
qu'elle est dans les secrets de Dieu, c'est-à-dire « un flambeau qui éclaire sans éblouir, qui réchauffe, féconde nos
pensées et nos actions, nous réjouit sans laisser d'amertume
et qui ne se présente jamais que là où l'appelle la persuasion
la plus libre et la plus franche. »

Mais laissez les événements s'accentuer et vous verrez se
produire le phénomène de la transformation. Un de nos
compatriotes (1) a écrit une charmante étude intitulée :
Comment on devient terroriste. Gilbert Romme aurait pu
lui servir de type, à propos de ce glissement progressif de
tout révolutionnaire sur une pente fatale.

L'utopiste deviendra insensiblement le sectaire. Lui qui
a eu pour protecteurs durant toute sa carrière des membres
de l'aristocratie, écrira bientôt : « Je salue tous nos amis
et tous les *anti-aristocrates,* parce que je les sais bons citoyens. » Puis, en 1790, devançant le cours de l'histoire,
il déclarera théoriquement « que la raison toute seule n'aura
jamais d'effet que sur les faibles et les bons ; qu'il faut que

____

(1) M. de Lacombe.

la raison soit précédée de la *terreur* pour convertir tout le
monde. » Enfin, il passera à la pratique en se plongeant
sans sourciller dans le sang français et entamera la lutte,
après le 9 thermidor, contre la Convention elle-même qu'il
trouvera trop modérée.

Pour la plupart des adeptes de la philosophie, la transition fut la même. On retrouve toutes les écoles du xviiie
siècle continuées dans la Révolution par une application
triste et logique de leurs maximes. Voltaire, c'est la Constituante ; Helvétius, les Girondins qui rêvaient une démo-
cratie douce et spiritualiste ; Diderot se retrouve dans la
faction de Danton ; d'Holbach, matérialiste impur, se transforme en Chaumette, Hébert et la Raison ; Rousseau eut
pour disciples les Jacobins de la Montagne.

Combien ils sont nombreux ces hommes, modérés de
caractère quand les temps sont calmes et que la modération
est sans danger, qui rachètent par la violence leur modération passée dans les temps extrêmes.

Romme ne négligeait rien d'ailleurs pour se rendre populaire. En mai 1790, lorsque la cherté du pain commença à
s'accentuer, il fit distribuer du blé par sa mère à ceux qui
souffraient le plus des rigueurs de la saison.

Il adressait à Riom un projet d'association populaire et
de bibliothèque gratuite. Le rapport et le plan en avaient
été dressés d'après les vues d'ensemble de Théroigne de
Méricourt, son Egérie durant quelques mois.

Puis, tandis que Couthon organisait à Clermont la société
des *Amis de la constitution,* il provoquait de son côté dans
sa ville la création d'une société patriotique identique dont
il devenait le président d'honneur.

De même que le club des Jacobins de Paris s'était mis en
rapport avec la *Société de la Révolution* établie à Londres

sous la présidence de mylord Stanhope, de même les Amis de la constitution de province se mettaient en rapport avec le club des Jacobins, qui devenait un géant aux mille bras enlaçant le pays tout entier. C'est ce qui le rendit si influent et qui lui permit de se dresser plus tard avec avantage contre la Convention. Cette communication incessante donnait un coup électrique; les motions étaient répercutées de club en club; une même étincelle attisait les mêmes haines.

A la parole tonnante de la tribune, on ajoutait par l'association le levier de la plume pour renverser les institutions. La presse périodique était acharnée. Marat dans l'*Ami du peuple,* Gorças dans le *Courrier de Versailles,* Condorcet dans la *Chronique de Paris,* Cerutti dans la *Feuille villageoise,* Hébert dans le *Père Duchesne,* Fauchet dans la *Bouche de fer,* Royou dans l'*Ami du roi.....* agitaient l'opinion et lançaient chaque soir dans les cabinets de lecture leur prose fermentée.

L'initiative et la persévérance de Romme lui faisaient auprès de ses concitoyens un certain renom de travail et de fermeté politique. Aussi s'adressèrent-ils à lui avec confiance pour soutenir leurs revendications incessantes, soit au *Conseil souverain,* soit au *Département.*

Le 4 mars avait été publié le décret général de division de la France en 83 départements. Clermont était provisoirement désigné comme chef-lieu du Puy-de-Dôme, jusqu'à ce qu'il eût été statué, soit sur l'*alternat* proposé entre les deux villes rivales, soit sur le siége définitif de la *Cour souveraine.* Les députés étaient réunis en assemblées de Provinces, afin de procéder aux délimitations de territoires et à l'appréciation des mémoires respectifs des localités intéressées.

Romme fut choisi comme un des délégués extraordinaires de sa ville natale pour joindre ses efforts à ceux de Malouet, de Chabrol et de Laqueuille, députés favorables aux prétentions riomoises. Clermont expédiait de son côté des défenseurs pour appuyer les députés de Biauzat, Huguet et Lafayette, avec mission de contrebalancer par tous les moyens l'influence de Romme, — de Romme que l'on connaissait bien peu cependant, puisque les délibérations municipales l'appellent *l'abbé Romme*, mais que l'on supposait être le secrétaire de Target, membre du comité de Constitution.

Riom se trouvait vis-à-vis de Clermont dans une situation d'infériorité notoire; il était soupçonné de tiédeur envers les idées nouvelles, ce qui devait inévitablement compromettre le succès de ses démarches. Aussi Romme rédige-t-il une adresse à l'Assemblée nationale, adresse pleine d'ardeur et de zèle, qu'il soumet à la signature de ses commettants. On fait battre la générale pour appeler la garde nationale, on sonne le tocsin pour convoquer la commune, et l'adresse est votée d'enthousiasme et signée par 500 citoyens (1). Romme, de peur d'une rétractation, la fit aussitôt insérer dans le *Mercure national* et en donna solennellement lecture à la société des *Amis de la loi*.

L'influence de Romme sur ses concitoyens se manifesta dans une circonstance importante, lors des élections municipales qui soulevaient à Riom des préoccupations légitimes. On ne voulait plus de privilégiés, c'est vrai, ou presque plus, mais il était à craindre que l'on tombât dans l'excès contraire. Qui nommerait-on comme maire? M. de Salvert! Il avait beaucoup perdu dans l'opinion publique. M. de

(1) M. de Vissac, lieutenant-colonel de la milice, refusa nettement de signer cette adresse, au grand scandale des patriotes.

Jenzat! C'était un aristocrate. Il y avait bien encore MM. de Chabrol, Milanges, Redon, Touttée ; mais que de choses il y avait à dire sur chacun d'eux !

Une personnalité néanmoins commençait à se dessiner. Depuis son retour du régiment, Soubrany avait été entouré de tous les mécontents, qui le flattaient et qui lui exagéraient l'injustice dont il avait été victime. L'ambition déçue du gentilhomme se prêtait facilement à de pareilles avances. Il réunissait dans des dîners somptueux tous ses nouveaux amis politiques.

Ce fut lui que Romme désigna au choix définitif de ses compatriotes. « Quand je pense aux bons patriotes de notre ville, écrivait-il à la Société Populaire, à ceux qui ont des principes solides, qui par leurs exemples peuvent contribuer le plus à la consommation du grand œuvre qui occupe toute la France, M. Soubrany est le premier qui se présente à mon esprit. »

Et M. Soubrany, malgré son jeune âge, Soubrany qui prenait le chemin des Jacobins au lieu de celui de l'émigration parce que son ami Romme marchait devant, Soubrany fut élu maire contre M. de Chabrol. Il remplaçait M. Rochette de Malauzat. MM. Dubreuil et Boirat furent aussi élus officiers municipaux.

Dans l'esprit de Romme, c'était placer d'autres lui-même à la tête des affaires, et sa joie fut grande d'un pareil triomphe.

III

A l'époque où nous sommes arrivés, la Révolution française commençait à attirer les regards des souverains. Son attitude semblait une menace et un danger pour toutes les monarchies. Les représentants des puissances notaient chaque détail et avaient l'œil sur leurs nationaux.

Le comte et la comtesse de Strogonoff manifestaient depuis quelque temps l'inquiétude que le séjour de leur fils à Paris leur inspirait. Romme les rassurait, leur disant que rien ne les retenait en France, proposant de se rendre dès la fin de l'année en Hollande ou en Angleterre, si l'on ne voyait pas d'obstacle à la prorogation du congé de Popo, qui expirait avec 1790.

Les parents s'étaient sentis momentanément tranquillisés par ces promesses, et ils avaient donné au gouverneur une nouvelle marque de confiance en le chargeant de négocier le rachat des diamants de la comtesse, depuis longtemps déposés au Mont-de-Piété. Mais, sur les rapports émanés de l'ambassade russe, les préoccupations paternelles ne tardèrent pas à se réveiller.

A vrai dire, le jeune comte était en train de devenir un parfait démagogue. Sa transplantation avait été trop hâtive. L'homme du Nord, à l'écorce un peu rude, s'énerve vite aux sensualités d'une société corrompue, où la nervosité est sans cesse surexcitée par la fièvre et par la passion. A l'école de Théroigne, aux suggestions révolutionnaires de son entourage, l'adolescent, futur ami et futur ministre de l'empereur Alexandre, à peu près du même âge que lui, se pervertissait l'esprit et le cœur.

Chacune de ses démarches était épiée. La visite qu'il reçut un jour d'un exempt de police aurait dû lui prouver que sa conduite préoccupait en haut lieu et qu'elle était percée à jour malgré le voile du pseudonyme dont il se couvrait.

Le comte de Strogonoff insiste, et, dès les premiers jours

de mars, il écrit à Romme : « Voilà le beau temps qui va venir, je suppose que vous en profiterez pour faire quelques tournées. Les têtes sont furieusement exaltées chez vous ; toute l'Europe a les yeux ouverts sur ce qui s'y passe, et je vous avoue que l'on ne s'attend à rien de bon. »

Mais Romme, qui se disait il y a quelques mois prêt à partir, est pris dans l'engrenage. Il reste sourd à la voix de la prudence.

Le comte revient à la charge, et dans des termes si pressants cette fois, qu'il n'y a plus possibilité de ne pas entendre.

10 juin 1790.

COMTE DE STROGONOFF A GILBERT ROMME :

« Jamais, mon cher Romme, ma confiance n'a diminué, ni ne diminuera à votre égard : J'ai trop de raison d'en avoir, et la plus vive reconnaissance est gravée dans mon cœur.

» Ce que je vous ai écrit pour vous engager à quitter Paris était fondé sur des considérations auxquelles je dois me soumettre. Ces mêmes considérations m'obligent à vous renouveler là-dessus ma prière la plus instante. Pourquoi n'iriez-vous pas à Vienne ? Vous y trouveriez mille ressources pour l'éducation de mon fils. Nos deux Cours sont amies. Notre ambassadeur, le prince de Galitzin, est un vieillard respectable qui se ferait un plaisir de vous être utile. Son adjoint, le comte André de Razowmovsky, est un homme du plus grand mérite. Par tout ce qu'on lui a dit de vous, il est très empressé à vous connaître.

» Au nom de Dieu, mon cher ami, pesez bien tout ce que je vous dis. Je vous le répète. J'ai les raisons les plus fortes de vous conjurer de quitter le pays que vous habitez. Adieu, mon bon ami. »

A cet appel si digne et si affectueux, Romme répond qu'il va obéir, mais sa réponse est amère et injuste :

Monsieur le comte,

Pour la première fois depuis que j'ai l'honneur de vous représenter auprès de votre fils, vous me faites sentir la distance énorme qui se trouve entre un père et un instituteur. Par votre lettre du 10 juin, vous me notifiez une résolution si contraire au plan que j'ai suivi jusqu'à présent, et que vous avez approuvé, qu'elle en détruira forcément toutes les espérances.....

Votre confiance alimentait mon courage et faisait ma consolation. Vous la retirez aujourd'hui pour céder à des considérations que vous dites puissantes, mais que vous me laissez ignorer.

Ainsi, sans avoir entendu, sans consulter celui que vous avez jugé pendant près de douze ans digne du dépôt sacré que vous lui avez confié, sans examiner les dispositions, les sentiments particuliers de votre fils, sans apprécier les motifs de ma conduite, vous la condamnez en m'en traçant une autre que vous n'avez pas même la bonté de motiver.....

Ma pensée de tous les jours a été de m'envelopper dans l'éducation que j'avais entreprise de toute l'influence de l'amour du bien, de l'humanité et des principes d'une saine philosophie. Si mes vœux n'ont pas été entièrement remplis, la faute en est à mon impuissance et non à mes intentions, aux circonstances malheureuses qui nous poursuivent et non à aucune vue coupable ; à moins qu'on ne soit coupable d'aimer et de vouloir faire aimer l'innocence et la simplicité des mœurs, la justice, la liberté, l'ordre et la paix si nécessaires au milieu du choc des opinions, de l'ambition et des intérêts.....

Nous allons nous rendre dans le village qu'habite ma mère. C'est là que nous attendrons votre dernière résolution. C'est de là que je vous ferai connaître à mon tour ce que je peux entreprendre, comme aussi ce qui sera au-dessus de mes forces dans le plan définitif que vous prescrirez à votre fils.

Romme part en effet pour Gimeaux avec Otcher.

Les premiers moments qu'ils passèrent en Auvergne furent affligés par une cruelle séparation, avant-coureur d'une séparation bien plus douloureuse encore. Leur domestique, Clément, venait de tomber malade.

Clément était un serviteur modèle, ouvrage de Romme

qui avait développé en lui d'heureuses dispositions et en avait fait un homme unique en son genre. Zèle, empressement à rendre service, exactitude, probité, honnêteté de cœur, rien ne lui faisait défaut. Ses maîtres s'y étaient attachés comme à un ami.

Aussi l'affliction de Romme et de Popo était-elle grande. M. Boirat, déjà dans la tombe, n'était plus là pour prodiguer ses soins. Tout fut mis en œuvre pour sauver le malade, mais malgré les soins les plus assidus il succomba.

Les consolations religieuses avaient seules manqué à son chevet. Elles devaient lui manquer jusque sur son cercueil.

N'y a-t-il pas quelque chose de bien saisissant dans cette constatation historique qui place invariablement l'irréligion au seuil des révolutions et qui semble associer chez nous l'idée de république à l'idée d'athéisme ! On dirait que le matérialisme s'impose dès que se dissolvent les liens sociaux et que les passions se déchaînent.

Les circonstances de la mort de Clément s'opposèrent à ce que le ministre du culte catholique accompagnât ce bon serviteur à sa dernière demeure.

Les funérailles furent civiles, et Clément fut inhumé dans le modeste jardin de Gimeaux.

Une bouteille de verre fut mise dans sa bière contenant le procès-verbal suivant écrit de la main d'Otcher :

> François-Joseph Clément, du pays de Vaud en Suisse, attaché depuis quinze ans au service de Paul Otcher, comte de Strogonoff, est décédé le 28 septembre 1790, dans la maison voisine appartenant à Gilbert Romme, après une maladie de 21 jours, dans la 36me année de son âge.

L'Evangile et la Déclaration des droits de l'homme et du citoyen déposés ici attestent de ses opinions religieuses et civiles.

Le procès-verbal de son inhumation a été consigné dans les registres de la municipalité de Gimeaux.

Que ceux qui parviendront jusqu'à cet écrit respectent les cendres d'un homme qui servit sans bassesse et aima par dessus tout la liberté et la vertu. C'est ce que leur demandent des compagnons de voyage et des amis.

Signé : PAUL OTCHER, GILBERT ROMME,
J.-B. TAILHAND, J. BATHIAT.

Les obsèques civiles de Clément furent décrites dans la feuille hebdomadaire de Faucon et dans le journal de Millin à Paris, sur les indications de Louis Bosc, ci-devant d'Antic.

Cependant l'obéissance de Gilbert Romme avait été trop tardive et l'heure des sacrifices venait de sonner. L'Impératrice Catherine avait parlé, marquant le gouverneur du sceau de la réprobation.

Le 21 novembre 1790 partait de Pétersbourg la lettre suivante :

COMTE DE STROGONOFF A GILBERT ROMME.

J'ai longtemps résisté, mon cher Romme, à l'orage qui vient enfin d'éclater. Combien de fois, depuis qu'il me menace, ne vous ai-je point écrit de quitter Paris et en dernier lieu même la France. Je ne pouvais point m'expliquer plus clairement.

On ne vous connait point assez, mon cher Romme, on ne rend point assez justice à la pureté de vos intentions. On a cru voir un danger imminent de laisser plus longtemps dehors, et surtout dans un pays

agité par un esprit d'anarchie, un jeune homme dans le cœur duquel
des principes contraires au respect du gouvernement de sa patrie pouvaient germer. On a cru que vous-même, par enthousiasme, n'oppose-
riez pas une digue convenable. On a dit que vous vous étiez inscrits
tous les deux dans le *Clob des Jacobins*, qu'on qualifie de *Clob de la Pro-
pagande ou des Enragés*.

J'ai opposé aux bruits qui ont couru, au mécontentement général,
ma confiance en votre honnêteté. J'ai tout dit, tout fait ce qui était en
mon pouvoir. Mais comme je vous l'ai dit, l'orage a enfin éclaté et je
suis obligé de rappeler mon fils, de le priver d'un gouverneur respectable dans le moment où ses conseils lui sont le plus nécessaires. J'envoie à cet effet mon neveu, M. de Navazilskoff, qui, quoique jeune encore, a donné des preuves de sa sagesse et de sa prudence. Recevez
les assurances de mes regrets, de ma plus vive reconnaissance et de
mon tendre attachement.

Strogonoff.

P. S. M. de Navazilskoff est fourni de tout l'argent nécessaire pour
le retour de mon fils. Je ne sais combien vous avez déjà touché sur la
dernière lettre de crédit que je vous ai fait passer. Je vous supplie de
garder le reste en attendant que je vous fasse passer une plus forte
marque de ma reconnaissance.

Ce que cette lettre si noble ne disait pas, c'est que Romme
était consigné aux frontières avec défense de le laisser pénétrer en Russie.

Le coup était terrible car rien n'égalait l'attachement du
précepteur pour son élève.

A l'ambassade on avait manifesté la crainte que Romme
n'usât de son influence sur le jeune comte pour l'empêcher
d'obéir à cette injonction. Cette crainte était chimérique.

Certes il n'eût peut-être fallu qu'un mot pour faire du
jeune seigneur russe un rebelle à l'autorité paternelle. Un
document curieux que nous ne croyons pas devoir reproduire, à raison du peu d'importance qu'il faut attacher aux
écarts d'un cerveau de dix-huit ans, prouve que le républicanisme de fraîche date du futur ami du Czar était monté
jusqu'au diapason du fanatisme et presque de la révolte.

Mais il ne pouvait convenir à Romme de le pousser dans une pareille voie.

L'envoyé du comte avait mission d'aller quérir Paul Otcher au besoin jusqu'en Auvergne. Il eût été encore plus cruel pour Romme de se voir arracher son élève dans son pays même. C'est pourquoi il se rendit au devant du messager. Les angoisses d'ailleurs étaient trop vives pour ne pas brusquer la solution.

Il arrive à Paris le 1er décembre 1790. M. Navazilskoff se présente. Romme est triste et silencieux. Otcher déclare être prêt à obéir, trouvant dans le sacrifice de sa volonté un dédommagement à ce qu'il perd et la satisfaction intérieure du devoir accompli. Et la séparation s'opère.

L'élève et le maître montrèrent un réel courage et surent concentrer leur émotion. Mais dès que tout est fini, le cri de la douleur s'exhale involontaire comme le cri du patient sous le scalpel de l'opérateur :

« Il est parti hier soir, écrit Romme, après avoir dîné avec Voronikin et moi chez Richier où nous étions absolument seuls. N'exigez pas de moi, mon bon Dubreuil, que je vous donne des détails sur cette douloureuse séparation. Dans ce moment je suis trop étourdi par le chagrin. Mais je vous communiquerai tout ce que j'ai recueilli sur cette trame odieuse lorsque je serai à portée de recevoir vos consolations...

» Une autre existence commence pour moi; sera-t-elle moins agitée? Je me résigne à ma destinée; mais un de mes vœux c'est que les occupations publiques ou privées soient assez actives pour qu'elles m'absorbent tout entier et qu'elles me garantissent des souvenirs amers du passé. »

A l'arrivée de la lettre de rappel, Démichel, installé depuis quelque temps à Strasbourg, dans un ménage irrégulier, était venu se mettre à la disposition de Romme. Il ne pouvait moins faire pour prouver son dévouement à un ami qui lui en avait tant témoigné. Romme le chargea d'accompagner Otcher jusqu'aux frontières et de le tenir au courant de tous les incidents du voyage.

Il écrivit ensuite à Mme d'Harville pour lui dire qu'il n'avait pas osé confier à Popo les causes de scandale qui avaient séparé les auteurs de ses jours et qui pouvaient nuire à son innocence. Il la priait de se charger de ce devoir difficile et pénible et de le prémunir contre les dangers auxquels il allait être exposé.

Ce fut alors seulement qu'il répondit au comte quelques lignes sèches, où l'on regrette de ne trouver aucune trace de sentiment, lignes que l'orgueil seul semble avoir dictées :

6 Décembre 1790.

Votre fils en se rendant auprès de vous, Monsieur le comte, répond suffisamment pour moi à la lettre dont M. Navazilskoff a été le porteur.

M. Navazilskoff, craignant de ne pouvoir faire face à toutes les dépenses dont il est chargé, je lui ai remis la somme de 2,000 livres dont il m'a donné reçu.

Je vous renvoie, Monsieur le comte, votre lettre de crédit chargée de 10,000 livres. Toutes les dépenses que j'ai faites en votre nom étant payées, la moins importante de mes conventions avec vous étant exactement remplie, il ne me reste plus rien à recevoir.

Romme venait fièrement de refuser une gratification de dix mille livres. Le comte de Strogonoff lui en envoya généreusement une de trente mille.

La vanité du précepteur et la dignité du grand seigneur se trouvaient ainsi l'une et l'autre entièrement satisfaites.

CHAPITRE VIII

Romme cultivateur, officier municipal à Gimeaux.— Il harangue l'évêque du Puy-de-Dôme. — Comités Ecclésiastique et Judiciaire. — *Carthago œmula Romœ.* — Société d'*Histoire naturelle.* — Romme et Soubrany élus députés. — *Quel bon peuple !* — La Législative. — Travaux de Romme au Comité d'Instruction publique. — Le jury des Arts. — Romme est envoyé à Noyon. — Il dénonce le ministre Narbonne et le juge de paix Larivière.

I

Le déchirement qui venait de se produire dans la vie de Gilbert le livrait tout entier à la Révolution. De ce qui avait été le but de son existence il ne lui restait plus qu'un souvenir aux amertumes duquel il voulait à tout prix se soustraire.

Mais qu'allait-il devenir ? Quelle voie allait-il suivre désormais ? Combronde le demandait, il est vrai, pour remplir les fonctions honorables de juge de paix, mais cela ne cadrait pas avec ses aspirations secrètes.

Il rentre à Riom ou plutôt à Gimeaux et affecte de se qualifier du titre de *cultivateur.*

Son premier soin fut d'utiliser en acquisitions de biens nationaux la libéralité dont il avait été l'objet. Il avait convoité successivement la maison et le clos de *Sainte-Geneviève,* à Riom, puis la *Chartreuse du Port Sainte-Marie,* sur la rivière de Sioule, bâtie dans un désert au milieu des

bois. Son ami, Louis Bosc, nommé par Rolland administra-
teur des Postes, avait même déposé sa soumission et lui
promettait de venir manger avec lui les fruits de ses nouveaux vergers. Néanmoins, il finit par s'en tenir à un agran-
dissement de son ancien patrimoine.

Puis il se jeta tête baissée dans la mêlée active des clubs
et dans la lutte acharnée des opinions. Sa seule ambition
paraissait être d'ajouter quelque gloire à son nom en assurant le triomphe de la Révolution.

Bien que le temps voulu pour le domicile légal lui fît
défaut, il se fit nommer officier municipal à Gimeaux, afin
d'arriver à être électeur et éligible. Puis, grâce à l'énergie
profonde de ses convictions, il fut élu presqu'aussitôt président de la Société Populaire de Riom.

Néanmoins, il était loin encore d'être un personnage.

Romme n'avait rien, ni dans la naissance, ni dans le
génie, ni dans l'extérieur qui le désignât à l'attention
publique. Aucun éclat n'était sorti de lui. Son pâle talent
n'avait rayonné jusqu'alors que dans un cercle restreint.
Il parlait mal, et, dans ses écrits, on sentait cette lutte laborieuse entreprise contre la pensée pour la contraindre à
entrer dans le moule de la phrase et de l'image. Quelques
discours mal digérés, remplis d'une philosophie presque
pastorale, n'avaient pu suffire à lui faire une réputation.

Somme toute, pour la masse de ses concitoyens, il n'était
pas seulement méconnu, il était inconnu.

Voici le portrait qu'en a tracé dans ses *Notes inédites*
M. Ignace de Barante, qui l'a connu avant sa nomination
à la Législative, et qui l'a vu, il faut le reconnaître, à travers un des verres les moins favorables de la lanterne de
Diogène :

« Un fanatisme sombre, une affectation cynique de mal-

propreté, un orgueil démesuré, une conduite pure et désintéressée, mais souillée d'envie contre tous ceux qui avaient
des talents, des richesses ou de la naissance ; une profession publique et continuelle d'irréligion et une intolérance
ridicule d'opinion, voilà ce que j'ai remarqué en lui dans
les relations qui m'ont mis quelquefois à même de le connaître.

» Il parvint bien vite et bien facilement à donner au plus
grand nombre des patriotes de Riom la plus haute idée de
son talent et surtout de ses vertus ; il ne manquait pas de
connaissances, mais il n'avait aucune facilité à parler ou à
écrire. Son art, comme celui de certains chefs de parti,
consistait presqu'entièrement à se placer toujours de
manière qu'il ne pût être jugé que par des hommes peu
instruits (1). »

Quoi qu'il en soit, Romme avait dans le caractère cette
médiocrité solennelle qui charme la foule, cette ténacité
qui ne recule devant aucun obstacle. Il travaillait sans
relâche et presque toujours dans un intérêt général ; il
avait à Paris, par ses relations, de nombreux aboutissants ;
aussi prenait-il insensiblement une importance qui s'ac-
croissait de jour en jour.

Ce fut au sein de la Société Populaire de Riom et de la
Société Fraternelle de Gimeaux, où il réalisait le type du
sectaire, qu'il prépara sa candidature et sa carrière politique.

Les questions importantes ne manquaient pas à son
besoin d'activité.

Le travail de réorganisation de la France était inces-
sant. Après l'organisation administrative avait été entre-

____

(1) Extrait d'une note communiquée par M. le président Boudet.

prise l'organisation ecclésiastique. La Constitution civile du clergé venait d'être décrétée faisant présider l'élection aux promotions pastorales. Les prêtres se trouvaient classés en deux camps : les *constitutionnels* et les *insermentés*, les uns prêtres selon la loi, les autres selon la foi.

Le nouvel évêque du Puy-de-Dôme était M. Périer, ancien supérieur de l'Oratoire à Effiat. A peine installé sur son siège épiscopal, il voulut faire une tournée dans son diocèse.

Gilbert Romme, qui ne manquait aucune occasion de se mettre en évidence, accourut aussitôt à la rencontre du nouveau pasteur, de passage à Riom, se présenta devant lui, entouré de quelques laboureurs et le harangua de la sorte :

« Des Citoyens de Gimeaux suspendent leurs travaux des champs et viennent, au nom de tous leurs frères, porter leurs hommages et faire une garde d'honneur à M. l'évêque du Puy-de-Dôme, *l'élu du peuple,* qui en sera sans doute l'ami.

» Ils forment le vœu de recevoir un jour parmi eux le chef de l'Eglise du département, ce nouvel enfant du Ciel et de la Constitution. Ils seront heureux de dire à leurs pères, à leurs femmes et à leurs enfants, qu'un nouvel apôtre viendra les consoler, les exciter au bien, en leur parlant au nom d'une religion qui se plaît si fort au milieu des chaumières et des mœurs simples des campagnes. »

Malgré tous ces beaux témoignages rendus à « l'élu du peuple, » Romme ne tarda pas à s'élever contre l'avis émis par M. Périer.

La réglementation diocésaine se complétait en effet par l'établissement de *Paroisses,* de *Succursales* et d'*Oratoires*

dont la circonscription devait être fixée par le Directoire du
département, sur l'avis de l'évêque. Or, dans la crainte de
manquer de prêtres constitutionnels, de nombreuses suppressions de paroisses avaient été décidées par le gouvernement, les succursales devant avoir un simple vicaire pour
desservant, tandis que les oratoires seraient privés de prêtres
permanents.

A la pensée de voir rompre des habitudes séculaires, les
campagnes se répandirent en récriminations et en doléances.
Chaque village voulut être choisi comme un point de con-
centration.

Afin d'exercer son action sur un champ plus vaste, Romme
s'imagina de faire de Gimeaux une paroisse englobant celles
de Teilhède, Prompsat, La Tourette, Davayat et Beaure-
gard-Vendon.

Il fut évincé tout d'abord, et ses efforts ne purent aboutir
qu'à faire attribuer à Gimeaux un oratoire, la cure étant
fixée à Prompsat et la succursale à Teilhède.

Il ne se tint pas pour battu. Il partit aussitôt pour Paris,
présenta une adresse à l'Assemblée nationale, dénonça
comme aristocrates les propriétaires des environs, opposés
à ses projets, notamment M. de Salvert, propriétaire à
Davayat, son ancien protecteur, se présenta lui-même au
comité Ecclésiastique, assisté de dom Gerle, fit tant et si
bien que, de guerre lasse, il obtint pour Gimeaux une succursale.

Un poste de curé dans son pays convenait d'ailleurs
parfaitement à Jean-François Romme, l'ex-bénédictin, inscrit
maintenant à la Société Populaire de Riom, qui continuait à
gémir sur son sort comme il l'avait fait toute sa vie : « La
liberté des cultes, disait-il, n'a pas été décrétée pour tout le
monde. Les prêtres de l'ancien régime ou non assermentés

s'en sont si bien emparés et ont endoctriné les peuples d'une telle façon que les prêtres constitutionnels sont absolument de côté et je reste patiemment dans ma chambre. » Il fut nommé succursaliste et quelque temps après curé de Gimeaux (1).

Gilbert prenait du reste très au sérieux ses fonctions d'officier municipal et ne négligeait aucun des intérêts de sa commune. Il pétitionnait auprès de l'administration départementale à raison du préjudice causé à Gimeaux par le débordement du ruisseau le *Damnâdo*. Il présidait les fêtes patriotiques et adressait des discours, à la mode spartiate, aux vieillards, aux adolescents, aux enfants et aux mères de famille défilant par groupes devant lui avant de jurer fidélité à la nation et à la loi.

Durant son court séjour à Paris, il n'avait pas oublié la ville de Riom dans les démarches qu'il entreprenait.

L'organisation judiciaire n'était pas encore achevée, et Riom jouait sa dernière carte d'influence dans la partie engagée au sein de l'Assemblée. Après le département, elle risquait de perdre les tribunaux.

Y aurait-il une *Chambre des Tournelles* pour juger les criminels? Y aurait-il au civil une *Cour souveraine* pour les appels particuliers? Graves questions d'où dépendait l'avenir de la cité.

Romme se fit l'interprète, auprès du comité Judiciaire de constitution, des légitimes revendications de l'ancien chef-lieu de la Sénéchaussée d'Auvergne et se constitua le défen-

_____

(1) En l'an V, nous retrouvons Jean-François Romme curé de Châteauneuf. Plus que jamais, à cette époque, il fait entendre des gémissements, car il est absolument sans ressources et, depuis quinze mois, il n'est pas payé du traitement que lui fait la nation.

seur officieux des syndics et commissaires de la Communauté des Procureurs, plus spécialement menacée.

Riom n'obtint pour le moment qu'une demi-satisfaction. Un décret du 11 février 1791 la désigna comme siége du *Tribunal criminel* du Puy-de-Dôme, mais les tribunaux de district en matière civile furent constitués tribunaux d'appel les uns des autres. Plusieurs années devaient encore s'écouler avant que ses vœux fussent exaucés par la création d'une *Cour d'appel*.

Entre temps, Romme se rappelait qu'il était un savant avant d'être un homme politique et il prenait part aux réunions de la Société d'histoire naturelle qui s'était fondée après l'installation du buste de Linnée, et dont il était l'associé. Mais là encore la politique envahissait tout. Le patriotisme était entré comme partie constitutive et rigoureuse dans les statuts de l'institution. On peut en juger par le passage suivant du rapport de Lerminat, secrétaire chargé de la rédaction :

« Le naturaliste doit connaître l'homme animal. Comme tel il est dans la classe des *Gregorii* sociables. La sociabilité de l'homme a son histoire dont le premier chapitre est la *Déclaration des Droits*. Donc tout naturaliste doit professer cette déclaration, de quelque nation, couleur, allure qu'il puisse être.

» Le naturaliste français a une obligation de plus. Des faisceaux de lumière ont frappé ses yeux ; la raison et les articles du contrat social l'obligent à se soumettre à la Constitution. De là l'obligation pour le naturaliste français d'être patriote ; pour le cosmopolite de professer la Déclaration des Droits. »

Pendant les deux années 1790 et 1791 une fréquentation plus intime vint encore cimenter l'amitié qui unissait

Romme à Soubrany. Il avait pris sur le gentilhomme dévoyé un ascendant immense qu'il conserva jusqu'au dernier jour. Toutes les fois que l'administration municipale, les travaux publics laissaient à Soubrany un moment de liberté, il allait le passer dans la modeste retraite de Romme qui, de son côté, venait se délasser de ses tristesses passées ou de ses préoccupations présentes au château du Puy-Saint-Bonnet.

Ce fut sur ces entrefaites que s'ouvrit l'assemblée électorale réunie dans l'église des ci-devant Cordeliers de Clermont pour envoyer douze députés à l'Assemblée *Législative*.

Les deux amis étaient candidats. Qui eût pronostiqué cela quelques années auparavant eût stupéfié la province. Mais les temps de révolution accentuent profondément les individualités. Combien d'originaux, destinés en temps calme à un oubli relatif, parurent sur la scène, dans la société trop brusquement émancipée de l'époque.

Le 7 septembre 1791, le nom de Gilbert Romme sortit de l'urne électorale et sa proclamation fut immédiatement suivie, hasard de la destinée, de celle de son cher et dévoué Amable de Soubrany.

La mère du plébéien Romme était à Macholles, auprès de Mme de Soubrany, quand leur parvint la nouvelle du scrutin. qui, en faisant leurs deux enfants les collègues de Couthon, de Dulaure, de Maignet, de Monestier, allait ouvrir pour eux le livre de l'histoire où leurs noms, unis dans la vie, s'inscriraient en rouge dans la mort.

Soubrany fut complimenté par M. Chassaing, le plus ancien du conseil de la ville de Riom. Puis il fut porté en triomphe par ses électeurs jusqu'à son domicile, l'ancien *Hôtel des Consuls* que la famille de sa mère possédait depuis longtemps. Dans cette marche triomphale, il ne cessait de s'écrier : *Oh ! le bon peuple ! Quel bon peuple !*

II

L'Assemblée Constituante venait de terminer sa longue et laborieuse carrière et son allure hardie et persévérante avait paru trop réactionnaire aux exaltés.

La nouvelle Chambre comptait encore quelques partisans des doctrines sagement progressives appliquées depuis 89, les *Constitutionnels,* mais cette fois ils occupaient le côté droit, suivant la marche naturelle qui fait qu'en révolution le côté gauche d'une assemblée devient le côté droit de l'assemblée qui lui succède.

Les autres députés, impatients comme ceux qui regardent faire ou ombrageux comme des sectaires, s'échelonnaient en *Girondins* et *Montagnards* sur la ligne du fanatisme politique.

Au dehors, ces divers groupes d'opinion étaient représentés, ou pour mieux dire dirigés, par les *Jacobins,* les *Feuillants* et les *Cordeliers.* D'agitateurs, a dit M. Thiers, les clubs en effet étaient devenus dominateurs.

Dès son arrivée à Paris, Romme se plongea tout entier dans le tourbillon des grands intérêts qui devaient préoccuper les délégués de la nation. Le terrain était nouveau pour lui et les tâtonnements inévitables. Quelques *Notes intimes* rédigées par lui du 24 septembre au 24 octobre 1791 (D), témoignent de ses perplexités de patriote, de ses hésitations et de ses défiances.

Dans cette assemblée, ébauche de la Convention, il prit rang bientôt parmi les Jacobins les plus ardents, avec un ensemble de sombre passion, de conviction et de désintéressement qui fait que sa figure se détache vigoureuse sur ce fond répugnant de peur et de vulgarité dans le mal qui composait pour une si grande part le jacobinisme.

Il se lia avec les plus ardents du côté gauche et avec Garran de Coulon, plus tard titulaire de la Sénatorerie de Riom, qui dès la première séance avait réuni le plus grand nombre de voix, après Pastoret, pour la présidence de la Législative.

Avec son imagination sèche et ses conceptions abstraites, Romme ne pouvait espérer de paraître avec éclat dans une assemblée délibérante. Il y prit cependant une certaine importance, et, si l'on en excepte Couthon, il fut incontestablement, grâce à ses travaux dans les commissions, le plus en vue de toute la députation du Puy-de-Dôme.

Il avait été placé au comité d'Instruction publique, où ses études, ses voyages et l'expérience de la carrière qu'il avait parcourue lui faisaient une place toute naturelle.

Il était question d'établir un grand système d'enseignement, embrassant toutes les classes de la société, tous les degrés de fortune, toutes les professions, tous les âges de l'adolescence, convenant en même temps aux deux sexes, afin de lier la génération par des principes communs, par un même esprit, par une même volonté. C'était, disait-on, le moyen le plus sûr d'opérer la régénération du pays, de former les mœurs sur les lois, de faire passer dans les habitudes de l'enfance l'esprit de la Constitution ainsi que l'exercice des droits et des devoirs du citoyen.

En un mot, il s'agissait d'instruire, c'est vrai, mais surtout de faire des républicains. Encadrer tous les cerveaux dans le même moule, suivant un même type, et d'après le même idéal, ils appelaient cela *élever les âmes au niveau des institutions nouvelles.*

Déjà, à la Constituante, Mirabeau et Talleyrand-Périgord avaient tracé les grandes lignes et mis en lumière avec une magnifique ampleur les principes généraux sur l'éducation.

A la Législative le travail allait continuer, mais tout devait être étudié au point de vue d'un gouvernement fondé sur la volonté nationale et élevé sur les ruines de la monarchie de droit divin.

La *liberté* dans l'éducation avait été l'objectif de la première assemblée ; dans la deuxième, c'était l'*égalité*.

Romme consacra tous ses soins à cette tâche. Il fit rechercher en Allemagne les œuvres de Bazdoff sur les écoles philanthropines, les ouvrages de Volke sur la manière d'enseigner les langues, les écrits d'Œpinus sur les écoles normales, ceux de Kamp, le Berquin Hambourgeois, si inimitable par la méthode simple, naïve et éclairée qu'il emploie pour les premières parties de l'enseignement.

Il se fit ainsi le laborieux ouvrier du comité dont Condorcet était l'orateur. Sa collaboration fut grande et féconde dans la constitution de l'édifice toujours entrepris et toujours inachevé de l'instruction publique.

Romme fut encore l'interprète de son comité dans quelques rapports un peu oubliés relatifs soit à l'école d'architecture rurale dirigée par Cointreau, soit aux tableaux de marine du peintre Derossel, soit enfin à la propriété des pièces de théâtre et à la protection que méritent les ouvrages dramatiques.

Le 3 décembre 1791 il se fit à la tribune l'organe des artistes qui exposaient leurs œuvres au Salon du Louvre.

Une loi récente, dans le but d'encourager les talents, avait établi des récompenses pour ceux dont les travaux seraient plus spécialement remarqués dans les expositions et avait chargé l'Académie d'être juge du mérite. Cette dernière prescription était l'objet de vives réclamations, les artistes voulaient bien être les rivaux mais non les justiciables des académiciens. Si les David, les Vincent, les Caffiéri faisaient en effet partie de ce corps d'élite, tous les peintres d'histoire et de genre, tous les statuaires, architectes ou graveurs de talent ne figuraient pas dans le sein de l'aréopage, et il était à craindre que l'esprit de corps n'entraînât la décision d'une réunion tout à la fois juge et partie dans le concours. Ce fut pour obvier à cet inconvénient que l'assemblée, malgré l'opposition de Pastoret, adopta le décret présenté par Romme qui constituait un jury composé par moitié d'académiciens et de non académiciens.

Au commencement de l'année 1792, l'alimentation de Paris faillit occasionner une révolte des campagnes. Les approvisionnements que nécessitait la capitale risquaient d'affamer la province. Des perturbateurs insinuaient de plus que, sous prétexte de faire circuler les grains à l'intérieur, il pourrait bien se faire qu'on eût l'intention de les faire passer à l'étranger.

Des émeutes avaient déjà à ce propos éclaté sur divers points du territoire. Dans le district de Noyon, notamment, des rassemblements s'étaient formés en armes pour s'opposer au départ des bateaux de grains arrêtés sur la rivière d'Oise. Le tocsin avait sonné et il était à craindre que M. de Gouy d'Arcy, suspecté d'ailleurs par les patriotes, ne put avec la force dont il disposait faire triompher la loi.

L'Assemblée crut devoir envoyer des commissaires pris dans son sein pour porter aux citoyens des paroles de paix et les ramener à l'ordre par la persuasion. Son choix s'arrêta sur Romme, Vaublanc et Labergeri qui se présentèrent aux populations de l'Ile de France comme des frères, des

médiateurs, des pacificateurs uniquement désireux d'empêcher l'effusion du sang.

Ces députés firent emmagasiner les blés dans l'abbaye
d'Ourcan pour les soustraire au pillage. Romme harangua
la multitude et parla avec force des droits sacrés de la propriété. L'effet de son allocution fut absolument négatif. La
navigation resta interrompue sur l'Aisne et sur l'Oise, et les
négociateurs furent contraints de regagner Paris.

Il fallut recourir à l'envoi de deux bataillons pour désar-
mer les fidèles gardiens du grenier d'Ourcan qui n'avaient
pu ou n'avaient voulu prévenir le vol de deux mille sacs.

Mais, illogisme du cœur humain, Romme qui n'avait pas
réussi par la douceur regarda comme un crime la réussite
obtenue par la force et demanda avec indignation que le
ministre de la guerre, Narbonne, fut mandé à la barre de
l'Assemblée pour rendre compte de sa conduite.

Dans son puritanisme farouche, Romme d'ailleurs ne se
laissait arrêter par aucune considération personnelle. Il en
donna une nouvelle preuve dans les séances des 19 et 20 mai
suivant durant lesquelles il souleva une discussion des plus
mouvementées.

Depuis longtemps circulaient des bruits d'attentat contre
la chose publique, des bruits de réaction, d'enlèvement du
roi. Chaque jour les comités de l'Assemblée étaient saisis
de dénonciations de cette nature.

Trois députés, Merlin, Bazire et Chabot s'étaient fait les
échos de rumeurs relatives à l'existence d'un *Comité autri-
chien* formé par les émigrés et dirigé, à les en croire, par
MM. Bertrand de Molleville et de Montmorin, anciens ministres du roi.

Le juge de paix de la section Henri IV, M. Etienne Larivière, crut devoir lancer contre les promoteurs de cette nouvelle un mandat d'amener. Grand fut l'émoi au côté gauche de la Chambre. Romme dénonça à la tribune cet attentat à l'inviolabilité de la représentation nationale, qu'il appelait une entreprise contre la sûreté de l'Empire. Vergniaud prononça contre le magistrat un discours qui était un véritable acte d'accusation ; Guadet accentua le fait par un virulent réquisitoire. Le pauvre juge de paix fut mandé à la barre et, malgré ses observations, malgré les protestations du côté droit qui quitta la salle, il fut décrété d'accusation au milieu du tumulte et des cris de : *Vive l'Assemblée nationale !* — On eût dit que la patrie en danger venait d'être sauvée. — En réalité, Larivière seul était perdu, car peu de jours après il était massacré par la populace dans les rues de Versailles.

Durant toute la Législative, la correspondance de Romme est hâtive. On sent un homme surchargé d'occupations. Tout son temps est réparti entre le travail et les séances du Comité, entre le travail et les séances de l'Assemblée, entre les conférences qu'il croit nécessaires pour éclairer son esprit et les commissions dont il est membre. N'ayant pas le travail facile, il fait peu en beaucoup de temps.

Dès l'ouverture de la session, Démichel lui avait proposé ses services en qualité de secrétaire, mais Gilbert avait décliné cette offre.

Quant à Charles Romme, son frère aîné, qui, partisan des réformes, restait entièrement étranger à la Révolution et continuait ses leçons avec le même zèle, il avait rompu son silence habituel pour le féliciter par lettre de sa nomination. — En réponse, le *Moniteur* du 26 avril 1792 annonça que le gouvernement avait pris à sa charge l'impression du *Dictionnaire de la marine française* et avait ordonné de faire parvenir des exemplaires dans tous les ports de l'Empire (1).

La Législative se termina au milieu des massacres de septembre. Des Nérons de l'échoppe, Attilas de la Révolution, brutes nées de l'ivresse lubrique et sanguinaire, lui servirent, avec les voleurs du Garde-Meuble, de dernier et de significatif cortége.

(1) Charles Romme fut nommé correspondant de l'Institut à l'établissement de ce corps et chevalier de la Légion d'honneur peu après son organisation. Il mourut à Rochefort en 1806, âgé de soixante et un ans.

CHAPITRE IX

Romme à la Convention. — Paris en fièvre. — Gironde et Montagne. — Manufactures d'armes. — Procès du roi. — L'Ecole de Rome. — Le peintre David. — Suppressions de la maison de Saint-Cyr et de l'Ecole normale. — Rapports sur la destruction des œuvres d'art et sur le télégraphe. — Questions pédagogiques; organisation des Ecoles primaires. — Le Calendrier républicain. — L'Annuaire du cultivateur.

I

Comme les amertumes de l'absinthe, les amertumes du pouvoir sont, paraît-il, attrayantes et enivrantes. On ne saurait y renoncer.

La *Constituante,* par une mesure plus sentimentale que politique, avait exclu ses membres de l'Assemblée qui lui succédait. La *Législative* ne fit pas de même, et presque tous les députés qui la composaient briguèrent à nouveau les suffrages du parti populaire pour siéger à la *Convention.*

Presque tous furent réélus grâce au patronage des factions violentes, des Jacobins et des sociétés affiliées. De ce nombre furent les députés du Puy-de-Dôme et notamment Romme et Soubrany.

Le 21 septembre ils rentrèrent à la Chambre, oints pour la seconde fois du caractère d'hommes d'Etat, dans les circonstances les plus solennelles qui se soient jamais produites au cours de nos annales parlementaires.

Paris fiévreux, insurgé, exalté, se grisait de l'odeur du sang en face du Paris bourgeois, muet de stupeur. La France entière s'agitait au milieu d'horribles saturnales. Des hommes de proie s'acharnaient sur le corps social déjà rongé par le chancre politique. La fermentation était dans toutes les têtes; toutes les entrailles tressautaient sous les tranchées de la colique révolutionnaire faite de meurtres, d'incendies et de pillages. Les cris des victimes se confondaient avec le bruit de la mitraille et la canonade de Valmy empêchait d'entendre les gémissements des martyrs. Le rire et la joie se mêlaient aux larmes et à la douleur et, pendant les répits de tristesse, la *Marseillaise,* eau de feu, versait dans les sens son ivresse et ses fureurs.

Tout cela en haine de la tyrannie et de la religion, tout cela aux cris de : *Vive la liberté !*

— La plus grande raillerie jetée aux peuples par les révolutions c'est incontestablement de leur promettre la liberté, tandis que l'état naturel des révolutions c'est la dictature, avec la hache toujours levée.

L'athéisme d'ailleurs se couronne nécessairement par la tyrannie, car sans Dieu il faut un bras de fer pour contenir les passions et réprimer les mauvais instincts. Le livre de Lucrèce : *De Naturâ rerum* prépara Néron et Caligula comme l'*Encyclopédie* prépara Marat et Robespierre.

Et certes l'histoire est là pour affirmer que l'anarchie est pire encore que le despotisme et que la tyrannie du peuple est pire que celle d'un César. —

L'Assemblée se divisait toujours en *Gironde* et *Montagne,* c'est-à-dire en modérantisme et frénésie. Par malheur, le girondisme était comme le manceniller un arbre dont l'ombrage répand la torpeur et la mort.

A peine réélu, Romme vint siéger à la Montagne. Il était bien l'homme du parti. L'esprit humain était son Dieu. Il avait le fanatisme froid de la logique et la colère réfléchie de la conviction.

Il s'était fait une situation à l'Assemblée plus par ses efforts que par ses succès. On pouvait être sûr qu'il serait un des plus laborieux ouvriers de la Constitution à établir.

A peine en fonctions, l'Assemblée envoya Romme aux manufactures d'armes de Moulins et de Saint-Etienne pour se rendre compte de leur situation. Guerre civile en Vendée et sur les frontières, guerre étrangère avec toutes les puissances de l'Europe nécessitaient des munitions pour faire face à tous les dangers. Romme était à même d'apprécier et de comparer, car il avait étudié dans tous ses détails la manufacture d'armes de Toula pendant son séjour en Russie. Il put constater que les deux fabriques pouvaient fournir dix à douze mille fusils par an, indiquer quelques modifications à apporter à leur fonctionnement et revenir en toute hâte prendre part au grand drame dont le premier acte venait de se jouer.

Tout avait été renversé en France par les assemblées précédentes, tout, sauf une institution, nominalement tolérée jusqu'à ce jour, la *Royauté*.

N'était-ce pas une anomalie que de maintenir une autorité rivale de la souveraineté du peuple ? Une séance suffit à balayer ce dernier vestige de la féodalité et à édifier sur ses débris la *République,* ère nouvelle du genre humain *purgé désormais de la lèpre avilissante de la monarchie.*

Mais la royauté serait-elle véritablement abolie tant que son représentant subsisterait ? Et Louis XVI n'était-il pas roi au Temple comme aux Tuileries ? Son immolation seule pouvait être à la fois un suprême défi aux trônes coalisés et le véritable sacre de la République. Le procès du roi fut donc résolu.

Les partis opposés allaient mesurer leurs forces; ils se surveillaient pour surprendre et signaler comme une trahison le moindre frisson d'horreur, le moindre élan de pitié.

Les Girondins étaient hostiles à la royauté ; seulement, plus humains, plus modérés, ils auraient voulu arrêter la révolution sur une pente mauvaise et empêcher un crime inutile.

Les Montagnards n'avaient pas les mêmes ménagements. Eux au contraire étaient impatients d'en finir. Le roi vivant, la république ne leur semblait pas établie. Pour aller plus vite ils auraient au besoin supprimé l'interrogatoire, interdit la défense.

De ce choc de tempéraments et d'opinions devaient sortir pour le noble prisonnier du Temple les angoisses d'une lente agonie. Mieux eût valu pour lui le poignard de Brutus qu'une lâche, indolente et hypocrite sollicitude.

Laissons l'histoire impartiale raconter les inoubliables péripéties d'un forfait qui a imprimé au front des bourreaux un stigmate dont les siècles ne pourront jamais effacer l'opprobre.

Bornons-nous à enregistrer la part prise par la députation du Puy-de-Dôme à cet attentat contre l'humanité.

L'unanimité des représentants de l'Auvergne avait déclaré *Louis Capet* coupable de conspiration contre la liberté et contre la sûreté générale de l'Etat.

Consultés sur le point de savoir si le jugement à intervenir serait soumis à la ratification du peuple, Bancal des

Issarts et Girot-Pouzol avaient dit : *Oui*; tous les autres avaient dit : *Non*.

Le 16 janvier commença l'appel nominal sur la question capitale suivante : *Quelle peine Louis a-t-il encouru ?*

Soubrany, Gibergues, Maignet, Blanval, Rudel, Laloue, Dulaure répondirent laconiquement : *la mort*.

Monestier, que Barnave appela plus tard *le Féroce*, crut devoir entourer son vote d'une sentimentalité hypocrite : « Mon désir eut été que Louis ne fût pas coupable, mon plaisir serait de lui pardonner, mon devoir est d'être juste et d'obéir à la loi ; je vote pour *la mort*. »

Couthon prit ensuite la parole : « Juge de Louis, dit-il, j'ouvre le livre de la loi, j'y trouve écrite la peine de mort, mon devoir est d'appliquer cette peine, je le remplis, je vote pour *la mort*. »

Romme s'exprima en ces termes : « Si je votais comme citoyen, l'humanité et la philosophie me feraient répugner à prononcer la mort, mais, comme représentant de la nation, je dois puiser mon suffrage dans la loi même : Elle punit tous les coupables sans distinction, et je ne vois plus dans Louis qu'un grand coupable. Je demande qu'il soit *condamné à mort. Cette peine est la seule qui puisse expier ses crimes.* »

Seuls Bancal et Girot-Pouzol votèrent pour la *réclusion* jusqu'à la paix et pour le *bannissement perpétuel* après la guerre, le dernier sans phrases et sans réticences, le premier avec des considérants cruels de nature à lui faire pardonner son acte de courage.

Logiques avec eux-mêmes, ces deux députés opinèrent seuls encore pour qu'il fût sursis à l'exécution. Tous les autres demandèrent qu'il fut passé outre. Il y a des besognes que l'on a hâte de terminer.

La Montagne était victorieuse. Plusieurs de ses adversaires n'osèrent pas braver l'impopularité, et pour ne pas être taxés de royalisme, plongèrent leurs mains dans le sang.

La postérité doit moins en vouloir aux révolutionnaires convaincus qu'à ces charlatans peureux et inconséquents. Les Girondins, courtisans du peuple, qui votèrent la mort du roi, moins par conviction que par crainte, sont plus méprisables à mes yeux que les Jacobins. Et lorsque à leur tour ils subirent la peine du talion, ils ne firent que subir les conséquences de leur lâcheté érigée en système. Tout se paye dans l'histoire.

Romme n'avait pas quitté l'Assemblée durant ces mémorables séances des 16, 17, 18, 19, 20, 21 et 22 janvier 1793. Il en notait les moindres épisodes, épiant les impressions, les mouvements d'opinion quand les votes se développaient à la tribune, les cris, les interjections, les alternatives de sentiments. Et chaque soir il expédiait à Riom le bulletin, écrit sans art, au courant de la plume, de ces solennelles assises.

Nous avons pu retrouver ces pages inédites, et nous publions à l'appendice de ce travail ce journal émané d'un témoin et d'un acteur, nouveau spécimen d'un récit souvent présenté. Le lecteur sera curieux peut-être de rechercher dans ce document qui ne saurait être suspecté quelle fut à l'égard du roi-martyr l'impartialité de ses juges (E).

II

A la Convention, Romme fut encore attaché au comité d'Instruction publique au sein duquel il joua un rôle non moins actif, mais moins silencieux et spéculatif qu'à la précédente législature.

Mélange de savant et de fanatique, on le vit pendant trois ans partager son temps entre les sanglants travaux de la Montagne et la discussion des œuvres de l'esprit. Ses efforts dans les commissions, ses votes à la tribune procèdent tous de ce double courant du sectaire et du lettré. Dans les rapports dont il fut chargé, le jacobinisme et la science s'associent ou plutôt s'amalgament d'une façon constante.

Il veut sans doute développer l'éducation nationale, concourir à sa régénérescence, mais on croirait à l'entendre que les investigations idéales, les découvertes et les progrès sont tous d'invention républicaine, que la révolution était le foyer de toutes les lumières, que l'on n'avait pas pensé jusque là.

Avant d'édifier il commença par porter la cognée sur les diverses branches concourant dans le passé à l'harmonie et à la coordination de l'enseignement public.

Il réclama et obtint la suppression de la place de *Directeur* de l'Académie française des Arts établie à Rome, en attendant la suppression de l'Académie elle-même. « Bien que ne devant être que provisoire, disait-il, il importe de modifier sans délai le régime de cette institution afin de l'établir sur les principes de liberté et d'égalité qui dirigent la République. »

Sur cette proposition un artiste prend la parole, le peintre David. Il va s'indigner sans doute, proclamer bien haut que l'art est de tous les régimes et de tous les temps, qu'il ne saurait être asservi et ne peut, sans se déshonorer, accepter une cocarde. Non, il profite de la circonstance pour demander la destruction des monuments de féodalité et d'idolâtrie existant encore dans l'hôtel de l'Académie. Il veut que le trône, que les bustes de Louis XIV et de Louis XV soient brûlés en *auto-da-fe* afin que les emblêmes de l'orgueil soient confondus dans la poussière avec les emblêmes de l'oppression sacerdotale.

Et ces idiotes observations sont renvoyées au pouvoir exécutif.

Romme poursuivit aussi la dissolution de l'*Ecole normale* ne vivant d'après lui que de charlatanisme et constituant un véritable *Chapitre* dont les élèves étaient les *Chanoines.*

Il fit voter encore la suppression de la *Maison de Saint-Cyr*, repaire de filles d'aristocrates.

En vain Lehardy s'écriait : « Nous allons détruisant, détruisant sans cesse et nous n'édifions jamais, tandis qu'il faudrait seulement détruire les abus. » Les votes qui se succédaient étaient comme des coups de pioche creusant sans cesse plus profond le fossé entre le passé et le présent. Il semblait que le minotaure fût à jeun tant qu'il lui restait quelque chose à dévorer.

Et cependant, au milieu de ces exterminations générales, en vertu de l'opposition des deux courants que nous avons signalés dans l'esprit de Gilbert Romme, on voit ce dernier entreprendre avec courage, au plus fort de la guerre civile, une croisade en faveur de nos richesses archéologiques.

Sous la main de fanatiques imbéciles, tout était brisé qui portait quelques-uns des signes proscrits de la féodalité ;

médailles précieuses, gravures, manuscrits, tableaux, statues, éditions, collections, tout devenait l'objet de mutilations sauvages si quelques fleurs de lys, quelques vestiges de la royauté s'y faisaient remarquer.

Il ne fallait rien moins qu'une protestation éclatante pour conjurer le mal et parer le coup irrémédiable que les écarts patriotiques allaient porter à l'industrie et à la suprématie française dans les arts. Romme fut celui à la voix duquel s'arrêta le vandalisme. On eût dit à ce moment que la vie d'un homme lui coutât moins que celle d'un bas relief.

Le 1er avril 1793, sur le rapport que Romme déposa au nom des comités réunis de l'Instruction et de la Guerre, la Convention décréta que le Comité exécutif provisoire serait autorisé à faire un essai du procédé présenté par le citoyen Chappe pour correspondre rapidement à grandes distances.

Claude Chappe, inventeur du *télégraphe aérien,* était le neveu de l'abbé Chappe d'Auteroche, célèbre astronome, issu d'une ancienne famille de la Haute-Auvergne.

L'essai se fit sur une ligne télégraphique établie de Paris à Lille. Son emploi fut inauguré par l'annonce d'une victoire. Le 20 novembre 1794, Carnot lut à la Convention la première dépêche transmise annonçant la prise de Condé sur les Autrichiens. L'Assemblée fit répondre aussitôt que l'armée du Nord avait bien mérité de la patrie. Quelques instants après on vint avertir que la réponse était parvenue et qu'elle avait causé dans les rangs une profonde sensation. La Chambre décréta d'enthousiasme l'établissement de trois nouvelles lignes.

Le zèle de l'ancien précepteur se signala surtout dans l'examen des questions pédagogiques et des grandes réfor-

mes scolaires, objectif constant des hommes les plus éminents de la Convention. Il se livra à cette étude avec une
ardeur infatigable, on pourrait même dire avec enthousiasme si ce mot ne jurait pas trop avec la nature de son
tempérament.

Tous les principes d'éducation, tous les procédés d'enseignement avaient été déjà exposés maintes fois depuis le
début de la révolution.

Mais les rapports de Talleyrand à la *Constituante*, ceux de
Condorcet à la *Législative* s'étaient produits au milieu d'événements dont la marche imprévue et rapide avait déconcerté toute tentative d'exécution. Ils avaient été écoutés,
sans solution pratique, comme si l'Assemblée n'eût été
qu'une Académie et comme si le but des orateurs n'eût été
qu'une conception philosophique.

La Convention, impatiente de voir remplir par des principes le vide immense laissé par tant d'institutions anéanties, et désireuse d'asseoir quelque chose à la place de cette
Université qui n'avait pas rougi de s'intituler *la fille aînée
des rois*, avait repris la tâche interrompue. Joseph Chenier,
Lanthenas, Lakanal, Lequinio, Le Pelletier Saint-Fargeau,
Fourcroy, Daunou, Henri Bancal, lui-même, poursuivirent
avec l'éloquence qui caractérise cette époque, l'achèvement du plan moderne d'éducation politique.

On ne peut s'empêcher d'admirer cette assemblée sanguinaire délibérant avec calme sur le grand problème social
de l'instruction, malgré les commotions intérieures et extérieures, au moment le plus critique d'une période de vertige, constituant sur de nouvelles bases des *Ecoles normales*, instituant des *Ecoles primaires, des Ecoles centrales,*
l'*Ecole polytechnique*..., contraste étrange de l'école et de
l'échafaud!

Romme fut un des principaux artisans de cette œuvre civilisatrice. Il resta constamment sur la brèche et prit une part considérable aux débats, invoquant sans cesse, comme c'était l'usage d'alors, les souvenirs d'Athènes et de Sparte.

Le 1er décembre 92 et le 20 octobre 93, il présenta à l'Assemblée deux rapports dont la Convention nationale ordonna l'impression (1). Il s'agissait de l'organisation des *Ecoles primaires*, vestibule du grand édifice promis à l'impatience du pays, édifice que plusieurs architectes avaient déjà construit par la pensée, mais dont il fallait en définitive fournir le plan géométral.

. Après avoir établi, ainsi que c'était le devoir d'un bon patriote, que les lumières accumulées par les siècles précédents n'étaient qu'un faisceau d'obscurités, de préjugés et de routine, Romme exposait ce que devaient être les *Ecoles primaires, secondaires*, les *Instituts* et les *Lycées* du nouvel ordre de choses, fonctionnant sous la grande et sainte loi de l'égalité. Il dédiait à la foi nouvelle trente mille *bastilles* établies dans les anciens presbytères devenus inutiles, recueillant sans distinction de riche ou de pauvre toute la génération naissante pour la préparer à l'avenir. Qu'on ne parle plus, s'écriait-il avec fougue, d'institutions libres, d'enseignement particulier, du droit des pères de famille ; la République doit être le seul dispensateur gratuit des connaissances, l'unique régulateur de l'intelligence, sous peine de voir se perpétuer dans l'Etat cette odieuse division en deux classes, les *Citoyens* et les *Messieurs*.

Folles doctrines, folles aspirations, dira-t-on, car l'on ne bâtit pas les assises de la prospérité publique sur des utopies et sur l'arbitraire.

(1) Un de ces rapports a été publié par M. Hippeau dans son livre sur *l'Instruction publique en France pendant la Révolution*.

Oui, mais ne les entendons-nous pas reproduire encore tous les jours.

Romme avait le sentiment de la révolution plus qu'il n'en avait la formule politique. Il confondait la vie réelle et la philosophie. Ses théories étaient vagues comme des perspectives, nuageuses comme des lointains. Il s'imaginait que les mots sans cesse répétés de liberté, d'égalité, de désintéressement, de patriotisme, de vertu constituaient à eux seuls un gouvernement.

Mais avec cela il professait pour le peuple pauvre une prédilection farouche. S'il n'avait succombé au 1er prairial avec les terroristes il eût probablement conspiré et péri avec Babeuf, car il était partisan de la violence comme moyen de réforme.

III

Ces travaux d'économie sociale, perdus dans le nombre des grandes conceptions qui se produisirent à cette époque, auraient été impuissants à transmettre le nom de Gilbert Romme à la postérité. Mais son souvenir est resté attaché à une des entreprises les plus hardies de la Convention, à la création du *Calendrier républicain*.

Fière de l'ère nouvelle qu'elle inaugurait pour le monde, l'Assemblée voulut que la République devînt une des dates de l'histoire du genre humain. Pour que la régénération fût complète, il fallait effacer les années *d'esclavage* et ne calculer qu'à partir des années de *liberté*.

« Depuis dix-huit siècles, disait Romme, rapporteur de

cet important projet, l'ère vulgaire n'a presque servi qu'à fixer dans la supputation du temps les progrès du fanatisme, l'avilissement de la nation, le triomphe scandaleux de l'orgueil, du vice, de la sottise et les persécutions, les dégoûts qu'essuyèrent la vertu, le talent, la philosophie sous des despotes cruels... L'ère vulgaire ne fut que l'ère du mensonge, de la perfidie, elle doit finir avec la royauté, source de tous nos maux... Le temps ouvre un nouveau livre à l'histoire et, dans sa marche nouvelle, majestueux et simple comme l'égalité, il doit graver d'un burin neuf les annales de la France régénérée. La révolution française, féconde et énergique dans ses moyens, vaste et sublime dans ses résultats, formera pour l'historien, pour le philosophe, une de ces grandes époques qui sont placées comme autant de fanaux sur la route éternelle des siècles. »

La Convention nationale ne s'effrayait pas des obstacles et des perturbations qu'un nouveau système de calcul pouvait apporter dans les rapports de la vie civile. Elle venait déjà de régulariser le système des poids et mesures par l'adoption du beau système décimal, une des plus magnifiques créations du siècle, et elle poursuivait sans se laisser détourner de sa voie son œuvre d'unification. Elle se plaisait même à rompre les traditions et à extirper les anciens usages, espérant ainsi déraciner graduellement dans l'esprit du peuple tout souvenir du passé.

L'ère vulgaire fut donc abolie pour faire place à l'ère de la république. Le calendrier républicain se substitua au calendrier grégorien.

Lalande, Monge, Lagrange, Dupuis et autres savants coopérèrent à l'appropriation d'ensemble et aux concordances astronomiques du nouveau calendrier, mais c'est à Gilbert Romme que revient incontestablement le principal mérite de cette audacieuse réforme qui a été l'objet d'attaques passionnées et dont on ne saurait cependant méconnaître les vues larges et la portée scientifique.

Par une heureuse coïncidence, la République avait été proclamée le 22 septembre 1792, c'est-à-dire le jour même où le soleil arrivait à l'équinoxe d'automne en entrant dans le signe de la *Balance,* ce qui faisait commencer l'année avec le début d'une saison tandis que le 1er janvier ne correspond avec l'ouverture d'aucune. On vit là dedans la main de la ci-devant Providence ou plutôt du Destin qui avait tout combiné pour fournir à l'ère nouvelle la plus logique initiale. Romme s'en montrait émerveillé et ne pouvait s'empêcher de faire ressortir sur un ton pindarique cette coïncidence comme un favorable augure :

» Ainsi, disait-il, l'égalité des jours aux nuits était marquée dans le ciel, au moment même où l'égalité civile et morale était proclamée par les représentants du peuple comme le fondement sacré de son nouveau gouvernement.

» Ainsi le soleil a éclairé à la fois les deux pôles et successivement le globe entier, le même jour où, pour la première fois, a brillé dans toute sa pureté sur la nation française, le flambeau de la liberté qui doit un jour éclairer tout le genre humain.

» Ainsi le soleil a passé d'un hémisphère à l'autre le même jour où le peuple, triomphant de l'oppression des rois, a passé du gouvernement monarchique au gouvernement républicain.

» Ce concours de tant de circonstances n'imprime-t-il pas un caractère religieux et sacré à une époque qui doit être la plus célébrée par les générations futures ! »

D'après le système décadaire, l'année aurait dû être divisée en dix parties, mais, en prenant pour base de la division des mois les douze révolutions de la lune autour de la terre, il fallait admettre douze mois. La nature commandait ici l'infraction à la règle décimale.

En revanche, chaque mois était d'une longueur uniforme de trente jours au lieu de varier entre vingt-huit et trente et un. Il se divisait exactement en trois *Décades* ou semaines de dix jours, préférables à la semaine hebdomade de sept jours, en ce sens que l'indication du jour de la décade faisait connaître d'une façon plus immédiate le quantième du mois.

Comme la révolution de la terre autour du soleil, qui seule règle les saisons et les rapports des jours aux nuits, est de 365 jours, 5 heures 49 minutes, on dut ajouter chaque année aux douze mois de trente jours cinq jours complémentaires portés à six à chaque période quaternaire ou *sextile*.

Le jour était lui-même divisé en dix parties ou heures. La centième partie de l'heure formait la minute décimale, la centième partie de la minute formait la seconde décimale. L'heure nouvelle avait par suite la durée d'un peu moins de deux heures et demie anciennes.

La réforme du calendrier ne fut pas mise à exécution d'un seul jet.

La Convention avait d'abord décidé de nommer les divisions du temps par leur simple ordre numérique. C'est ainsi que l'on datait du 14ᵐᵉ jour du 1ᵉʳ mois de l'an II. Rien que des numéros, a dit Michelet, les jours suivaient les jours égaux dans le devoir, égaux dans le travail. Le temps prenait la face invariable de l'éternité.

Mais les dénominations ordinales furent bientôt considérées comme trop abstraites. Les images seules colorent et impriment les idées dans l'imagination du peuple.

On les remplaça alors par des dénominations plus signi-ficatives.

Sur le rapport de Fabre, ancien comédien, ancien poète, qui avait obtenu aux Jeux Floraux une *Eglantine d'or* dont il avait décoré son nom de famille, la Convention adopta une nomenclature plus expressive, pittoresque comme une peinture, sonore comme un écho de la vie rurale.

Les jours, qui avaient reçu autrefois les noms arbitraires des sept planètes, se nommèrent plus rationnellement : *primidi, duodi, tridi, quartidi, quintidi, sexidi, septidi, octidi, nonidi, décadi.*

Les mois auraient pu recevoir les noms des douze cons-tellations zodiacales. Leur origine fut prise dans la variété des champs, et leur originalité les fit assez rapidement acclimater. Les mois des vendanges, des brumes et des frimas se nommèrent : *Vendémiaire, Brumaire, Frimaire ;* ceux du printemps : *Germinal, Floréal, Prairial ;* les mois d'été : *Messidor, Thermidor, Fructidor ;* ceux d'hiver : *Nivôse, Pluviôse* et *Ventôse.*

Les cinq jours épagomènes s'appelèrent *Sans-Culottides,* et la période de quatre ans terminée par l'année sextile s'appela *Franciade.*

Ces jours complémentaires étaient réservés aux grandes fêtes nationales : les fêtes du *Génie,* du *Travail,* des *Actions,* des *Récompenses,* et enfin la fête de l'*Opinion.*

Ce dernier jour s'ouvrait une espèce de carnaval poli-tique durant lequel toute licence était laissée à la mani-festation de la pensée vis-à-vis des hommes en place : le moral, le personnel et les actions des fonctionnaires publics étaient livrés en pâture à la malignité des citoyens. Chan-sons, allusions, caricatures, pasquinades, ironie et sar-casmes de la foule servaient de salaire à celui des élus du peuple qui l'avait trompé ou qui s'en était fait mésestimer.

Le jour de la 6me sans-culottide était marqué par la célébration solennelle de la fête de la *Révolution,* en mémoire des quatre ans d'efforts qui avaient amené la France au gouvernement républicain.

Cette réforme fut décrétée les 14 vendémiaire, 3 et 9 brumaire an II.

Il serait puéril de contester la combinaison ingénieuse du calendrier républicain, en même temps que la hardiesse d'esprit de ceux qui le conçurent. Mais on est obligé de constater aussi que cette conception, toute grandiose soit-elle, n'était qu'un ensemble de réminiscences. Romme et ses collègues avaient cherché, trouvé et approprié ; ils n'avaient rien inventé.

La division en douze mois était universelle et des plus anciennes.—Le morcellement du mois en *décades* avait existé à Athènes.—Les cinq jours épagomènes se retrouvent dans l'année égyptienne. — La *Franciade* est la copie servile de l'antique *Olympiade.*

Les Tyriens dataient du recouvrement de leur liberté. Et quant à prendre l'équinoxe d'automne comme époque initiale de l'année, c'était revenir à l'usage des Chaldéens, des Perses, des Syriens, des Phéniciens, des Carthaginois ; c'était recommencer l'ère de Séleucus.

Il n'est pas jusqu'à la plus originale des fêtes décrétées, celle de l'*Opinion,* qui ne fût renouvelée du *Jour du Triomphe* chez les Romains où le soldat, placé derrière le char, pouvait exhaler librement tout ce que lui suggéraient sa haine et sa gaieté.

L'appellation donnée aux mois était cependant une trouvaille, bien que Charlemagne eût déjà, dans notre pays même, adopté des noms qui, dans leur idiôme, signifiaient pareillement : *mois d'hiver, mois de boue.....* Mais cette appellation, quoique charmante, avait l'inconvénient de n'être applicable qu'au climat de la France ; on se fit donc la plus étrange des illusions en s'imaginant qu'elle serait adoptée dans tous les pays.

Reste la qualification de *Sans-Culottide* attribuée aux jours complémentaires ; mais elle jure, on en conviendra, avec l'esprit et le goût français. Fabre d'Eglantine l'avait senti. Aussi cherchait-il dans son rapport à la faire consacrer par l'histoire : « Une partie de la Gaule Lyonnaise était anciennement nommée, dit-il, la Gaule culottée, *Gallia braccata ;* par conséquent, le reste de la Gaule jusqu'aux bords du Rhin formait la Gaule *non culottée ;* nos pères, dès-lors, étaient des *Sans-Culottes.* » Cette assertion hasardée, ne saurait rien enlever au grotesque de l'expression.

Comme on l'a bien compris, ce n'était pas seulement pour innover et pour tout rapporter à la République que le calendrier avait été modifié. C'avait été surtout pour effacer les traces de religion empreintes sur le calendrier grégorien, pour fermer l'ère du symbolisme et de la foi et ouvrir celle de la science et de la raison, L'évêque Grégoire, catholique quoique ardent montagnard, s'irrita fort de ces changements. Un jour il dit à Romme, non sans colère : *A quoi sert ce calendrier ?* — L'autre répliqua froidement : *A supprimer le dimanche.*

Aussi, ce ne fut pas sans un vif froissement d'amour-propre que les sans-culottes virent que les populations ne prenaient pas au sérieux le décadi comme dimanche du nouveau régime. Acharnement, violence, arrêtés, rien ne put les ébranler ni les détacher de leurs habitudes séculaires. L'Auvergne, notamment, se montra toujours rétive à une pareille innovation.

Dans tous les cas, la nomenclature de l'ancien calendrier fut mise à l'index par la foi nouvelle. Après les victimes humaines, les victimes hagyographiques.

A l'origine, chaque jour devait porter une dénomination morale rappelant la révolution et destinée à imprimer au calendrier un cachet révolutionnaire. Il y aurait eu le jour de la *Cocarde,* celui de la *Pique,* celui des *Epoux*..... Mais ces vocables ridicules furent rejetés sur la proposition de Duhem, qui disait : « Ne faisons pas comme le pape de Rome : il remplit son calendrier de saints, et quand il en survient de nouveaux, il ne sait pas où les mettre. »

Alors l'éponymie des saints et des fêtes fit place à toute la série des richesses minérales et végétales. « Après avoir chassé, disait Fabre d'Eglantine, cette foule de canonisés du calendrier, nous avons voulu y introduire les objets dignes, sinon de son *culte,* du moins de sa *culture,* biens plus précieux aux yeux de la raison, que les squelettes béatifiés tirés des catacombes de Rome. »

Chaque jour fut décoré d'un nom de graine, arbre, racine, fleur, fruit ou plante choisi dans l'économie rurale. A chaque *quintidi* fut inscrit un animal domestique, et tout *décadi* fut marqué du nom d'un instrument aratoire.

Dans ce nouveau recueil, les fervents patriotes purent venir puiser, pour eux et leurs enfants, des noms revêtus d'un vernis de républicanisme et renouveler ainsi le répertoire un peu usé des républiques de Rome et de Sparte. On eut un ample choix prénominal avec lequel on put narguer la religion et le bon sens.

Le 30 pluviôse an II, Romme fit hommage à la Convention d'un *Annuaire du Cultivateur* dressé sur le modèle nouveau et constituant le commentaire des désignations quotidiennes du calendrier. Cet annuaire avait été fait avec le concours des savants les plus illustres : Parmentier, Lamark, Daubenton..... et le Comité d'Instruction publique l'avait classé parmi les livres élémentaires. Les productions y étaient disposées de manière à ce qu'elles occupassent précisément le temps et le jour où la nature en fait présent à l'homme. On y trouvait de plus les développements relatifs au premier des arts utiles, à l'agriculture ; et, grâce à lui, tout citoyen pouvait dès l'enfance faire insensiblement une étude élémentaire d'agronomie.

La Convention ordonna l'impression de l'*Annuaire du Cultivateur* au nombre de 2,000 exemplaires et son envoi à chacun des districts, qui le feraient réimprimer pour l'adresser à chaque commune.

Cet ouvrage, publié à Paris (in-8°, an III, imp. Nationale), est le seul ouvrage de Romme que l'on connaisse. Curieux rapprochement, dans la première édition de l'*Annuaire*, on oublia tout prairial, ce mois de prairial qui devait être le dernier de la vie de Romme.

La foi de Gilbert Romme dans la réforme accomplie était tellement imperturbable, qu'il proposa de décréter l'année républicaine comme elle serait dans 3,600 ans. Mais hélas !... Le calendrier républicain ne fut en vigueur que jusqu'à l'an XIV. Au bout de ce court laps de temps, Napoléon, sur le rapport de Laplace, le sacrifia aux exigences du pape qui le couronna. On se remit à cette époque à célébrer le *Jour de l'An*, la fête des petits ; car la révolution avait supprimé les étrennes en même temps que la royauté. Son calendrier ne se prêtait plus à cette puérilité.

Néanmoins, le législateur conserva avec raison le système des mesures décimales que le calendrier complétait en l'appliquant autant que possible à la mesure du temps.

Des cadrans et des pendules décimales avaient été préparés par la Convention. Mais l'ajournement de cette dernière réforme fit qu'elle n'aboutit guère.

Le fameux calendrier qui a fait la réputation de Romme n'était pas sorti de son cerveau comme Jupiter de la tête de Minerve, c'est-à-dire armé de toutes pièces. L'éclosion, au contraire, en avait été des plus laborieuses.

Nous publions à la fin de ce volume (F) un tableau inédit, trouvé dans les nombreux papiers du député conventionnel, qui marque les innombrables phases par lesquelles avait passé l'esprit du novateur. On y rencontre des combinaisons parfois enfantines soumises à l'appréciation du Comité.

Nous avons en outre retrouvé un manuscrit de la main de Jean-François Romme, le Bénédictin, qui, utilisant les loisirs que la République lui avait faits, avait composé un traité sur le calendrier, les fêtes et les mœurs à Athènes et à Rome, traité dont son frère utilisa peut-être les savantes recherches.

CHAPITRE X

Romme en délégation. — Chute des Girondins. — Arrestation de Romme à
Caen. — La Société des *Carabots*. — La Terreur. — Fanatisme politique
et irréligieux. — Fête et culte de la *Raison*. — Romme, président de la
Convention. — Exécution de Rollet d'Avaux. — Romme aux Jacobins. —
Le 9 thermidor. — Montagnards et Thermidoriens. — Procès de Carrier.
— Mariage de Romme.

I

Par son décret du 30 avril 1793, la Convention avait
formé onze divisions militaires pour résister à l'ennemi du
dedans et du dehors. Une de ces divisions composait l'armée
des côtes de Cherbourg, dont Bayeux était le centre de
rayonnement.

Romme fut envoyé en qualité de Commissaire à l'armée
de Cherbourg, avec ses collègues Prieur de la Marne, Le
Cointre et Prieur de la Côte-d'Or.

Il partit presqu'aussitôt pour rejoindre son poste, car son
passe-port est daté du 6 mai.

Les représentants en mission, bien que revêtus ordinairement d'un mandat spécial avec but déterminé, exerçaient
en réalité un pouvoir des plus étendus. Ils s'occupaient,
partout où ils passaient, de diriger l'esprit public, d'activer
ou de modérer le zèle des municipalités et des directoires,
de surveiller et de destituer au besoin les plus hauts fonc-

tionnaires. Ils disposaient arbitrairement de la liberté des citoyens, donnaient des ordres aux officiers généraux, personnifiaient en un mot la souveraineté de l'Assemblée.

Souvent impuissants pour le bien, ils étaient du moins tout puissants pour le mal. Les annales révolutionnaires de nos provinces sont, à chaque page, souillées de la fange et du sang remués à pleine main par ces proconsuls cruels et lubriques déchaînés sur quelques-uns de nos départements comme un fléau dévastateur.

Dans les missions confiées à Romme, disons-le à sa louange, on n'eut à lui reprocher personnellement aucun de ces actes sanguinaires dont les suppôts de l'horrible régime de la Terreur, époque de deuils et de crimes, épouvantèrent la France. Ami ardent de l'égalité auxiliaire obligé de la liberté, il ne s'écarta pas un instant de ces principes tutélaires et l'on aime à voir son zèle, souvent infécond, mais toujours en éveil, prendre pour objectif l'intérêt général, le bien public, mais jamais la haine, la cupidité ou la vengeance.

Les délégués s'installèrent à Bayeux, dès le 13 mai, dans la maison nationale ci-devant de la *Charité,* sans autre apparat qu'une garde citoyenne.

L'armée du Nord s'étendant de Dunkerque à Maubeuge et celle de Cherbourg de Saint-Malo à l'Authie, ils avaient sous leur surveillance un territoire considérable comprenant les cinq départements de la Manche, du Calvados, de l'Orne, de l'Eure et de la Seine-Inférieure, c'est-à-dire le territoire de la ci-devant Normandie.

Ils se mirent de suite en rapport avec les administrations des districts, les directoires, les maires et officiers municipaux, les comités de surveillance, les procureurs généraux syndics, les directeurs de poste des départements.

Ils entrèrent en relation avec les sociétés populaires : la Société des *Amis de la République* de Falaise, la *Société Populaire* de Bayeux, celle de Caen, la *Société des Carabots* de la même commune, la *Société Républicaine* d'Alençon. Ils disaient à ces sociétés : « Nous espérons que, durant le séjour que nous devons faire sur vos côtes, nous aurons de fréquentes occasions de correspondre avec vous pour le salut de la patrie. La Convention Nationale nous en a fait un devoir et nous le remplirons avec d'autant plus de plaisir que, membres nous-mêmes des sociétés populaires depuis leur naissance, nous les avons considérées comme les sentinelles de la liberté qui peut-être aurait été déjà exposée sans leur infatigable surveillance. »

Leur préoccupation se portait sur les fortifications, sur les approvisionnements des côtes, sur l'organisation et le cantonnement de l'armée. Ils s'en occupaient comme des hommes du métier avec Félix de Wimpfen, général en chef, Joseph de Puisaye, adjudant général, et Millin-Grandmaison, commissaire ordonnateur des guerres.

Ils correspondaient avec les conseils de santé, les commissaires de la trésorerie, le directeur des subsistances, le ministre de la guerre et le comité des Finances. Ils veillaient à la rentrée des militaires en congé, aux achats de chevaux, de munitions, d'effets de campement et d'habillement, en un mot aux mille détails nécessaires à la formation d'un corps de troupes de vingt-cinq à trente mille hommes.

Les représentants parcouraient les cinq départements, se portant partout où leur présence pouvait être nécessaire, surveillant le patriotisme de chacun, s'enquérant des besoins, ne dédaignant même pas de s'occuper des questions particulières. Ici, c'étaient des veuves ou des femmes de militaires dont il fallait soulager la misère; ici des soupçons à éclair-

cir, là des dénonciations à instruire. A Argentan, des troubles s'étaient produits à propos du recrutement. A Ozeville,
les officiers municipaux étaient signalés comme contre-
révolutionnaires ; partout des citoyens se faisaient réformer
qui touchaient néanmoins la gratification de campagne.

Les commissaires avaient l'œil à tout. S'ils félicitaient le
brave Duplessis, le vainqueur de Fyerk, ils s'enquéraient du
prêtre Carantilly, du général La Bourdonnaye, des citoyens
capitaines Thomas, Louvet et Daniel, soupçonnés de vouloir
suivre Dumouriez dans sa défection. Malversations, infidé-
lités, questions techniques même étaient par eux examinées
avec le plus grand soin.

Ils transmettaient régulièrement au comité de Salut public
leurs impressions sur les événements en même temps que le
texte de leurs proclamations et de leurs arrêtés. Nous possédons le registre contenant le relevé, du 9 mai au 1er juin,
de tous les actes et écrits des commissaires délégués.

Ajoutons que, s'ils étaient en rapport avec le comité de
Correspondance de l'Assemblée, ils l'étaient aussi avec celui
de la Société des Jacobins, auquel ils réclamaient les nouvelles, les journaux et surtout la note exacte de l'opinion.

Ce dernier point avait au moment actuel une importance
extrême.

La lutte venait en effet d'éclater, furieuse et implacable,
entre les modérés et les exaltés de la Convention. On déteste
plus ceux qui se séparent de notre camp que ceux qui nous
combattent. La république s'apprêtait avec délices à dévorer
ses propres enfants, à immoler ses fondateurs.

Depuis longtemps déjà la Montagne accusait publiquement
les Girondins d'être des députés infidèles, comme tous les
membres de tous les côtés droits, et d'abuser de leur mandat
pour perdre la liberté.

Robespierre et Danton avaient longuement développé contre eux un artificieux tissu de calomnies et, sous leur impulsion, des pétitions s'étaient organisées dans les sections de Paris, demandant l'expulsion des principaux membres du parti. Un moment le talent de Vergniaud retourna l'accusation contre les Jacobins et provoqua l'arrestation de Marat. Mais le triomphe fut passager. Marat, acquitté à l'unanimité par le tribunal révolutionnaire, reparut à son banc, porté en triomphe.

Il importait cette fois d'étouffer à tout jamais les derniers cris des *crapauds du Marais*. L'insurrection, mieux dirigée, atteignit le but désiré, et le 2 juin, la Montagne, après les scènes les plus tumultueuses, ordonna la purgation du Parlement, c'est-à-dire l'arrestation immédiate de vingt-deux Girondins plus spécialement suspectés : Brissot, Guadet, Vergniaud, Gensonné, Péthion, Buzot, Barbaroux, Roland, Lebrun, Clavière.....

Quelques-uns de ces députés refusèrent de se soustraire à la décision dont ils étaient l'objet et demeurèrent prisonniers. D'autres résolurent, au contraire, de se réfugier dans les campagnes pour y surexciter l'opinion.

Cela paraissait aisé, car les campagnes ne dissimulaient pas leur mécontentement. La province ne pensait pas au même diapason que les Jacobins. Elle voyait avec effroi les excès et partageait les sentiments de la plaine. Elle croyait apercevoir dans la faction dominante, derrière l'exagération révolutionnaire, l'ambition de dominer la France entière. Soixante-dix départements désapprouvaient ouvertement, d'autres gardaient un silence improbateur et menaçant.

Buzot, Gorsas et Péthion se réfugièrent en Normandie et Caen fut désigné comme un centre admirablement choisi pour une fédération contre l'Assemblée oppressive. Ce fut dans cette ville, située au confluent de l'Odon et de l'Orne, que se forma la *Ligue centrale* de résistance. Le général de Wimpfen accepta d'elle le titre de commandant de l'armée départementale. L'Eure et le Calvados décidèrent la levée d'une force de 4,000 hommes pour marcher sur Paris.

Romme se trouvait en tournée à Caen avec son collègue, Prieur de la Côte-d'Or, quand parvint la nouvelle de la proscription des Girondins. On savait qu'ils appartenaient à la faction des proscripteurs. Le premier acte des fédérés fut donc de s'en emparer et de les enfermer comme otages dans l'enceinte du château de Caen. On eut d'ailleurs pour leurs personnes de nombreux égards. Conséquent avec ses principes, les poussant même jusqu'à la forfanterie, Romme ne se montra pas étonné de son arrestation. Un de ceux qui l'avaient fait incarcérer lui ayant demandé s'il croyait son arrestation légitime, il répondit affirmativement et déclara qu'il la trouvait conforme à la souveraineté du peuple et à la Déclaration des Droits « *parce que les citoyens du Calvados ayant pu croire qu'ils étaient opprimés avaient eu le droit de s'insurger.* »

Le 12 juin, le ministre de la guerre transmit à la Chambre une lettre du général Wimpfen l'informant de la détention des deux députés, ordonnée par les corps administratifs sur l'initiative des sociétés populaires.

A la lecture de cette lettre une scène violente éclata à la Convention. Danton, Couthon, Cambon, Lacroix, montèrent successivement à la tribune. On réclamait l'emprisonnement préventif des députés du Calvados pour servir de contre-otages. Gossin insinua que Romme avait écrit à la municipalité une lettre sous l'empire de la crainte ; Cambon lui répondit au contraire : « *Vous vous trompez ; Romme serait libre au milieu de toutes les bouches à feu de l'Europe.* » En résumé, l'Assemblée rendit un décret d'arrestation contre tous les fonctionnaires qui auraient contribué à la mesure de rigueur prise contre les représentants du peuple.

La Convention était forte, énergique, résolue; les fédéralistes étaient mal équipés, indécis, conduits par des généraux gênés dans leur allure par suite de leur royalisme déguisé. La partie n'était donc pas égale et l'avortement du soulèvement girondin était fatal.

Après quelques engagements sans importance les fédérés firent leur soumission.

Les députés, détenus depuis cinquante jours, furent rendus à la liberté avec la solennité due à la représentation nationale trop longtemps outragée. Ils défilèrent au bruit des salves d'artillerie, au milieu de l'affluence des autorités civiles et militaires. Les corps administratif et judiciaire adressèrent à la Convention un message d'excuses sur le mouvement d'effervescence dont le Calvados, mal conseillé, s'était ressenti.

Romme et Prieur demandèrent aussitôt leur rappel. Couthon arriva à Caen et commença les réprésailles par l'arrestation de la femme de Péthion, arrestation que Meilhan a mise à tort à la charge de Romme.

Ce dernier fit dissoudre la Société des Carabots qui paralysait par ses délibérations les autorités constituées.

Et tout rentra dans l'ordre..... comme à Varsovie.

Les Girondins réfugiés à Caen avaient échoué dans leur entreprise. — Mais leur présence avait suscité Charlotte Corday.

II

De retour à Paris après la destruction du girondisme, Romme reprit sa place au faîte de la Montagne. Il croyait plus que jamais au triomphe de ses idées républicaines.

En inventant la *Terreur,* les patriotes croyaient avoir ingénieusement improvisé la foudre. La Constitution de 93 fut proclamée, constitution fameuse, sortie, selon Barrère, de la montagne sainte, comme les Tables de Moïse, au milieu des nuages et des éclairs.

Durant une année entière le Jacobinisme allait fonder à outrance la liberté sur les cadavres amoncelés de Marie-Antoinette, d'Elisabeth, des Girondins, de Malesherbes, de Lavoisier, d'André Chénier et de milliers d'autres victimes.

La loi des suspects, la guillotine en permanence, les mitraillades, les noyades allaient devenir, aux yeux des fanatisés, non pas l'échevellement d'une orgie de cannibales, mais de simples *mesures salutaires,* grâces auxquelles la France conserverait *la pureté de sa foi politique.*

Romme s'exalte à froid et devient féroce par contagion. Il demande contre un de ses collègues, le député Robert, l'application de la loi sur les accapareurs, c'est-à-dire la mort, pour avoir fait des approvisionnements de rhum. « *Rhum* ou *Rack,* dit-il, tout cela est de l'eau-de-vie perfectionnée. Peu importe que le rhum n'ait pas été prévu par la loi, peu importe que la Convention elle même n'ait pas songé à cette assimilation, *une condamnation capitale n'en fera pas moins honneur à votre sévérité législative.* »

Il dénonce également les liquidateurs de la liste civile qui ne mettent pas assez d'ardeur à l'apurement des droits des gagistes malheureux.

Il s'oppose à l'admission du suppléant Chabot de l'Allier, *suspecté de royalisme,* une simple suspicion étant déjà une insulte à la souveraineté du peuple.

En revanche, il obtient pour la hideuse dépouille de **Marat** les honneurs du Panthéon. Les restes de ce monstre vont remplacer ceux de Mirabeau. Bientôt, il est vrai, l'opinion aura marché ; Marat ne sera plus assez saint, ni Mirabeau assez coupable pour tant d'honneur et d'ignominie.

Enfin, en haine de la foi du moyen-âge, de celle qui vivifiait encore sa vieille mère, il se jette tête baissée dans le mouvement anti-catholique que les Jacobins allaient accentuer par la proclamation du sacrilége national.

Après avoir en effet donné des preuves aussi multipliées qu'indiscutables de sa *tolérance civique,* la Montagne éprouvait à cette heure le désir d'affirmer d'une même façon sa *tolérance religieuse.* Elle en avait déjà fourni des témoignages non équivoques en favorisant le mariage des prêtres, en provoquant l'abdication des ministres du culte, en prônant les transfuges du sanctuaire et leurs éclatantes apostasies. Elle fit mieux encore ; elle abolit solennellement le culte chrétien qui formait un choquant contraste avec les institutions et les mœurs nouvelles, elle proscrivit les signes extérieurs, dépouilla les églises, poursuivit la tradition jusque dans les sépulcres. On vit dans les cimetières les bras de la croix remplacés par une statue du sommeil éternel ; au sein des carrefours les niches de la Vierge se garnirent des bustes de Marat ou de Lepelletier.

Enfin, à la place de toutes les vieilleries sacerdotales on imposa un dogme nouveau : celui de *la Raison substituée aux préjugés.* La multitude grossière se sentait plus à l'aise avec une adoration abstraite ; elle se croyait délivrée de tout devoir en se sentant délivrée de Dieu.

Clootz et Gobel furent les grands prêtres de ce nouveau culte ; Chaumette et Laïs, acteur de l'Opéra, s'en firent les sacrificateurs ; Mlle Maillard, Mme Momoro en devinrent les idoles. David d'ailleurs n'était-il pas là, David, le futur baron de l'Empire, pour jouer le rôle de grand-maître des cérémonies.

Le 20 brumaire (10 novembre 94) la déesse de la *Raison,* conduite par Chaumette, arrive à l'Assemblée. Des choristes chantent les airs chéris de la Révolution. Un groupe de prostituées vêtues de blanc, ceintes d'un ruban tricolore, la tête ornée de fleurs, forme le cortége. La prêtresse s'avance, portée par quatre hommes, sur un palanquin orné de guirlandes de chêne. Ses pieds sont chaussés du cothurne, sa chevelure est surmontée du bonnet phrygien, sa main porte une pique, une simple tunique blanche, recouverte d'une clamyde flottante de couleur azurée, cache sa nudité.

Soulevé par l'émotion d'un aussi magique spectacle, opéra populaire transporté du théâtre à l'Assemblée, Romme s'élance à la tribune et demande que la Déesse prenne place à côté du président et en reçoive le baiser fraternel. Ce qui s'exécute.

Le président se nommait Laloi — et il était borgne.

Quelques jours plus tard, le 1er frimaire, Gilbert Romme, fils du procureur de Riom, Romme l'ancien précepteur fut élu président de la Convention.

Cependant les organisateurs des grotesques exhibitions de la *Raison* avaient été déconcertés par le silence farouche que Robespierre avait gardé durant la scène scandaleuse qui venait de se produire au sein de l'Assemblée. Ils le furent bien plus encore quand ils l'entendirent s'élever avec véhémence contre toutes ces insanités athéistes, déclarer que l'on voulait *attacher les grelots de la folie au sceptre même de la philosophie,* proclamer l'existence de l'*Etre suprême* et de l'immortalité de l'âme, se déchaîner éloquemment contre les encyclopédistes qui n'avaient su remplacer la superstition que par le néant des croyances. Leur consternation fut à son comble quand ils le virent frapper d'anathème le nouveau culte et frapper de la hache les apôtres qui l'avaient prêché.

Dès lors ces farces indécentes cessèrent et Romme, qui voyait que ces mesures de proscription le touchaient de près, garda un prudent silence.

Son effacement fut même si complet, qu'à sa honte éternelle, il n'existe aucune trace d'une démarche, même lointaine et platonique, tentée par lui en faveur de deux de ses compatriotes qui avaient été ses protecteurs et ses amis. M. et Mme Rollet d'Avaux furent conduits à l'échafaud le 24 floréal (15 mai 94).

Le mari était accablé par l'âge et par les infirmités. Sa femme, qui avait obtenu de rester avec lui, l'amena dans l'avant greffe en le tenant par la main. En entrant, il lui dit: *Où me conduisez-vous?* Elle lui répondit : *En paradis!* L'ancien président qui avait mis sa main dans celle du jeune homme inexpérimenté, sans avenir et sans fortune, le savant numismate qui avait entretenu avec lui de scientifiques effusions, l'homme du monde qui l'avait maintes fois accueilli dans sa retraite auprès de sa noble compagne, succomba inoffensif et isolé sans qu'un frisson de sympathie ou de pitié eût gercé la glace de l'impassible conventionnel (1).

---

(1) M. Tailhand, neveu de Romme, témoigna, dit-on, cependant un réel intérêt aux deux héroïques martyrs.

Ajoutons toutefois à la décharge d'une aussi noire ingratitude et d'une aussi stupéfiante sécheresse de cœur, qu'à la date du 24 floréal toutes les existences étaient courbées sous l'anxiété et la crainte. Les têtes tombaient comme des ardoises. La sympathie était un crime suffisant pour amener un numéro fatal à la loterie du billot. Danton, Camille Desmoulins, Hérault de Séchelles, Fabre d'Eglantine, Chabot, Bazire, les plus hautes gerbes de la Convention, étaient offertes en holocauste à cette *messe rouge* que Sanson célébrait chaque jour. Nul ne savait s'il ne serait pas lui-même le lendemain une des victimes expiatoires.

Le meilleur était de se mettre à l'abri derrière les sociétés populaires et surtout derrière la société des *Amis de la Liberté et de l'Egalité*, car toute la révolution passait par là.

Depuis que le club des Jacobins avait fait taire le côté droit de l'Assemblée et fait prédominer le système d'une énergie sans borne, sa puissance d'action avait encore grandi et sa volonté s'imposait à tous et en tout. Pour accroître son relief et son renom de puritanisme, il décida de soumettre tous ses membres à un scrutin épuratoire, — sélection des purs par les purs. C'était là une délicate épreuve, car le vote de rejet était un vote d'ostracisme ou de défiance dont à pareille époque il était aisé de calculer le résultat final.

La discussion s'ouvrit sur le nom de Gilbert Romme, et voici ce que nous lisons dans le *Moniteur* au compte-rendu de la séance des Jacobins du 29 frimaire an II :

« Romme indique que, né à Arles, fils de médecin, il était destiné à devenir chanoine et était déjà accablé de bénéfices lorsque, à vingt-neuf ans, il renonça à ses bénéfices pour aller en Amérique. Là il quitta les hommes pour bâtir

une cabane parmi les sauvages avec une négresse, sa compagne plutôt que son esclave, qu'il a encore dans sa maison... — Et il est admis sur ces indications. »

Mais il y a incontestablement dans ce récit une erreur de
nom échappée à la feuille officielle, car un pareil roman, en
contradiction flagrante avec le caractère et la véracité de
Romme, eût constitué pour lui un réel danger par la constatation même de son mensonge.

Quoi qu'il en soit, Romme sortit vainqueur du scrutin
épuratoire : son diplôme est signé par Albitte. Et il continua à siéger dans ce club où il fit presque de l'opposition
à la Convention. Lorsque l'Assemblée voulut empêcher la
fédération des Jacobins en leur interdisant une correspondance *directe* avec les sociétés affiliées de province, Romme
tourna la difficulté. Il fit décider que l'on consignerait les
décisions de la société dans l'*Ami du Peuple* dont les numéros seraient adressés en province, ce qui ne constituerait qu'une correspondance *indirecte*.

III

Depuis quelque temps la division régnait à la Montagne
qui, demeurée seule au pouvoir, s'était fractionnée comme
cela arrive souvent aux partis vainqueurs. L'unité de vues
et d'aspirations lui faisait défaut et, semblable à l'aiguille
aimantée pendant l'orage, sa boussole politique était affolée
au milieu du délire des exécutions.

On l'avait vu se diviser d'abord en Hébertistes et en Dantonistes, puis en Dantonistes et en partisans des comités,

puis enfin, sur les cadavres des Hébertistes et des Dantonistes, le triumvirat de Saint-Just, Couthon et Robespierre
s'était assis, prêt à laisser la place à la suprématie définitive de ce dernier s'il savait saisir le moment.

La fête de l'*Etre suprême*, 20 prairial, devait être l'heure
du triomphe de Robespierre, elle fut le signal de sa perte.
Quand il mit le feu aux monstres de l'*Athéisme*, de la *Discorde* et de l'*Egoïsme*, il ne surgit de leurs cendres qu'une
statue de la *Sagesse* enfumée et noircie, mauvais présage.
Il pontifia avec tant d'arrogance, offusqua ses collègues par
tant d'orgueil que les mots de *roche Tarpéienne* et de *nouveaux Brutus* s'échappèrent des lèvres menaçantes.

Robespierre ne sut pas oser ou n'osa pas vouloir. Il
hésita. Et l'heureuse catastrophe du 9 thermidor vint permettre à la France de respirer plus librement.

Le régime de la Terreur semblait fini avec Robespierre
tant il en avait assumé sur lui toute l'horreur. Sa chute
terminait la marche ascendante de la révolution pour commencer sa marche rétrograde. Catilina n'était plus.

Dès le premier moment les prisons s'entr'ouvrirent; on
élargit les suspects ; Hoche, Mme Tallien, Mme de Bonchamp
recouvrèrent la liberté; de nombreuses victimes furent
soustraites à l'inquisition des comités révolutionnaires ; les
Girondins échappés à l'échafaud purent rentrer à l'Assemblée. Mais dès le premier moment aussi l'indignation publique souleva l'opinion contre les principaux agents de la
dernière dictature; on s'aperçut que Fouquier-Tinville,
Collot-d'Herbois, Barrère, Lebon étaient des monstruosités
de l'espèce humaine déshonorant même la république.

Cependant la Montagne n'avait pas péri avec Robespierre. Elle avait bien consenti à frapper un Cromwel naissant, mais elle n'entendait pas affaiblir l'énergie du gouver-

nement. Elle tenait en défiance les Thermidoriens dont elle ne se dissimulait pas les instincts réacteurs et pesait de tout son poids et de tout celui des Jacobins pour maintenir les mesures de rigueur.

Aussi son exaspération fut-elle extrême quand à son tour Carrier, le proconsul de Nantes, fut décrété d'accusation.

Carrier n'était pas une opinion, mais un instinct dépravé. Naturellement féroce comme les fauves des montagnes d'Auvergne où il était né, il avait cherché dans le martyrologe des premiers chrétiens et dans la dépravation de l'empire romain des supplices à rajeunir et des raffinements de mort à surpasser. Il avait inventé des tortures et des obscénités pour satisfaire son imagination hystérique.

Les Jacobins voulurent lui faire un rempart de leurs corps et Romme faillit se perdre en voulant le sauver. Il fulmina contre l'arrestation provisoire du proconsul, incriminant même la conduite du comité à propos de cette mesure de prudence.

Une commission de vingt et un conventionnels fut chargée de l'examen des pièces du procès. Romme en était le rapporteur. Il fit tout ce qu'il put pour atténuer les crimes de son collègue. Il le montra aux prises avec les plus terribles nécessités et rejeta la plupart des imputations sur ses accusateurs, les *brigands de la Vendée*.

Quoique rapporteur, il renouvela ses efforts à la tribune. D'un mot, Carrier avait rendu l'Assemblée complice de ses forfaits : « *Tout est coupable ici*, avait-il dit, *tout, jusqu'à la sonnette du président.* » Romme prit la parole après Carrier, malgré l'épouvantable isolement qui se formait autour de son client. Il critiqua avec amertume les dénonciations provoquées ou mendiées d'après lui, il s'attaqua presque à la commission au nom de laquelle il parlait. Ses paroles soulevèrent un orage. « *Tu te conduis lâchement,* » lui cria Pierret. Enfin, s'apercevant de l'abîme ouvert sous ses pas, il vota néanmoins pour la mise en accusation avec cet amendement que l'on poursuivrait aussi ceux qui auraient fait des dénonciations calomnieuses.

Dans la circonstance présente, Romme avait manqué de sang-froid et s'était départi de sa réserve habituelle. Le philosophe avait vu sans peine disparaître le destructeur du culte de la *Raison* et de la secte philosophique ; mais il craignait par dessus tout de voir s'amoindrir, sous l'influence des factions réactionnaires, les conquêtes réalisées par le peuple. C'est ce que Louis Blanc a appelé : « *Veiller sur l'héritage des vertus fortes* » dans une de ces phrases perfides qui masquent l'apologie de tous les excès. En voyant traquer les terroristes et élargir les suspects, il eut peur pour la révolution.

Car si Romme fut un des stoïciens de la Terreur, il fut surtout un des socialistes du temps.

Mais l'homme privé était resté le même que nous l'avons connu.

Caractère estimable et morose, il avait les exigences de la faiblesse. Sa vie portait le témoignage du désintéressement de ses pensées. Nul ne menait une existence plus recueillie et plus modeste. Sa pauvreté était méritoire parce qu'elle était volontaire. Ses habitudes étaient celles d'un simple artisan. Il logeait dans une maison de la rue Neuve du Luxembourg qui avait une apparence presque rustique.

A l'heure d'une de ces oscillations qu'éprouve l'esprit humain, lui, le célibataire invétéré, qui broya toujours son cœur dans un étau de crainte de le sentir battre, rêva d'animer sa solitude, d'y créer un foyer, d'y faire naître une famille. Et c'était alors que tous les liens sociaux se détendaient, que les affections se dénouaient chaque jour dans la mort, que la pensée d'un éternel isolement commença à peser sur son âme. Qui sait si le pressentiment d'une fin prématurée n'amollissait pas en lui les fibres du sentiment !

Quoi qu'il en soit, il voulut du moins démocratiser l'union conjugale et sans-culottiser l'amour.

Il demanda à sa section de lui désigner la veuve d'un défenseur de la patrie, mort sans enfants, afin d'en faire sa compagne ; et la section lui indiqua *Marie-Magdeleine Chaulin*, née le 17 mars 1770, à Carrouge, département de l'Orne, de Marie Louvé et de Jean Chaulin. Son premier époux était resté sur un des champs de bataille de la république.

Romme habita avec elle du 27 vendémiaire au 18 ventôse an III, sans être marié. L'union libre dans l'état libre. Il l'avait prise à la mode républicaine, *un jour de beau temps, à la face du soleil*. Le 18 ventôse an III (8 mars 1795), il l'épousa à Paris pour donner un nom à l'enfant qu'elle portait dans son sein.

L'insurrection qui s'avançait menaçante allait servir d'épithalame à la jeune épouse et l'échafaud donner un baptême de sang à son enfant.

Ce ne fut que le 26 floréal que l'ex-bénédictin écrivit à son frère pour le féliciter de son établissement et souhaiter toute sorte de bonheur à sa chère compagne. Il n'était que temps.

CHAPITRE XI

Sédition de la faim. — Le 1er prairial an III. — Envahissement et délivrance de la Convention. — Attitude de la Montagne. — Vengeance. — Défilé des dénonciateurs. — Romme et Soubrany sont arrêtés. — Un Romain du temps de Fabricius.

I

Cependant il semblait impossible que les Jacobins pussent se contenir plus longtemps. Chaque arrestation de terroriste était une goutte de fiel qui s'ajoutait à un vase d'amertume. Le lion n'est pas mort quand il sommeille, disaient-ils, et à son réveil il exterminera ses ennemis.

Les vieux Montagnards, voyant, dans leur hallucination, surgir de toute part le fantôme de l'aristocratie qu'ils croyaient avoir couché à jamais dans la tombe, se montraient avides de resaisir le pouvoir qui leur avait échappé au 9 thermidor. Suivant l'exemple des partis battus, ils se servaient des maux publics comme d'autant d'arguments contre la prétendue conspiration royaliste, leur perpétuel cauchemar.

Et en réalité une souffrance cruelle minait les classes populaires et contrastait avec le réveil des spectacles et la réouverture des salons. L'hiver de l'an III fut un des plus rigoureux du siècle. S'il nous avait permis de traverser à pied les fleuves et les bras de mer de la Hollande, il condamnait en revanche le peuple des villes et des campagnes à de terribles angoisses.

Paris, le pied de la nécessité sur la gorge, vivait de longues journées de désespoir, étreint par la misère âpre et livide, râlant, mourant de faim, sans industrie, sans négoce. Disette de subsistances, disette de combustible, dépréciation des assignats, agiotage, tout contribuait à envenimer les ressentiments.

La crise alimentaire surtout éclatait à l'état aigu. Les vivres étaient si rares que Boissy d'Anglas proposa de réduire les Parisiens à la ration d'une livre par jour et par tête. Romme, à l'affût de la popularité comme ses collègues, demanda de porter la ration à une livre et demie pour les ouvriers, parce que les riches pouvaient se procurer des légumes et de la viande, tandis que les travailleurs pouvaient à peine se procurer du pain. « On admit cette proposition, dit M. Thiers, et les Thermidoriens regrettèrent de ne l'avoir pas faite eux-mêmes pour se donner l'appui du peuple et le retirer à la Montagne. »

Un poids immense d'anxiété semblait peser sur la capitale. La fermentation était extrême dans les faubourgs. Des groupes de citoyens se dégageait cette électricité magnétique qui précède les journées caniculaires de l'émeute. La sédition était dans l'air et, le 12 germinal, une première tentative, avortée faute d'organisation, avait été faite par les sections pour s'emparer des pouvoirs publics.

Par un audacieux défi la majorité venait de dissoudre le fameux club des Jacobins; les cendres de son idole, de l'exécrable Marat, avaient été arrachées au Panthéon qu'elles souillaient et jetées à la voirie. On prétendait ainsi museler les bêtes féroces, griller la ménagerie, l'antre où s'agitait la queue de Robespierre. La déclaration de guerre entre les deux partis rivaux était donc aussi formelle que sauvage. Les uns regrettaient, les autres jouissaient ; les Thermidoriens se montraient arrogants dans leur triomphe, les Montagnards assombris mais non découragés.

C'est au milieu de ces conjonctures que le peuple de Paris se souleva et qu'éclata la sédition de la faim.

Le 1er prairial an III (20 mai 1795), la Convention était en séance. Vers les dix heures du matin la populace afflue vers les abords de l'Assemblée : *Du pain et la Constitution de 93*, réclament toutes les bouches. La foule hurlante, déguenillée et farouche, armée de piques et de fusils, de maillets et de mousquets, en carmagnoles et en haillons, s'augmente de minute en minute jetant les glapissements de la colère ou de la souffrance. On chante les airs patriotiques ; on chante surtout le *Réveil du Peuple*. Les murailles se couvrent de placards. Les chapeaux portent le mot famélique de ralliement : *Du pain*.

Les députés mornes et anxieux attendaient sur leurs bancs l'explosion de l'orage.

Soudain les ais de la porte crient, les plâtras tombent, le flot humain pénètre, la mêlée s'engage. Un général se précipite avec une escorte de fusiliers munis de fouets de poste pour expulser des tribunes les furies et les tricoteuses. Mais la foule revient à la charge ; le salon de la Liberté est emporté par les assaillants ; le torrent s'enfle, déborde, s'étend jusque sur les banquettes de l'Assemblée avec le bruissement, l'entraînement et l'éclat stupéfiant des grandes éruptions.

L'envahissement s'était fait aux cris de : *Vive la Montagne, vive les Jacobins.*

Ces clameurs compromettaient gratuitement des députés étrangers aux excès qui se produisaient et qui n'avaient été pour l'insurrection que des complices platoniques. A tort on eût voulu relier à la Montagne les fils de la conjuration. En masse les Jacobins n'avaient donné aux agitateurs populaires que les encouragements résultant de leur hostilité d'opinions ; ils n'avaient pas été avertis du mouvement et ne l'avaient appris que par les tintements du tocsin. Peut-être même se fussent-ils défiés, craignant, derrière une démonstration factice, de rencontrer un piége tendu aux patriotes.

Romme était resté chez lui jusqu'à dix heures, revenant de Meudon. Il avait entendu battre la générale et avait pensé que la garde nationale se rendait aux sections. Il était allé au bureau de la Trésorerie et de là au comité des Travaux Publics où le but de l'agitation lui avait été révélé. Aussitôt après il s'était rendu à son poste qu'il ne devait plus quitter.

De son côté Soubrany lisait et étudiait dans son appartement de la rue Honoré sans se douter de ce qui se passait, quand l'effervescence populaire lui fit comprendre que le devoir l'appelait à son banc comme le signal de la bataille appelle le soldat à son rang.

Ils étaient accourus tous les deux, se demandant si la république allait finir ou si allait sonner la dernière heure de la réaction.

Cependant les députés montagnards, en face de ce mouvement montagnard, à raison même des acclamations dont ils étaient l'objet, se trouvaient contraints de couvrir l'Assemblée de leur popularité. Eux seuls peut-être pouvaient la sauver de la fureur des Tantales qui la menaçaient. Ils étaient là, debout, prêts à monter à la tribune. Leurs traits pâlis, leur teint plombé, leur tristesse résignée les faisaient distinguer sur les hauts gradins.

Banquettes, issues, tribunes regorgeaient d'un flot menaçant, de femmes échevelées. La lutte continuait sanglante au milieu des tambours qui battaient, de la populace qui trépignait, des ouvriers qui péroraient.

Un député, Féraud, ivre de dévouement, fait face à l'émeute. Sa voix se fait jour dans la rafale, conjurant le peuple de respecter les élus du peuple, de ne pas avilir la représentation nationale. Supplications héroïques mais superflues! Un coup de feu se fait entendre; Féraud tombe baigné dans son sang.

Aspasie Carle Migelli est au premier rang des énergumènes un couteau à la main. Jolie à charmer, elle avait poussé la férocité jusqu'à dénoncer sa mère. Elle cherche à frapper Camboulas qui a beaucoup de peine à se soustraire à ses atteintes. Elle danse autour du corps de Féraud et le frappe avec ses galoches. La tête du cadavre est bientôt détachée « *comme une rave* » et portée en trophée au bout d'une pique.

Scène épouvantable durant laquelle les députés, amis et adversaires, groupés au hasard, blêmes, égarés, respirent à peine un air imprégné de vapeurs nauséabondes, de chaleur et de poussière.

Il est sept heures du soir, la nuit approche.

Romme veut prendre la parole, il ne le peut. Ce n'est plus l'assemblée mais le peuple qui commande. Un patriote propose de faire descendre les représentants des hautes banquettes et de les faire délibérer. On les parque sous la tribune, comme un troupeau : une sorte de discussion s'organise. On convient que le peuple restera couvert et que

les représentants lèveront leur chapeau pour approuver les
motions et pour voter.

Après six heures de la plus affreuse cohue et dans l'espoir
d'apaiser l'agitation en faisant adopter quelques-unes des
mesures réclamées par le peuple, Romme se jette dans la
fournaise. Advienne que pourra, son dévouement peut lui
coûter cher, mais il ne pense pas au lendemain. Profitant
d'une accalmie de la foule, lasse de hurler, il présente une
motion. L'heure est solennelle pour lui, pour ses amis, pour
la Convention. Il demande que l'Assemblée décrète l'élar-
gissement immédiat de tous les patriotes arrêtés au 12 ger-
ginal. Duroy appuie sa proposition. Puis comme les femmes
répètent toujours : *du pain*, il s'écrie qu'en effet il n'y a de
pain que pour les assignats et pas pour l'indigence ; qu'il ne
faut plus tolérer la fabrication des pâtés et des brioches,
qu'il ne faut qu'une seule espèce de pain et qu'il importe
que des visites domiciliaires soient commencées à l'instant
pour rechercher et recenser les farines. On applaudit.

Bourbotte réclame l'arrestation des folliculaires vendus
à la réaction « qui traînent dans la boue ceux qui ont défendu la liberté. » Duquesnoy fait ironiquement remarquer
à ce propos que si la tribune des ambassadeurs étrangers
est au complet, les loges des journalistes sont presque désertes.

Goujon propose la nomination d'une commission extraordinaire chargée de faire exécuter les volontés du peuple et,
comme corollaire, la suspension des Comités du gouvernement entachés de royalisme. Depuis le matin, d'ailleurs,
les Comités demeuraient dans une inaction inexplicable ;
leur apparente éclipse permettait de supposer qu'il n'y avait
plus de gouvernement.

La proposition de Goujon est acclamée ; Duquesnoy,

Prieur de la Marne, Bourbotte et Duroy sont proclamés membres du nouveau comité de Sûreté générale. Ils promettent de remplir leur mission sans défaillir.

Mille motions s'entre-croisent. Albitte aîné, Rhul, Peyssard parlent dans la confusion. On réclame la permanence des sections, l'arrestation des émigrés, les assignats au pair. Toutes ces propositions sont soumises à un semblant de vote, les chapeaux sont levés au milieu d'un tonnerre de hourras ou de huées.

Un faubourien s'écrie que le peuple veut Soubrany pour général de l'armée parisienne et l'on acclame Soubrany. Lui qui était resté étranger au complot, dont en réalité il ne paraît pas s'être soucié, prend pour la première fois la parole. D'une voix mâle et énergique il exhorte ses collègues, insurrectionnellement nommés comme lui, à le suivre et à se prêter à toutes les mesures d'ordre qu'il va prendre pour que les tyrans du 12 germinal ne fassent pas encore une pareille journée. Les aristocrates emportent toujours avec eux dans le parti populaire le sentiment de l'ordre et du commandement, tandis que les anarchistes ne comprennent que la désorganisation.

Soubrany sort avec les autres commissaires pour s'emparer des pouvoirs et des papiers des Comités.

Tout-à-coup ils se heurtent contre un détachement à la tête duquel marchaient trois représentants : Legendre, Auguis et Kervélégan. Le lugubre bruit du pas de charge retentit. Les bataillons s'avancent aux cris de : *Vive la Convention! à bas la Montagne!* Ils balayent la foule, la sabrent, la lardent de coups de baïonnettes. En un clin-d'œil la salle est évacuée.

Minuit sonnait en ce moment à la pendule décimale placée au-dessus du fauteuil du président.

II

L'Assemblée fut quelques moments à se remettre. Puis,
après le calme des sens, la colère se mit à verser ses bouillonnements dans les cœurs. Toutes les bouches criaient
vengeance. La nuit ne serait pas trop longue pour punir les
attentats du jour.

On rapporta les décrets arrachés par la pression de la
démagogie triomphante. Un secrétaire en brûla les minutes.

Puis on chercha des yeux les députés qui avaient pris part
aux discussions durant cette journée terrible. On les guet-
tait comme une proie.

Certes l'historien doit reconnaître que la courageuse initiative des derniers de la Montagne avait sauvé peut-être
la Convention du massacre. Elle avait par une concession
opportune prévenu sans doute une effroyable effusion de
sang.

Mais après la répression du mouvement, une fois le péril
conjuré, l'indignation contre eux n'en fut pas moins furi-
bonde. La peur surexcite toutes les lâchetés.

Immédiatement commença à la tribune le honteux défilé
des dénonciations. C'était à qui jouerait ce rôle odieux.

Bourdon de l'Oise se signala entre tous par son acharnement. Il dénonce Romme, Goujon, Peyssard ci-devant
noble, Soubrany *ci-devant marquis;* Delahaye signale Bourbotte, Albitte et Duroy; Defernon désigne Prieur de la
Marne; Pierret, Thibeaudeau, Dumont, Garran, Lehardy
mêlent leurs fureurs et leurs invectives à cette orgie de
délations.

Il faut frapper les assassins, les buveurs de sang, les
agents de la tyrannie; il faut détruire ces monstres, sans
jugement et sans répit. Qu'on les fusille sur l'heure dans le
salon de la Liberté ou sur la place du Carrousel, vocifèrent
quelques enragés. « Le coup de foudre, phrase Talien, le
rhéteur emphatique, doit partir avec l'éclair qui l'annonce.
Il ne faut pas que le soleil se lève et que les scélérats qui
ont conjuré notre perte existent encore. »

Les Montagnards dénoncés sont sur le champ décrétés
d'arrestation. On refuse de les entendre. Ils sont arrachés
de leurs bancs et traînés à la barre. On appelle Romme qui
ne répond pas, mais Bourdon l'a aperçu et le désigne du
doigt.

Et pendant que les proscrits attendent à la barre, entre
les mains des gendarmes, une décision suprême, ils peuvent
entendre, non sans un ironique étonnement, Bourdon reproduire et l'Assemblée voter les propositions que Romme
avait fait admettre la veille de la fabrication d'une seule
espèce de pain et d'un recensement immédiat des grains et
des farines.

Après être demeuré tout le jour à son poste, Soubrany
était sorti, nous l'avons dit, au moment où la Convention
avait été délivrée. Il s'était souvenu qu'il avait un émigré
caché chez lui et avait voulu l'aviser de se chercher un autre
asile. Il ne se doutait pas cependant que, par un brusque re-
virement, ses amis et lui n'étaient plus que des factieux. Au
moment de rentrer dans la salle des séances, il rencontre
un collègue qui lui dit : Où vas-tu ? Tu es décrété d'arrestation, il faut fuir. — Et Romme ? demanda-t-il. — Il est
au pouvoir des Comités. — C'est bien, reprit Soubrany, je
ne me séparerai pas de lui, j'ai partagé ses opinions, je

partagerai son sort. — Et simplement il entra ; spontanément il descendit à la barre.

Quelques-uns des députés proscrits avaient pu s'échapper.
Romme, Soubrany, Duroy, Bourbotte, Goujon, Duquesnoy
furent remis entre les mains d'une escouade. On les emmenait vers une destination inconnue afin de ne pas laisser de
chefs à l'insurrection.

Ils défilèrent à pied dans les rues de la capitale, et, na-
vrante constatation, le peuple, replié sur lui-même, les regarda passer sans s'émouvoir allant à l'exil, comme quelques
jours plus tard il verrait passer sans sourciller leurs cadavres allant à la Madeleine. Le peuple était sans âme parce
qu'il était sans foi. Il valait bien la peine de mourir pour
lui.

Arrivés au Point-du-Jour, on les entassa dans des chariots
servant au service des hôpitaux, assis sur de la paille, et ils
s'acheminèrent vers leur destinée.

Avant de partir, et sur le bureau même du comité de
Sûreté générale, se voyant perdus, bien perdus, ils avaient
tous adressé à leurs familles quelques lignes, testaments du
cœur, suprême adieu du condamné.

Voici la lettre de Gilbert Romme à sa femme. Nous la
donnons sans commentaire. Elle pourrait être signée
Fabricius :

« 2 prairial an III. — Entre 3 et 4 h. du matin. —
Du Comité de Sûreté générale.

» GILB. ROMME A SA FEMME.

» Ma chère amie, un décret d'arrestation vient d'être rendu contre
moi par la Convention nationale.

» Je te conjure, au nom de la patrie que tu aimes, au nom de l'égalité que j'ai appris à chérir avec toi, au nom de l'enfant que tu portes dans ton sein de ne pas te livrer à l'inquiétude.

» Souviens-toi dans tous les instants que tu te dois à ton enfant, et — quoi qu'il arrive à celui qui avait attaché ses destinées aux tiennes — qu'il reçoive de toi les principes de la plus pure morale et du républicanisme le plus franc.

» Adieu. Je salue mon neveu. Je te prie d'écrire à ma mère. »

CHAPITRE XII

Les compagnons de route : Goujon, Bourbotte, Duroy, Duquesnoy. — L'héroïsme bourgeois. — Soubrany. — Le voyage. — Correspondance. — Le château du Taureau. — Rêves et bonheur perdu. — L'Hymne des prisonniers. — Le serment de mort.

I

La voiture qui emmenait les six députés proscrits renfermait ce qu'il y avait de plus pur dans le côté gauche de l'Assemblée.

Déjà maintes fois la Convention avait été saignée à blanc ; la corruption avait coulé à pleins bords de ses veines béantes ; là, dans ce véhicule, était un sang jeune et généreux. Récemment revenus des armées où ils avaient bien rempli leurs devoirs, étrangers selon toute vraisemblance à une révolte dont ils étaient les victimes, ces hommes s'affligeaient des déchirements de la république. Imbus jusqu'au plus profond de leur être des idées de la révolution, ils les avaient défendues, ils les défendaient encore avec un mâle enthousiasme, avec une âpre soif de justice, sans arrière pensée, sans repentance.

On se sent attiré par les vigoureuses figures de ce groupe héroïque et on se refuse à les juger pour conserver le droit de les admirer.

Goujon, le plus jeune et le plus beau, portait au front une auréole poétique. A douze ans il était soldat et prenait part sur le *Saint-Esprit* au combat d'Ouessant. A dix-huit ans, il était philanthrope au milieu des nègres de l'Ile-de-France. Quatre ans plus tard il publiait sur l'amour de la liberté, de l'égalité, de la vertu, sur la haine de la tyrannie et le mépris de la mort, des pages précoces qui semblent tracées par le stylet d'un spartiate. Il refusa successivement le ministère des affaires étrangères et celui de l'intérieur. Devenu membre de la Convention, ce fut moins à la tribune que sur les champs de bataille qu'il eut à remplir son mandat de représentant. Aux armées du Rhin et de la Moselle, tous avaient admiré son intrépidité et sa bravoure. On se disait que dans ses missions, après avoir exercé un pouvoir illimité, il n'avait pas fait couler une larme.

Bourbotte, l'ami de Davoust, Bourbotte, gai et exalté, sanguin et jovial, patriote et téméraire jusqu'à l'excès avait déployé sur les bords du Rhin la valeur d'un chevalier des anciens jours. Le casque du guerrier avait dissimulé chez lui la turpitude du bonnet rouge.

Moins sympathique était Duquesnoy, frère du général de ce nom qui s'appelait lui-même *le boucher de la Convention*. Il avait trempé, lui, dans les crimes de la Terreur et s'était montré implacable et colère. La robe de moine qu'il avait portée semblait le brûler comme une robe de Nessus. « *Il hurlait la Croisade,* dit Michelet, *et se faisait le Pierre-l'Hermite de la république.* » Sa passion pour la révolution était fanatique comme son courage à l'armée de la Moselle avait été farouche. Cependant il avait rêvé aux dernières heures une réconciliation sincère entre les partis et avait senti la fureur de ses opinions se fondre au feu de la concorde.

Enfin Duroy était une nature à la fois énergique et

douce, bienveillante et modérée. Il adorait la liberté, mais il ne la voulait pas sanglante et barbare. Il avait pris la défense des officiers auxquels on reprochait leur origine nobiliaire; il avait provoqué la révocation des lois relatives aux suspects; la sincérité de ses convictions était rehaussée par le désintéressement de sa vie.

Tels quels, ces hommes, que la tempête populaire balayait, composaient une légion pleine de caractère. Ils étaient médiocres peut-être, le génie ne les avait pas estampillés de son aile, mais ils sont sublimes dans leur héroïsme bourgeois qui ne connaît ni abjuration, ni défaillance, ni fanfaronnade, ni faiblesse. Leur obscurité ajoute à la grandeur du sacrifice et du dévouement.

Romme le savant et Soubrany le gentilhomme démocrate, le souriant Bourbotte et le sombre Duquesnoy, Goujon l'homme d'action et Duroy l'homme de loi, curieux assemblage aux frappants contrastes, que la tourmente politique prépare au même naufrage!

La fortune inclémente avait encore bien fait les choses en associant le sort des deux députés de l'Auvergne à d'aussi dignes infortunes. Pour Soubrany, elle avait comblé ses vœux en ne le séparant pas dans l'adversité de *son cher et noble Gilbert*. L'attachement réciproque des deux amis pourrait être ainsi scellé du sang d'un même sacrifice.

C'était un soldat que Soubrany et non un rhéteur. Il n'aurait jamais dû quitter les camps, là était sa place. Indifférent à la politique, la conduite de son compatriote influa sur la sienne; il avait suivi son impulsion et embrassé de bonne foi le déplorable système qui lui coûta la vie. Les hommes ne sont souvent que le produit des circonstances dans lesquelles ils se trouvent placés.

Il n'avait paru à la tribune que pour prononcer ses votes et n'avait pris aucune part aux débats et aux intrigues qui agitèrent l'assemblée conventionnelle. Ce fut aux frontières, l'épée à la main, qu'il servit la France, frugal, brave, couchant sous la tente ou au bivouac, conduisant les colonnes au combat, électrisant par son courage les soldats qui l'adoraient. A l'armée de la Moselle il s'était rendu populaire, avait vu capituler Mayence et évacuer Saarbruck par l'ennemi. Aux Pyrénées-Orientales il avait fait des prodiges de vaillance. Il se couvrit de gloire lors de l'escalade du fort Saint-Elme et put annoncer le triomphe de nos armes à Port-Vendre et à Collioure.

Beaulieu qui l'a personnellement connu n'a pu s'empêcher de rendre justice aux sentiments qu'inspirait Soubrany à ses compatriotes : « Il est regretté dans son pays, dit-il, par ceux-là mêmes qui repoussent ses principes. Quand je me rappelle la jeunesse de cet infortuné, je ne puis m'empêcher de donner des larmes à sa mémoire. »

Pour l'heure il restait au milieu de ses compagnons, mélancolique et réservé, rassemblant le mémoire de ce qu'il devait à Paris, car il voulait partir les mains nettes, fier de son innocence, pensant à sa vieille mère qui était restée là bas, dans les montagnes.

L'escorte qui conduisait le convoi se composait d'un chef de brigade, adjudant général, le citoyen Margaron, du capitaine Bernelle et de dix gendarmes. On marchait du côté de l'ouest.

Le peuple ameuté en divers lieux sur leur passage et animé de sentiments opposés à ceux du peuple de Paris, tenta à plusieurs reprises de les arracher à leurs gardiens et de les mettre en pièces. A Avranches ils coururent les plus grands dangers. La population des campagnes eût égorgé sans pitié ceux qu'on lui présentait comme des terroristes. Aussitôt que l'attentat du 1er prairial avait été connu, des adresses furibondes étaient parties de tous les points de la France contre ses promoteurs. Dès le 6, une adresse avait été expédiée à l'Assemblée par les Clermontois réclamant avec une extrême véhémence le châtiment immédiat des représentants rebelles, sans en excepter leurs deux compatriotes.

Les gendarmes sauvèrent les prisonniers.

Les députés apprirent à Dreux qu'on les conduisait au château du Taureau ou *des Thoraux*, dans l'ancienne Bretagne.

A chaque relai ils donnaient de leurs nouvelles à celles qui allaient être veuves, à ceux que la mort allait faire orphelins.

La sérénité de l'âme surnageait à l'écroulement soudain qui s'était fait en eux et autour d'eux.

Voici les épanchements simples, les confidences sans prétention qui s'échappent de l'âme de Gilbert Romme :

Entre Falaise et Caen, 4 prairial.

GILBERT ROMME A SA FEMME.

Ma chère amie, je suis parti avec la plus grande inquiétude sur ton compte. Cette inquiétude me poursuit partout... Les officiers qui nous accompagnent ont pour nous les égards de l'humanité. Ils remplissent bien leur devoir, ne nous faisant éprouver aucun des désagréments que notre position comporte et qu'il est en leur pouvoir d'adoucir. Ils ont appris à connaître notre loyauté.

Sois tranquille sur ma position, ma chère amie. Penses à l'enfant que tu portes dans ton sein et que le chagrin auquel tu te livrerais pourrait empêcher de venir à bien. Fais tout pour conserver le fruit d'une union si digne de notre amour pour l'égalité.

... En livres, je désire avoir les œuvres de J.-J. Rousseau, le volume de mes rapports, un exemplaire de l'Annuaire du Cultivateur.

... N'oublie pas d'écrire à ma mère si respectable par ses sentiments, si bienveillante pour le malheureux, si affectionnée pour ses enfants. Je lui écrirai moi-même. Montre-toi en toute occasion franche républicaine, soumise à l'autorité de la loi. Tu seras obligée de vivre avec économie plus que jamais. Je t'enverrai ma procuration pour que tu touches en mon nom mes indemnités...

Amitié, estime.

Morlaix, 10 *prairial*.

Ma chère amie, j'arrive à l'instant au lieu de ma destination. Ma santé est bonne, mais je suis inquiet sur la tienne... C'est désormais de toi ainsi que de ma mère que j'attends quelque consolation. Entretiens-moi de toi, de tes besoins, de tes amies, de ton frère, de ta sœur. Ecris chaque jour à celui qui, en attachant tes destinées aux siennes, a désiré te rendre heureuse ou du moins un peu moins malheureuse.

Je t'ai demandé d'écrire à ma mère. Je te recommande toujours ce devoir sacré comme pouvant adoucir ta position.

Tu me manderas si tu peux continuer les secours que nous distribuions les décadis. Je serais fâché de les suspendre, mais, si tu ne le peux pas sans te gêner, il faudra bien prendre ce parti.

Adieu, ma chère amie, compte sur mes sentiments.

Le trajet fut long et pénible. Après huit jours de route les captifs arrivèrent enfin au terme du voyage. Ils furent jetés la nuit dans une barque et conduits à trois lieues en mer jusqu'au château fort qui devait leur servir de prison. Derrière ces froides murailles planait l'inconnu, au dedans l'anxiété.

II

Le château du Taureau est situé sur un rocher du Finistère, au milieu de la mer. Lorsque les vagues gonflées par
les orages de l'ouest se roulent vers lui en lames menaçantes, il voit leur rage expirante écumer en vain à ses
pieds. Le colosse immobile se dresse au milieu des tourbillons, dédaigneux du flot qui rugit, dédaigneux des rafales
qui usent leurs secousses sauvages sur ses flancs granitiques. Il semble placé là, holocauste humide, comme une
sentinelle avancée de la vieille et mélancolique Armorique.

Durant les heures lourdes d'un jour sans liberté, les captifs voyaient silencieusement cheminer les grandes lames
noires de la mer sur les difficiles galets. Ils comptaient les
saillies rocheuses montrant leur tête noire bien loin dans
les flots, les découpures de la grève dont les pointes, pareilles à des antennes de granit, soutenaient les premières
attaques de l'onde, les îles violemment séparées de la terre
ferme qu'étreignent sans répit les vagues dévorantes, les
falaises coupées à pic laissant traîner sur la grève leurs
manteaux d'ajoncs.

L'Océan est grand et son bruit convient aux jours sérieux, aux jours de pensées jetées au-delà de l'horizon du
monde. Les idées de vie, de joie et d'amour c'est l'onduleuse et caressante Méditerranée qui seule les colore et les
rajeunit.

Les prisonniers avaient traversé la Révolution en observateurs, puis en acteurs, aujourd'hui ils la traversaient en
victimes. Aussi commençaient-ils à ne plus voir les choses

de la vie que ce qu'elles sont, et, sceptiques consciencieux, ils ne se montraient plus fermes et confiants dans ces belles espérances qu'ils avaient quelquefois faites de l'avenir. Le vent qui soufflait dans leurs voiles les poussait à cette heure vers le couchant, triste route quand on ne se sent plus la force de lutter contre le courant ni la possibilité de revenir sur ses pas.

Ils s'entretenaient philosophiquement, le soir, à la lueur d'une lampe, des conjectures ou des certitudes de l'immortalité, cherchant leur consolation dans la contemplation de l'éternité. Qui sait s'ils ne se répétèrent pas avec amertume ces paroles de Vergniaud à la fin du banquet des Girondins : « Mes amis, le sol français est trop léger pour nourrir les racines de la liberté civique. Ce peuple est trop enfant pour manier ses lois sans se blesser. Il reviendra à ses rois... Nous nous sommes trompés de temps en naissant et en mourant pour la liberté du monde. Nous nous étions cru à Rome et nous étions à Paris. »

Parfois une raillerie socratique de Bourbotte égayait leur front, car le malheur n'avait pas encore desséché en eux la sève de la jeunesse.

Au moment de leur arrestation, les représentants n'avaient pu se munir ni de linge, ni de vêtements, ni de livres, ni de journaux. Les membres du Directoire du district de Morlaix se montrèrent pleins de prévenances à leur égard. On leur fit distribuer des chemises de volontaires. On réunit dans la bibliothèque publique les volumes épars, objets de leurs désirs. Il leur fut permis de prendre connaissance des papiers nouvelles relatifs aux travaux de la Convention.

Le souvenir de la famille peuplait leur solitude.

Goujon, qui avait épousé la sœur de Tissot, son ami, se reportait par la pensée à ces heures déjà lointaines où il

passait des bureaux de la Convention à la petite chambre
où dormait son fils. Bourbotte voyait devant ses yeux l'image
adorée de son enfant. Duroy se rappelait le dernier baiser
de sa jeune épouse en larmes quand le convoi avait traversé
Bernay. Duquesnoy, aussi, l'inflexible montagnard, avait
près de Béthune un logis de fermier, une femme aimée, des
enfants qui grandissaient, tout cela pauvre. Les traits de
ces êtres chéris se dessinaient dans leurs rêves, carressante
illusion du bonheur perdu.

Romme écrivait en ces termes à sa vieille mère :

Château du Taureau, près Morlaix (Finistère), 11 prairial an III.

G. ROMME A SA MÈRE.

Nous sommes arrivés depuis hier sur le rocher situé au milieu de la
mer où nous devons attendre le jugement de la Convention. J'ai la
liberté d'écrire à mes amis et c'est surtout avec vous et avec ma femme
que j'en userai, comme c'est de vous que j'attends les consolations de
l'amitié si précieuse dans le malheur.

Je sais trop ce que je dois à l'ordre, à la tranquillité publique, au
peuple dont j'ai eu à défendre les droits pour ne pas me résigner avec
calme et fermeté au coup qui vient de me frapper. Je porte dans ma
prison l'amour du bien public, le désir ardent de voir cesser les maux
qui déchirent la France et qui pèsent surtout sur les familles peu for-
tunées, un attachement inébranlable aux principes républicains qui
ont dirigé ma conduite jusqu'à présent.

Ces sentiments m'accompagneront au tombeau. Je me plais à le répéter à une mère vertueuse qui tant de fois a reçu les leçons de l'adversité et qui, toujours forte de sa conscience, n'a jamais désespéré de
voir enfin un terme à ses maux. Vous avez toujours vécu au milieu
des malheureux que vous avez soulagés. C'est dans ces principes que
nous avons été nourris depuis que nous avons vu le jour. Vous nous
formiez alors aux vertus républicaines, que vous pratiquiez sans vous
en douter, et qui vous ont placée dès le commencement de la révolution
au rang de ceux qui désiraient le plus le changement d'un gouverne-

ment oppressif. Ma consolation aujourd'hui est dans votre persévérance. Que votre affection pour moi ne s'alarme pas de ma détention.

Je compte sur quelques lignes de votre main ; ce sera un soulagement pour votre tendresse maternelle et une jouissance pour moi.

Soubrany écrit à sa mère. Je désirerais que vous fussiez à portée de la voir...

Certes on aimerait à voir un peu moins le patriote et un peu plus le fils et l'époux dans les lettres écrites par Romme à sa mère et à sa femme. Une larme sous sa plume le laisserait aussi Romain en le rendant plus pathétique. Combien sont encore plus touchantes, plus humaines les effusions de Mme Roland s'excusant auprès de son mari de mourir avant lui, de Danton à sa jeune femme, de Camille Desmoulins à Lucile !

Mais Romme n'avait pas la passion loquace, et la sentimentalité jure avec sa nature. Cependant il marquait de sa main une des chemises grossières que la nation lui avait données, pour l'envoyer à sa femme comme un dernier souvenir.

Pendant ce temps le poétique Goujon composait l'*Hymne des prisonniers du château du Taureau*, hymne dont Laïs fit plus tard la musique. Dans ces couplets lugubres, l'invocation à la constance, l'amer désespoir, le défi à la mort, l'appel à l'immortalité, à l'histoire, à la postérité passent comme autant de bouffées vivifiantes. C'est la paraphrase de cette pensée consolante : *Cui virtus non deest, ille numquam omnino miser.*

> De la vertu fais que nos cœurs
> Conservent la sainte énergie,
> Agrandis-nous dans nos malheurs,
> Nous les souffrons pour la patrie...

> Nous eûmes pour consolateur
> Le feu pur dont tu nous animes,
> Liberté, couvre-nous d'honneur
> Nous voulons périr tes victimes...
> Pour défendre la vérité
> Des méchants bravons la furie,
> Mourons tous pour l'égalité
> Sans elle il n'est plus de patrie...
> Liberté, veille à notre gloire,
> Assieds-toi sur nos corps sanglants,
> Qu'ils restent devant nos tyrans
> Et les flétrissent dans l'histoire...

Ce chant d'adieu fut confié à la mer avec cette simple et touchante recommandation : « *Que l'âme sensible qui trouvera ceci le remette à la citoyenne Goujon, rue Dominique, 167, faubourg Germain à Paris. Ce sera obliger un malheureux.* »

Six jours après leur arrivée, le commandant du fort vint annoncer aux prisonniers qu'il avait ordre de les ramener à Paris où ils seraient jugés par une *Commission militaire.* Cette fois c'était bien la mort, mais la mort sans formes, sans débats, sans défense, sans justice ; la condamnation sans jurés, sans preuves, prononcée par quelques soldats dont c'était la consigne.

Dans ce donjon solitaire il se passa alors une scène plus imposante et plus poignante que les drames de l'antiquité. Les prisonniers se réunirent chez Romme et décidèrent de disposer d'eux-mêmes quand l'heure serait venue. Ils se jurèrent mutuellement de ne pas livrer leur tête au bourreau. Ils votèrent l'immolation et se réfugièrent dans le suicide pour échapper à l'exécuteur.

Romme et Soubrany s'embrassèrent. Ils auraient pu se dire l'un à l'autre, comme Ducos à Fontfreyde : « Je ne vois plus qu'un moyen de nous sauver, c'est de déclarer l'unité de nos deux vies et l'indivisibilité de nos deux têtes. »

Deux couteaux furent soustraits par eux à la vigilance des gardiens et, rassurés dès lors contre une humiliation imméritée, ils allèrent au devant de leur destinée avec une indifférence stoïque. En pensant à la postérité chacun d'eux put se dire : *Non omnis moriar.*

CHAPITRE XIII.

La Commission militaire. — La mère des Gracques. — Dernier pèlerinage. — La prison des Quatre-Nations.— Entrevues et adieux suprêmes. — Interrogatoires et confrontations.— Les derniers des Romains. — La défense.— Le jugement. — *Ultima verba.* — L'immolation.— L'échafaud. —Comment finissent les favoris du peuple.

I

Dès le 4 prairial, sous l'émoi des événements qui venaient de se produire, la Convention avait institué pour juger les auteurs de l'échauffourée, une Commission militaire, tribunal terrible établi sous l'invocation des Euménides. Le lendemain, la guillotine fonctionnait déjà et, chose nouvelle dans l'histoire des vengeances des partis, des femmes mêmes comparaissaient devant le conseil de guerre.

Dans la séance du 8, Clauzel formula l'acte d'accusation contre les députés de la Montagne et demanda leur renvoi devant cette Commission militaire. En vain Lesage, Lanjuinais, Legendre et Louvet voulurent-ils soustraire les représentants à l'anomalie d'une justice sommaire ; Rovère, Bourdon de l'Oise, — toujours lui ! — furent d'un avis opposé et entraînèrent la Convention.

Il n'avait fallu que quatre jours à la Commission pour abattre vingt et une têtes ; on pouvait donc compter sur son zèle.

Une voix éclatante et hardie s'était cependant fait entendre à la Chambre stupéfiée et au pays, demandant pourquoi les représentants du peuple étaient soustraits à la justice régulière, pourquoi l'arbitraire allait peser sur l'innocence, pourquoi l'on voulait déchirer la loi constitutive interdisant de poursuivre un député pour les opinions par lui émises au sein de l'Assemblée.

Cette voix était celle d'une femme, d'une mère parlant avec ses entrailles. Ah ! c'était une vaillante citoyenne que la citoyenne Ricard, veuve Goujon, la vraie mère des Gracques, et l'on pouvait être fier d'être son fils. Elle courait à l'imprimerie, infatigable et superbe; elle inondait Paris de notices sur la *vie morale* et sur la *vie privée* de son enfant, elle jetait au vent cette éloquente invective : « *J'interroge l'histoire, elle me répond que toutes les magistratures extraordinaires ont dévoré la liberté des peuples. Toutes se sont assises sur les débris des lois.* » — Mais, pareille au gémissement de Rachel, sa voix se perdait dans le désert.

Le 16 prairial (4 juin), par une de ces splendides matinées de printemps qui semblent convier les hommes à la sérénité du ciel, Romme et ses compagnons entreprirent leur dernier pèlerinage. Ils retrouvaient, à l'aspect ensoleillé des champs en fleurs, cet enivrement de la nature que la politique n'avait pu dissiper dans leur âme et que la destinée semblait leur faire savourer plus délicieusement au moment où elle allait les en sevrer pour jamais.

Plusieurs fois ils eurent l'occasion de s'évader. Ils dédaignèrent de la saisir. Le 22 ils étaient de retour à Paris et écroués à la prison des *Quatre-Nations* qui, ainsi que celles des *Ecossais* et de l'*Oratoire,* formait le vestibule de la place de la Révolution.

Lorsque la femme de Romme vint le voir, il dînait avec

Soubrany. Leur repas se composait d'un poulet, de veau et de pain. — On nous engraisse pour nous tuer, dit en riant Soubrany. — Romme répliqua : J'aimerais mieux être dans ma chambre au régime du pain et de l'eau. — Tu le peux, si tu le veux, balbutia la pauvre femme qui s'était ingéniée à trouver le moyen de le sauver.

Une lugubre entrevue eut lieu entre Goujon et sa famille désireuse de le soustraire au bourreau. Buvant leurs larmes, refoulant leurs sanglots, sa femme lui apportait du poison, sa mère des ciseaux, sa sœur un canif, son beau-frère un couteau. Sublimité du dévouement qui se lit dans ces cœurs glacés, dans ces yeux secs et gonflés, dans ces visages terreux et livides ! — L'heure de la séparation sonna comme un glas.

Oh ! c'est quand on va les perdre, et qu'on le sait, cette chair de notre chair, mère, épouse, enfants, qu'on les aime éperdument, qu'on s'y rattache avec frénésie. C'est à cette heure solennelle qu'on murmure ces demi mots, ces soupirs, consolation et supplice des entrevues de prison, que l'on trace sur le papier la photographie de son être intime. Il n'y a plus de temps à perdre. Ce cœur qui adore ne battra bientôt plus.

Feuilletons ces documents imprégnés d'une douce et poignante sollicitude, adieux mouillés de pleurs :

Maison des Quatre-Nations.

GILBERT ROMME A SA FEMME.

22 prairial. — J'ai un grand plaisir à te savoir auprès de moi quoique je n'aie pas celui de te voir et de t'embrasser. Donne-moi de tes nouvelles. Sois prudente et patiente. Soumets-toi à la rigueur du sort qui pèse sur nous.

Tu laveras et conserveras la chemise que je t'envoie et que j'ai marquée moi-même au château du Taureau.

23 prairial. — Je suis sensible à l'intérêt de tous ceux que nous estimons. L'amitié est précieuse au malheureux ; elle le dédommage de l'injustice du sort. Salue pour moi Blanval et sa fille et témoigne leur toute ma sensibilité pour l'intérêt qu'ils nous montrent... Soubrany me charge expressément de te saluer.

25 prairial. — La Commission me permet, ma bonne amie, de te voir en présence du concierge et seule. Arrange-toi pour venir demain matin à sept heures. Tu m'apporteras le *Moniteur* d'aujourd'hui. Amitié et estime. Soubrany te salue.

Mon cœur est tout à toi.

27 prairial. — Ma bonne amie, nous ne pouvons voir nos amis que jusqu'à la fin de la séance. Je t'en préviens afin que tu viennes me voir avant ce terme qui n'est peut-être pas éloigné.

Estime et amitié jusqu'à la mort.

28 prairial. — Tu trouveras dans le gousset à montre de ma culotte de soie le confident de mes sentiments...

SOUBRANY A D...

22 prairial. — Donnez-moi, je vous prie, des détails sur l'existence d'une mère dont vous connaissez toute la tendresse pour moi. Elle seule m'occupe dans cet instant; tranquille sur mon sort, fort de mon innocence, je n'ai d'inquiétude que pour ma digne mère.

24 prairial. — Je vous en conjure en grâce, ne venez pas sans avoir recueilli tout ce que vous pourrez savoir de ma digne et respectable mère, et ne me déguisez pas la vérité. Hélas! peut-être aura-t-elle succombé à la nouvelle de mon arrestation ! Le coup serait affreux. Oh ! mon cher D..., dites-moi, je vous en conjure, tout ce que vous pourrez apprendre, quelque terrible que soit la vérité.

BOURBOTTE A SON AMI.

25 prairial — Tu m'avais fait espérer la satisfaction de voir encore une fois mon fils. Quelle raison a donc pu t'empêcher de tenir ta promesse ?

... La privation d'embrasser cet enfant est la seule peine que mon cœur ne peut surmonter. Mes malheurs ne m'ont point abattu. J'aurai pour les supporter jusqu'à mon dernier moment le courage de l'innocence. Mais il me serait affreux de mourir avant d'avoir pressé pour la dernière fois mon fils dans mes bras... Envoie-le moi mon enfant, je veux le voir; je le déposerai ensuite entre les mains de tous les hommes sensibles à ses malheurs et aux miens...

DUQUESNOY A SA FEMME.

29 prairial. (Par erreur ou trouble la main a écrit *floréal*).

Je meurs victime de mon patriotisme et de la calomnie. Vous connaissez mon cœur, il fut toujours pur. Je meurs digne de vous et de mon pays.

Tâchez de conserver vos jours afin de faire donner à nos infortunés enfants une éducation républicaine. Rappelez-leur souvent ceci : *Ne faites jamais à un autre ce que vous ne voudriez pas qu'on vous fît.*

— (Il y revenait bien tard à cette maxime qu'il avait trop oubliée). —

Je vous embrasse mille et mille fois de tout mon cœur, embrassez bien tendrement pour moi mes chers enfants et recevez mes tendres et éternels adieux.

Vive la république démocratique.

GOUJON A SA FEMME.

23 prairial. — Chère bien aimée, je t'aime et je te remercie. Oh ! vous avez tous rendu quelque joie à mon cœur. Pauvre enfant, je l'ai embrassé et pour lui et pour toi. Je t'en prie, ma chère amie, ménage ta santé pour lui. Nourris dans ton cœur le souvenir de ma tendre affection. Tu demeureras la bien aimée de mon cœur jusqu'à mon dernier soupir.

26 prairial. — Mère, veille sur tous ; femme, ne m'oublie pas et ramène mon souvenir dans la mémoire de mon enfant. Soyez bons et compatissants. Ami, je n'ai rien à te dire, tu me remplaces. Vivez en paix dans l'obscurité, ne gémissez point sur moi. Il vaut mieux que je meure que d'avoir trahi ma patrie.

Nous nous retrouverons, nous nous reverrons tous, la vie ne peut finir ainsi et la justice éternelle a encore quelque chose à accomplir alors qu'elle me laisse sous le coup de l'ignominie.

Oui, n'est-ce pas, vous sentez bien qu'il y a une autre vie et que le matérialisme est un cruel mensonge !

Comment ne pas être saisi par la lecture de ces lignes testamentaires qui sont comme des explosions de l'âme, comme l'évaporation des sentiments humains !

Et chose horrible — qui transforme les juges en bourreaux et donne aux victimes l'auréole du martyre, ces lettres jaunies dorment encore dans le dossier de l'insurrection de prairial. Le greffe a tout gardé. Il ne s'est pas trouvé sous l'uniforme du soldat ni sous la casaque du geolier une fibre qui ait tressailli, quelqu'un qui se soit fait par pitié l'exécuteur testamentaire d'un mourant, qui ait recueilli son vœu suprême et qui ait porté ses dernières paroles au cœur des survivants.

Un crieur public a peut-être appris brutalement aux mères et aux épouses la fin de ceux qu'elles aimaient. Elles n'ont pu conserver comme une sainte relique du foyer ce lambeau de cœur détaché par l'agonisant !

II

Cependant l'heure du dénouement approchait. Le moment était venu où, dans cette longue succession d'idées contraires qui composent la Révolution, devait s'opérer une nouvelle et violente mutilation de la représentation nationale.

Un immense filet d'accusation avait été déroulé autour des accusés par le comité de Sûreté générale. Et cependant, malgré les recherches les plus minutieuses, malgré l'épluchement des papiers mis sous les scellés, on n'avait découvert aucun fait qui prouvât leur connivence secrète avec les révoltés. Tout au contraire semblait établir qu'ils avaient ignoré le mouvement. Leur crime était d'avoir voulu légaliser quelques-uns des vœux du peuple et d'avoir converti en motions au sein d'un tumulte populaire quelques-unes de ses revendications.

C'en était assez, car un tribunal politique auquel un gouvernement envoie des prévenus importants n'a jamais su les renvoyer absous.

Du reste, on doit le reconnaître, le coup d'état dont ils étaient devenus les auxiliaires platoniques ou inconscients, aurait, s'il avait réussi, inauguré dans le sang une révolution socialiste.

La Commission militaire se composait de cinq membres : Capitain, vice-président; Verger, adjudant-général, chef de brigade ; Talmel, chef d'escadron ; Fabué, capitaine, et Deville, volontaire. Elle siégeait dans la maison des *Capucines*, entourée de sabres et de baïonnettes.

Elle était expéditive, la Commission. Peut-être aussi la besogne pesait-elle lourdement à des soldats. Pas de justification prononcée ou lue en séance, un interrogatoire, des témoins à charge, une sentence.

Et néanmoins cinq jours suffirent à peine à mener à fin sa lugubre tâche.

Chacun des accusés était amené séparément pour être confronté avec les témoins. Il était placé sur une chaise en face du président et avait à ses côtés deux grenadiers qui portaient le sabre nu.

Romme fut interrogé le premier. L'auditoire lui était hostile ; la foule riait, injuriait même. Ainsi tombent les anathèmes sur ceux qui furent les favoris du peuple. Il s'exprima avec calme, avec une simplicité ferme et logique. En vain demanda-t-il l'appel de témoins à décharge ; défections, lâches silences, réponses évasives, faux-fuyants, refus de comparaître, voilà tout ce qu'il obtint.

Aimé Jourdan, un enfant, rédacteur de ce *Moniteur*, tout à la fois accusateur et témoin dans l'affaire de Prairial, de ce *Moniteur* pris en flagrant délit de mensonge, osa écrire dans son compte-rendu du 4 messidor suivant : « Romme n'osait lever les yeux ; il était pâle, défait, la crainte était sur sa figure, il se concentrait, il se serrait contre lui-même comme s'il eût eu peur d'être approché. Plus laid que Marat, ses traits inspiraient l'aversion et le dégoût. »

Tissot dit au contraire : « Romme parla comme un sage qui s'attend à tout de la part des hommes et ne se permettrait pas la plus légère altération de la vérité pour sauver sa tête. »

Et Michelet, qui souvent peint d'un seul trait, ajoute : « Avec la figure de Socrate Romme avait son sens profond et l'austère douceur d'un sage. »

Successivement ils comparurent tous, répondant les uns en politiques, les autres en philosophes, les autres en soldats. Ils répondirent surtout en hommes qui méprisent la vie autant que l'accusation et qui attendent le jugement de l'avenir. Aucun de leurs interrogatoires n'atteste un regret ou une faiblesse. Le gémissement du malheur n'y amollit pas la conviction.

Goujon, Goujon ardent et superbe, celui dont Réal dira : *Il ressemblait à un Caton jeune,* est interrogé à son tour. Il conquiert un instant le silence par sa contenance et le rayonnement de sa beauté morale. Sous son clair regard le rouge de la honte montait à la figure des juges.

Duroy, doux et soumis, — Duquesnoy qui relevait de maladie et dont le crâne chauve semblait encore courbé sous la souffrance, ne démentirent pas ce concert stoïque. Ils voulurent opposer à leurs juges le tableau de leur vie politique. On leur répondit que les fonctions de la Commission se bornaient à les juger sur les faits de Prairial. Alors ils s'inclinèrent. Il est des circonstances où l'on doit savoir donner sa tête quand on vous la demande.

Bourbotte était souriant; il saluait avec grâce, jouait avec sa tabatière, mettait une sorte de coquetterie à affronter la mort. La plaisanterie posthume tombait de ses lèvres comme tombent sur un cercueil les fleurs que personne ne respire et qui contractent l'odeur du sépulcre.

Soubrany clôt le défilé. Cette tristesse, cette insouciance de la vie qui lui avaient d'abord fait abandonner sa première carrière, puis qui l'avaient poussé à braver cent fois la mort dans les combats se retrouvent dans ses réponses. Le front altier et un peu dédaigneux, il revendiqua noblement pour lui la responsabilité d'une motion que le *Moniteur* avait mise dans la bouche de Duquesnoy et qui formait la plus sérieuse des charges relevées contre ce dernier, la motion relative à la création d'une commission extraordinaire en remplacement du comité de Sûreté générale.

Furent entendus comme témoins : le général Doraizon qui déclara *n'avoir rien à dire* contre les députés, Lanjuinais qui dit *être porté à croire* à l'innocence de Goujon, Haussman, Massieu, Bonneval, Charlier, Liébault qui vantèrent la pureté et la moralité des accusés. Mais qu'ils sont rares les témoignages à décharge ! Beaucoup ne savent rien ; ils ont perdu la mémoire sinon la prudence. Un ressouvenir, un mot sauverait peut-être un ancien ami, mais le silence seul répond à l'attente. En revanche les témoins à charge pullulent, affirmatifs, implacables. Accusateur, le journaliste Martinville qui avait fui lorsque Bourbotte demandait l'arrestation des folliculaires, et qui néanmoins a tout vu et tout entendu ; accusateurs Jullian, Long, Fitte, Villers, Gallois, vingt autres.

Certes, en face d'un pareil concert, les accusés ne se firent aucune illusion. Ces hommes d'airain, que Quinet appelle les *derniers des Romains*, acceptèrent le sort qui leur était fait avec le silence dédaigneux du stoïcisme, — mais ils ne pouvaient accepter ainsi le jugement de l'histoire.

Leur défense, qu'ils ne pouvaient prononcer à la barre, ils la rédigèrent pour la postérité.

Elles existent encore ces plaidoiries, écrites d'une main brûlante, dans les casiers des archives nationales, aussi éloquentes qu'au premier jour, plus persuasives encore maintenant que la passion s'est refroidie, respirant la conscience du sacrifice et l'indignation de la vertu outragée. On sent, en parcourant ces pages, quelques-unes volumineuses, d'autres étrangement laconiques, une préoccupation laborieuse pour justifier leur mémoire devant la postérité. On sent que ces feuilles sont moins destinées à leurs juges qu'à leurs arrière-neveux.

La défense de Romme constitue un document historique d'une réelle importance. Nous la donnons dans son ensemble à la fin de ce volume (G).

« Le crime qu'on me reproche, dit-il, se serait donc consommé à la tribune de la Convention en présence de mes collègues et de la foule.

» Mais alors je partage ce crime avec ceux de mes collègues qui m'ont longtemps pressé, sollicité au nom du bien public, de monter à la tribune ;

» Avec le président à qui j'ai toujours demandé et qui m'a refusé ou accordé la parole suivant mon tour ;

» Avec ceux de mes collègues qui ont parlé avant moi et ont rouvert la séance suspendue par le mouvement ;

» Avec ceux qui ont appuyé, discuté, développé, amendé mes propositions, avec ceux qui en ont fait de nouvelles ;

» Avec les représentants qui, rassemblés en face de la tribune ont, sur les invitations réitérées du président, délibéré sur les propositions mises aux voix. »

Il prend l'accusation corps à corps comme un procureur, analyse les faits, développe l'historique des épisodes survenus dans la journée du 1er prairial, opère les rapprochements entre ces faits et les griefs qui lui sont imputés, dévoile les faussetés, force même quelquefois la conviction.

« Je cherchais à sauver ma patrie ; j'ai pu m'égarer sur les moyens proposés dans la chaleur des sentiments pénibles que j'éprouvais, mais j'eusse été coupable, traître à mes devoirs, si, voyant le péril, je n'eusse fait aucun effort pour l'éviter.

» Je reproche aux esprits plus calmes, plus réfléchis, plus prévoyants de ne s'être pas montrés dans cette circonstance difficile, soit pour arrêter par leurs conseils des mesures inconsidérées, soit pour proposer eux-mêmes des moyens plus salutaires et plus prudents. »

Et il termine noblement :

« J'ai fait mon devoir : mon corps est à la loi, mon âme reste indépendante et ne peut être flétrie.

» Mon dernier soupir, en quelque temps, en quelque lieu, de quelque manière que je le rende, sera :

» Pour la république une et indivisible ;

» Pour ma patrie si cruellement déchirée et que j'ai servie de bonne foi ;

» Pour le malheureux et l'opprimé qu'on abandonne et qu'on repousse ;

» Pour mes amis dont la fidélité et les vertus honoreront ma mémoire ;

» Pour ma vertueuse mère dont les derniers jours se couvrent de tant d'amertume ;

» Pour mon épouse infortunée, veuve d'un brave défenseur mort pour la patrie, indigente, ayant des droits aux bienfaits de la nation, — j'ai cessé de les poursuivre ; — en l'attachant à mes destinées je l'aurai plongée dans de nouveaux malheurs. »

Ce long factum est écrit d'une main ferme et courante.

Il ne fut pas cependant tracé d'un seul jet, car nous avons sous les yeux des fragments de brouillons et de plus un brouillon d'ensemble, modifié lui-même en plusieurs points sur l'original manuscrit.

Nous possédons aussi des *Observations* présentées par Romme les 28 et 29 prairial sur les confrontations auxquelles il a été soumis et sur les déclarations des témoins entendus contre lui.

Sa main n'a cessé de protester et d'écrire que quelques heures avant qu'elle devint inerte.

Trois jours avant sa condamnation, Soubrany écrivit aussi sa défense *pro honore*. On retrouve encore dans cet écrit tracé d'une petite écriture fine, ce dégoût de la vie dont l'amertume avait depuis longtemps, on ne sait pourquoi, empoisonné son existence.

La partie saillante de cette courte justification est celle-ci :

« Ma vie appartient aux hommes ; je la leur abandonne,

ls me l'ont rendue odieuse. Elle fut employée à ma justifi-
ation. Une digne et respectable mère, un ou deux amis
ormaient le cercle étroit dans lequel elle était restreinte.
!u'on la parcoure toute entière.

» J'ai vécu seul avec ma conscience.

» Ah! que je meure; si ma mort peut être utile à mon
ays, j'en bénirai l'instant. Mais que ma mémoire ne passe
as à la postérité souillée du titre infâme de conspirateur. »

Le dossier contient quelques lignes enthousiastes de
ourbotte. Elles commencent ainsi : « Bourbotte, convaincu
avance qu'il va être assassiné, a tracé ces lignes quelques
ures avant sa mort..... » et se terminent par cette invo-
tion significative : « O courageux Caton, ce ne sera plus
toi seul qu'on apprendra de quelle manière les hommes
res savent se soustraire à la tyrannie. »

Les autres défenses des députés montagnards ont la même
meté, respirent les mêmes sentiments d'énergique protes-
tion. Il faudrait les citer en entier, car ce sont des cha-
res tous faits et très-instructifs pour l'histoire de cette
neste époque.
Elles peuvent se résumer par ce mot de Duport : *En révo-
ion le peuple tue les hommes, la postérité les juge.*

III

Le 29 prairial (mercredi 17 juin 1795), à midi, la Coms-
ssion fit amener les accusés par un peloton de grenadiers.
avait joint aux six députés deux autres représentants du
iple, Peyssard et Forestier qui, moins incriminés, de-

vaient permettre aux juges d'appliquer les nuances d'une décision mûrement pesée.

Ils prirent place dans l'étroite enceinte de la barre, parqués comme un bétail destiné à la boucherie.

Le secrétaire de la Commission prit la parole et donna lecture du jugement suivant que l'histoire a enregistré comme un monument des haines et des discordes civiles qui ne décernent que des tombeaux :

Liberté — Egalité — Justice — Humanité.

Après avoir fait individuellement et séparément subir un interrogatoire aux accusés :

1º Gilbert *Romme*, âgé de 45 ans, député du Puy-de-Dôme, né à Riom ;

2º Jean-Michel *Duroy*, âgé de 41 ans et demi, député de l'Eure, né à Bernay ;

3º Jean-Marie-Claude-Alexandre *Goujon*, âgé de 29 ans, député de Seine-et-Oise, né à Bourg ;

4º Pierre *Bourbotte*, âgé de 32 ans, député de l'Yonne, né à Veau ;

5º Ernest-Dominique-François-Joseph *Duquesnoy*, âgé de 47 ans, député du Pas-de-Calais. né à Bauvigny ;

6º Pierre-Amable *Soubrany*, âgé de 42 ans, député du Puy-de-Dôme, né à Riom ;

7º Jean-Pascal-Charles *Peyssard*, âgé de 40 ans, député de la Dordogne, né à Agonac ;

8º Pierre-Jacques *Forestier*, âgé de 56 ans, député de l'Allier, né à Vichy,

Tous accusés par la loi du 8 prairial d'être auteurs, fauteurs ou complices de la rébellion du 1er et jours suivants, contre la représentation nationale et la république française ;

Après avoir entendu les témoins à charge qui leur ont été confrontés aussi publiquement ;

Après avoir reçu les déclarations et dépositions des témoins qu'ils ont indiqués à leur décharge, qui n'ont dénaturé, atténué ou démenti les faits qui leur sont imputés ;

Après avoir attentivement et mûrement examiné toutes les pièces

du procès à charge ou à décharge et notamment les défenses écrites
des accusés dans la chambre du conseil ;

La Commission militaire :

Attendu que les accusés sont atteints et convaincus de conspiration,
tant par la déposition des témoins, *que par leur propre aveu* ;

Place Forestier sous la surveillance du comité de Sûreté générale ;

Condamne Peyssard à la déportation ;

Condamne Romme, Duquesnoy, Duroy, Bourbotte, Soubrany et
Goujon à la peine de mort ;

Ordonne qu'ils seront livrés à l'exécuteur des jugements criminels
pour être exécutés dans le jour sur la place de la Révolution.

Pendant la lecture de ce jugement, les condamnés n'a-
vaient pas sourcillé. Ils n'avaient pas sourcillé même
quand, par une cruelle ironie, le Tribunal militaire les
avait reconnu coupables *par leur propre aveu*. C'est que
leurs précautions étaient prises et qu'ils se rappelaient le
serment du Finistère.

Goujon dépose sur le bureau son portrait, priant qu'on
le fît remettre à sa femme : « *Je meurs,* dit-il, *pour la cause
du peuple et de l'égalité.* »

Les condamnés remettent leurs cartes de député, leurs
portefeuilles, avec un fébrile enthousiasme.

Duquesnoy s'écrie : « *Je désire que mon sang soit le dernier sang innocent qui sera versé ; puisse-t-il consolider la
république.* »

« *Les ennemis de la liberté,* dit à son tour Bourbotte en
bravant la foule du regard, *ont seuls demandé mon sang ;
mon dernier soupir sera pour la patrie.*

Romme, sombre et pâle, ajoute encore : « *Je verserai mon
sang pour la république, mais je ne donnerai pas à mes tyrans
la satisfaction de le répandre.* »

Puis ils se retirent.

Mais, comme ils entraient dans la chambre du dépôt, Romme saisit le couteau qu'il tenait caché sous ses vêtements et se l'enfonça dans le cœur avec une sorte de frénésie. Il s'en laboura la poitrine, le cou et le visage, et tomba meurtri et défiguré.

Soubrany arracha la lame de la dernière blessure de son ami qui trébuchait et se la planta tout entière dans le sein gauche. Puis il la tendit à Goujon.

Duroy en même temps prenait un autre couteau des mains de Duquesnoy ensanglanté et le passait à Bourbotte en semblant lui dire : *Pœte, non dolet.* — Tiens, Pœtus, cela ne fait pas de mal.

Ils se frappèrent tous les six, ils se frappèrent tous au cœur, répétant entre eux le trait d'Arie avec une sorte de rage de disparaître.

Il était midi et demie et le Tribunal allait suspendre sa séance quand l'officier de garde entra effaré annonçant que les condamnés s'étaient ainsi frappés. Le saisissement du public fut grand, ainsi que la stupéfaction des juges.

La veille en effet on avait eu vent du projet des prisonniers et on les avait soumis à une perquisition minutieuse en présence du concierge de la prison et de huit grenadiers. L'officier chargé de cet ordre avait été déclaré personnellement responsable de son exécution. Son arrestation fut le premier résultat de la catastrophe.

Le médecin mandé par la Commission arriva en toute hâte. Il constata que trois *étaient morts,* Goujon, Romme et Duquesnoy ; Soubrany était *mourant ;* Bourbotte *presque mourant ;* Duroy était encore *très-vivant.*

Cependant le bourreau attendait dans la cour et les curieux, avides de voir, s'impatientaient. On ne pouvait différer le spectacle au risque de mécontenter les affamés de la guillotine. Un retard risquait surtout de laisser disparaître les principaux rôles. Lutte horrible de la mort par la hache ou de la mort naturelle dans laquelle la victime appartiendrait à celle des deux qui saurait le mieux se hâter.

On porta dans la charrette les trois demi cadavres pantelants, suant et soufflant leur agonie :

Soubrany, le ventre ouvert, les entrailles pendantes, étendu, prêt à expirer à chaque cahot, disant simplement : *Laissez-moi mourir ;*

Bourbotte, assis, comprimant de la main une large blessure au flanc, domptant la douleur, regardant d'un air curieux et calme, sans dire un mot ;

Duroy, blessé plus légèrement, parlant au peuple avec exaltation.

Un régiment de cavalerie escortait le convoi; un bataillon d'infanterie était placé en observation dans les Champs-Elysées et un autre sur le pont de la Révolution. Durant le trajet, la vie de Soubrany s'était presque écoulée avec son sang. L'exécuteur ne guillotina qu'un cadavre. — Duroy monta alors et exhala son dernier souffle en s'écriant : *Unissez-vous tous, embrassez-vous tous, c'est le seul moyen de sauver la république..* — Bourbotte monta le dernier ; en s'étendant sur la planchette il embrassa le fer qui venait de trancher les jours de son ami et que l'on avait oublié de relever. Puis il cria : *Vive la république!* et mourut.

Il était deux heures. La place était presque vide. La Convention décidait à ce moment que le comité des Travaux Publics aurait à faire disparaître de dessus les portes et portiques ces mots : *La mort.*

Le parti Montagnard était éteint. De cette redoutable phalange qui avait asservi la France, humilié les rois, fait trembler l'Europe, il ne restait plus qu'un souvenir.

Ils avaient passé comme des météores laissant après eux la désolation. « Ils avaient servi la révolution comme le vent sert la tempête en soulevant l'écume et en jouant avec les flots. » Fatalement ils devaient aboutir à cet abattoir d'hommes, infectant l'air, corrompant les arbres, qui dévora successivement les fondateurs comme les adversaires de la république.

Mais, plus fameux encore par leur mort que par leur vie, ils avaient déconcerté la *justice révolutionnaire* en abrégeant par le couteau l'œuvre de Sanson.

Ces couteaux ils existent encore aujourd'hui dans le volumineux dossier de l'instruction, et ce n'est pas sans une poignante émotion qu'on les aperçoit à la première page, avec leurs taches de rouille. Ils sont là, attachés en tête des interrogatoires, ces deux longs couteaux de cuisine, au manche en corne, à lames fixes, usées, effilées, teints encore jusqu'à la poignée du sang des six poitrines qu'ils ont fouillées l'une après l'autre.

EPILOGUE

Légende et chimères. — Le *Rapporteur républicain* et la comtesse d'Harville.
— Enquête posthume. — Documents officiels. — Cimetière de Monceau.

Romme avait été certainement l'organisateur du plus
dramatique suicide des temps modernes. Le dernier acte de
la vie de ces hommes énergiques eût été célébré par les anciens. Il fut à peine remarqué en France à cette époque de
sang et de deuil où la sensation de la mort s'était émoussée
à force de se renouveler dans les âmes.

Néanmoins l'imagination ne perd jamais ses droits dans
notre pays, et quelques mois s'étaient à peine écoulés que
la légende se formait autour de la mémoire de Romme-le-
Conventionnel.

Petit à petit, la légende avait pris corps et l'on signalait
sa présence à Paris. Il avait été vu essayant de soulever le
peuple au 18 fructidor, en vendémiaire, puis au 18 brumaire, apparaissant sous son vieux costume de représentant pour entraîner les faubourgs sur Saint-Cloud.

Les bruits les plus contradictoires étaient mis en circula-
tion par les patriotes. On racontait que le chimiste Romme
avait décidé ses collègues à prendre du poison avant le prononcé de la sentence et à se frapper après. Il avait calculé
que l'opium préviendrait une trop grande effusion de sang,
qu'en même temps cette effusion arrêterait les progrès de

l'opium et que, de ce double effet, résulterait une mort seulement apparente, si les blessures qu'ils se feraient n'étaient d'ailleurs pas mortelles.

La chronique ajoutait que Romme avait été rendu à la vie par des amis dévoués, qu'il avait été transporté d'abord dans une retraite sûre, puis en Russie où l'avait recueilli son ancien élève, le comte de Strogonoff, ami de l'empereur.

Le *Rapporteur républicain*, journal politique et littéraire, du 17 vendémiaire an VI (8 octobre 1797) se faisait l'écho de cette rumeur dans l'entrefilet suivant :

« On ressuscite Romme, ex-membre de la Convention nationale, qui fut condamné lors des événements de prairial par une Commission militaire et que le public a cru mort des blessures qu'il se fit en présence de ses juges. On assure que Romme fut mis à l'écart, livré à ses amis qui appelèrent des médecins habiles et rendu à la vie par un prodige de l'art et de l'amitié.

» On le dit passé en Russie où il avait résidé avant la révolution. Là il fut accueilli par un jeune russe dont il a été l'instituteur et qui est en dignité à la cour de Paul Ier.

» Romme ayant appris le changement qu'a opéré dans sa patrie la journée du 18 fructidor, a cru qu'il pouvait y reparaître sans danger et il sera à Paris sous peu de jours. »

La vieille mère de Romme, rameau desséché survivant à l'orage, qui n'avait pas succombé à sa douleur et qui veillait sur le berceau de la fille posthume de son Benjamin (1),

____

(1) Née le 3 brumaire an IV. Cette fille de Romme, qui était une assez jolie personne, mourut à Combronde, à l'âge de 18 ans. — Sa mère, la veuve de Gilbert, s'était remariée dans la même ville avec un nommé Dulin dont elle a eu plusieurs enfants.

s'enquiert anxieuse auprès de la comtesse d'Harville à laquelle elle rapporte le sauvetage miraculeux de son fils, se rattachant malgré tout au pâle rayon d'espérance qui vient de reluire à son foyer.

Et le 16 pluviose an VI, Mme d'Harville, l'amie fidèle de vingt ans, lui répondait en ces termes :

« Non, respectable citoyenne, ce n'est pas moi qui ai été assez heureuse pour conserver la vie à votre fils. Je le pleurais avec vous ; il manque tous les jours à mon bonheur. J'avais fondé sur la douceur de sa société, sur la similitude de nos goûts et de nos occupations le bonheur de mes vieux jours.

» Quelques systèmes exagérés, issus d'une tête vive et d'un bon cœur, semblaient l'éloigner des plans qu'il avait formés jadis avec plaisir. Mais j'espérais tout du temps et de l'amitié. Dans ma solitude je n'ai rien pu pour le sauver lorsque l'esprit de parti en a ordonné despotiquement le sacrifice. Jamais je ne le crus coupable d'intention, son âme était trop pure. Mais il s'était dévoué en aveugle et on l'entraînait.

» Enfin, d'après toutes les informations que votre lettre m'a fait prendre — car jusque-là j'avoue que je croyais le bruit des gazettes encore un jeu d'intrigues, — *il paraît qu'on vous a dit vrai, qu'il a été sauvé et qu'il est en Russie.* Si j'acquiers quelque lumière, je vous en ferai part à l'instant, heureuse d'être au moins la première à vous donner une douce certitude... »

Comment parvenir à vérifier une telle assertion ?

Tailhand, le neveu de Gilbert Romme, part aussitôt pour Paris afin de chercher à éclaircir sur les lieux le secret de

la mort. Sa première visite est pour l'exécuteur des hautes
œuvres.

Laissons la parole au jeune Riomois chargé de la funèbre
enquête :

« En entrant dans la maison de Sanson, mes oreilles
furent frappées par des sons harmonieux. C'était une voix
de femme se mariant aux accords d'un clavecin. De la musique dans un tel lieu et chez un tel homme ! Je crus m'être
trompé d'adresse ; je n'étais pourtant pas dans l'erreur.
C'était bien le domicile de celui qui avait sur son habit
du sang de Louis XVI mêlé à celui de ses juges ; l'imagination du Dante n'eût pas trouvé mieux.

» Peut-être allais-je entendre le chant de mort des Girondins, ou une romance de Fabre-d'Eglantine, le lauréat
des jeux floraux ; peut-être les derniers adieux du poète
Chénier ou de Camille Desmoulins, cet autre poète qui, du
fond de sa prison, sous la plus touchante allégorie, suppliait
sa pauvre Lucile de descendre de sa branche, afin de gratter
encore pour ses petits !

» Je fus introduit par un officieux : à cette époque il n'y
avait plus de valet, même chez le bourreau. Le salon où je
fus reçu ne présentait aucun des attributs du maître du
logis. Pas le plus petit emblème de place de Grève, pas la
plus légère miniature du triangle égalitaire : c'était à n'y
pas croire ; mais en revanche on y voyait des glaces, des
fauteuils élégants, une riche pendule et des gravures représentant des scènes champêtres, car lorsque le drame était
dans la rue, il fallait bien que l'églogue se réfugiât dans les
salons.

» Une jeune fille était au clavecin : une dame plus âgée
semblait lui donner une leçon de musique : je me trouvais en
tête-à-tête avec la femme et la fille de Sanson. La première

n'avait rien dans les traits qui révélât sa sinistre origine :
le doigt de Dieu ne l'avait pas marqué du sceau de sa réprobation. Elle était jolie et paraissait pleine de candeur. Ces
deux dames dont la mise avait une certaine élégance sans
recherche se montrèrent polies et empressées.

» Sanson était dans son cabinet. L'officieux, sur l'ordre
de sa maîtresse, s'empressa de m'y conduire. Le bourreau,
en robe de chambre, lisait et méditait. Vous l'eussiez pris
pour un homme de lettres. Qui peut savoir si, dans ce moment, il ne songeait pas à la publication de ses mémoires.
Les mémoires de Sanson ne devaient-ils pas être un jour
l'un des plus curieux documents de notre sanglante histoire.

» — C'est sans doute au citoyen Sanson que j'ai l'honneur
de parler ? — Oui, citoyen ; en quoi puis-je te rendre service ? — La réponse était polie, mais elle me fit mal. — Citoyen, je viens recueillir auprès de toi un renseignement
sur un fait que j'ai le plus grand intérêt à éclaircir. Per-
mets-moi de te demander si tu as présidé à l'exécution des
condamnés de prairial. — Sanson se recueillit un instant,
puis il me répondit : Je crois en effet avoir présidé à cette
exécution. — Dans ce cas pourrais-tu me dire si le député
Gilbert Romme a eu la tête tranchée comme ses autres collègues ? — Sanson se recueillit de nouveau. — Jeune homme,
me dit-il, après quelques secondes de réflexions, mes souvenirs sont trop confus pour qu'il me soit possible de faire à
ta question une réponse catégorique ; mais voici un registre
qui pourra donner satisfaction à ta curiosité. Ce registre,
c'étaient les tablettes de l'échafaud. Sanson chercha à la
lettre R ; le nom de Romme n'était point mentionné. Cette
découverte était importante, mais elle n'était point décisive,
car Sanson avoua que son livre n'avait pas toujours été

tenu avec une grande régularité, la main de son secrétaire
étant plus habile à faire tomber une tête qu'à l'inscrire sur
le lugubre catalogue. Le témoignage avait besoin d'être
contrôlé par un témoignage oculaire.

» Sanson tira le cordon de sa sonnette. L'officieux se présente. — Fais venir le chef de service. Ce fonctionnaire
s'appelait autrefois le valet du bourreau. L'ordre fut exécuté. Le chef de service parut devant son supérieur. — Citoyen, lui dit Sanson, te rappelles-tu si tu as guillotiné le
représentant Gilbert Romme ? — Gilbert Romme ?... c'est
possible, mais tant d'autres citoyens ont passé sous le rasoir
national que j'avais bien autre chose à faire que m'amuser à
retenir leurs noms.

» Cet interrogatoire laissait le fait aussi obscur que jamais; ma démarche n'aboutissait pas. Sanson crut devoir
me venir en aide par un conseil. — Jeune homme, me dit-il,
il ne te reste plus qu'à t'adresser au concierge de Clamard.

» Je courus au cimetière, je vis le concierge qui me conduisit dans un lieu ombragé par quelques saules. Il y a, me
dit-il, au-dessous de nous plus de neuf cents têtes humaines,
abattues par la hache du bourreau. Croyez-vous qu'en fouil-
lant dans cet ossuaire vous pourriez y reconnaître celle de
votre parent.

» Ce fut ma dernière visite ; je me retirai bien convaincu
qu'il n'appartenait pas même aux fossoyeurs de Shakes-
peare de deviner le mot de cette grande énigme de la
mort (1). »

Illusion du cœur qui veut espérer contre toute espérance !
Touchante chimère dont on poursuit l'impossible réalisation !
Pourquoi s'arrêter à un vain mirage !

(1) Eloge biographique de M. Tailhand, par Conchon. — 1850.

Les pièces authentiques n'étaient-elles pas là pour ré-
uire à néant la fantaisie du rêve ?

En dehors du procès-verbal de l'officier de santé et de
elui du commissaire de police constatant le décès, une dé-
laration faite le lendemain par les deux fossoyeurs chargés
u service des inhumations de la section de la place Ven-
ôme, vient encore dissiper tout espèce de doute. Ils ont saisi
ur Romme, après sa mort, différents papiers manuscrits, un
ortefeuille vide, une alliance et un étui de bois contenant
es épingles. Ils ont ensuite dépouillé le cadavre et lavé ses
êtements qui se composaient d'un habit de drap bleu, d'un
ilet de bazin blanc, d'une culotte de casimir jaune et d'un
hapeau rond. Dans la semelle d'un des souliers se trou-
ait encore une pointe de ciseaux d'environ trois pouces de
ong.

Le 14 thermidor les effets des suppliciés, reliques de fa-
ille, furent remis aux réclamants au nombre desquels
gurent *Marie-Madeleine Chaulin, veuve Romme,* et *Mar-*
erite du Boys, mère et unique héritière de Soubrany.

Certes le sépulcre ne rend pas sa proie, et la fosse béante,
duite de chaux, qui recevait pêle-mêle chaque jour la tête
le tronc des condamnés ne laissa jamais la vie empiéter
r ses droits. A l'entrée de cet égoût de sang on avait gravé
nscription du néant : *Dormir,* « comme si les bourreaux
ssent voulu se rassurer eux-mêmes en affirmant que les
ctimes ne se réveilleraient jamais. »

Sur l'emplacement du cimetière de Monceau s'élevait, il y a un quart de siècle à peine, une guinguette supportant cet écriteau : *Ici l'on danse.*

Aujourd'hui salle de bal, cabaret, cimetière même n'existent plus. Le boulevard Malesherbe a passé par là ; tout a disparu et les ossements dépareillés reposent dans le vaste hypogée des catacombes. C'est là que tous ceux qui s'entretuèrent, frères ennemis de la grande famille humaine, s'embrassent et fraternisent dans la poussière de la mort.

APPENDICE

APPENDICE

NOTE **A**

Traité passé entre Gilbert Romme et le comte de Strogonoff, le 1ᵉʳ mai 1779.

Le comte de Strogonoff ayant confié l'éducation de son fils à M. Romme, est convenu avec lui des conditions suivantes :

1º L'éducation se fera suivant un plan bien discuté, arrêté et convenu d'avance entre les parents et M. Romme. Les objets d'instruction seront fixés, ainsi que la manière d'y procéder. L'emploi du temps réglé, on conviendra surtout de la manière de traiter tout ce qui peut former le caractère. Tous ces points une fois convenus serviront de base invariable aux parties contractantes qui ne s'en écarteront que d'un accord mutuel ;

2º Les honoraires de M. Romme seront de cent louis d'or de France les trois premières années et de mille écus par an jusqu'à la fin de l'éducation de son élève parvenu à 18 ans ;

3º Au lieu d'une pension viagère, M. de Strogonoff s'engage pour lui et ses héritiers à faire payer à M. Romme, de 3 en 3 ans, 8,000 livres de France ; et si quelque circonstance obligeait M. Romme à se retirer dans l'intervalle, il lui sera payé des 8,000 francs à raison du temps qui se sera écoulé sur chaque triennal ;

4º L'éducation finie, si M. Romme continuait ses soins à l'enfant parvenu à l'âge de 18 ans, en voyageant avec lui, les parties conviendraient de nouvelles conditions ;

5º M. Romme sera défrayé de tout, entretenu de tout à son habillement près ; il sera servi par le domestique de son élève ;

6º Son retour à Paris, par terre ou par mer, lui sera payé dans quelque cas et de quel endroit que ce soit.

Signé : Alexandre comte de Strogonoff.

NOTE **B**

Catalogue du petit nombre de livres que l'Impératrice trouve bons, donné par elle-même au comte de Strogonoff, le 21 avril 1781.

LES ŒUVRES DE VOLTAIRE, sans excepter le moindre brimborion, parce que cela est bon dans tous les genres et qu'il n'y a que le genre ennuyeux qui en soit exclu. Cela apprend à ne point donner dans ce pire de tous les genres.

L'HISTOIRE DE CICÉRON, par *Midleton*.

L'ESPRIT DES LOIS.

LES CAUSES DE LA GRANDEUR ET DE LA DÉCADENCE DE L'EMPIRE ROMAIN.

LES TRAGÉDIES DE CORNEILLE. Elles élèvent l'âme et la fortifient, surtout *Cinna*.

LES ANNALES DE L'ABBÉ SAINT PIERRE. C'est un excellent petit livre.

LES LETTRES DE Mme DE SÉVIGNÉ.

LA PRINCESSE DE CLEVES.

LA PAYSANNE PARVENUE, par *Marivaux*.

JOSEPH ANDREWS ET SON AMI ABRAHAM ADAMS.

DIALOGUE SUR LE COMMERCE DES GRAINS, par l'abbé *Gagliani*.

LES MÉMOIRES DE SULLY.

LES MÉMOIRES SUR LA CHINE. C'est un antidote contre la trop forte prévention sur les idées de l'Europe.

LE COMPTE-RENDU DE M. NECKER.

LE DICTIONNAIRE DE BAYLE.

Locke. — DE L'ENTENDEMENT HUMAIN.

Locke. — DE L'ÉDUCATION DES ENFANTS.

LE COMMENTAIRE SUR LES LOIS D'ANGLETERRE, par *Blackstone*.

LE TRAITÉ DE LA POLICE DU COMMISSAIRE LAMARRE.

L'HISTOIRE DE CHARLES-QUINT, par *Robertson*.

L'HISTOIRE DE MARIE D'ÉCOSSE, par *Robertson*.

HISTOIRE D'ANGLETERRE, par *Hume*.

ABRÉGÉ DE L'HISTOIRE DE FRANCE, par le président *Hainaut*.

VÉGÈCE. — TACITE.

LES NUITS ANGLAISES.

ANGOLA.

LA PLURALITÉ DES MONDES, par *Fontenelle*.

LE MONDE, traduit de l'anglais.
LES ÉPOQUES DE LA NATURE.
LES RÊVERIES DU MARÉCHAL DE SAXE.
LES MÉMOIRES DU CARDINAL DE RETZ.
LE BÉLISAIRE, de *Marmontel*.
L'ART DE FORMER LES JARDINS OU L'ART DES JARDINS ANGLAIS, traduit
de l'anglais.

NOTE C

SOUBRANY. — Anecdote. — Sa fille naturelle.

Voici une lettre un peu obscure dans laquelle Soubrany fait allusion
à quelques-uns des griefs que nous signalons. Elle est adressée à sa
mère et porte la date du 14 avril 1781 :

« Je suis bien fâché de votre prévention contre Lapeyre. C'est un
» fort honnête garçon, et qui comme militaire peut aller partout et a
» été certainement avec gens qui valaient mieux que moi. Soyez, je
» vous prie, persuadée, que quand même il n'y aurait pas été, M. de
» Capony m'aurait fait la même malhonnêteté, et quand même il se ser-
» virait de cette excuse, elle n'est pas de recette. Je sais bien que je
» puis en appeler de ces juges, mais j'aurais bien désiré avoir pu
» éviter leur jugement, parce que si M. de Capony se fut entêté à ne
» pas renvoyer l'affaire, j'aurais été bien sûr de gagner cette demande
» à la *Table de marbre.* »

Quand Soubrany partit pour le régiment, sa mère lui remit un livre
contenant les Evangiles et lui recommanda de le parcourir de temps à
autre afin d'y fortifier ses sentiments religieux. Pierre-Amable promit
de se conformer à ce désir et mit le livre dans sa malle.

A son retour, sa mère lui demanda s'il n'avait pas oublié sa promesse. Pour lui être agréable, son fils lui répondit qu'il avait eu re-
cours à son livre à plusieurs reprises.

Sa mère le lui redemanda, l'ouvrit en sa présence, et lui fit remarquer qu'elle avait placé plusieurs billets de banque entre les pages, et comme ces billets s'y trouvaient encore, c'était la preuve manifeste que Soubrany n'en avait pas fait usage.

Durant son existence de garnison, Soubrany avait eu une fille naturelle dont l'existence fut très-accidentée et la fin tragique.

Elle était belle, d'une taille élevée, pleine de distinction, avec un grand air de résolution et d'intrépidité dans toute sa personne.

Après avoir séjourné quelques années à Milan, elle vint en 1814 s'installer à Menat, dans l'arrondissement de Riom. Elle était bonne et charitable, dit-on, et elle se serait fait aimer dans cette petite ville si elle n'avait scandalisé tout le monde par une révoltante impiété. Elle poussait à l'extrême le culte de la libre pensée, allant dans cet ordre d'idées jusqu'à l'exaltation. Elle organisa même un jour, au grand émoi du public, une indécente manifestation pour protester contre une plantation de croix dans la commune.

A quelques mois de là, vers 1817, elle épousa un industriel, M. Cerf, qui possédait une usine près de Saint-Pourçain.

Un jour le cadavre de M. Cerf fut trouvé dans la Sioule.

Les soupçons de la Justice se portèrent sur la jeune femme à laquelle l'opinion publique n'était pas favorable. Elle était partie pour le département du Rhône. C'est là qu'elle fut arrêtée.

Son procès s'instruisit à Lyon.

Au milieu de son exaltation elle ne cessa de protester de son innocence.

Elle fut condamnée *à mort*, — et le 2 septembre 1819 elle monta sur l'échafaud comme son père y était monté vingt-quatre ans auparavant.

NOTE D.

Extrait du JOURNAL de Gilbert Romme, du 24 septembre au 24 octobre 1791.

Le 24 septembre 1791, je suis arrivé à Paris pour me plonger dans le tourbillon des grands intérêts qui attirent de toutes parts les délégués de la nation, et qui excitent dans les hommes tant de mouvement, tant d'intentions diverses. Démêler dans ce chaos l'erreur de la vérité, l'intrigue de la bonne foi, est la tâche que je dois désormais m'imposer ; je l'entreprends sans un grand espoir de réussir.

Il arrive tous les jours de nouveaux députés pour la prochaine législature. On se demande s'ils sont patriotes, éclairés, courageux ; s'ils se rendent aux *Jacobins* ou aux *Feuillants.* On ne parle presque plus de ces derniers, qui bientôt se fondront comme l'Assemblée Constituante.

Les Jacobins ne comptent encore qu'une trentaine de nouveaux députés qui se sont inscrits sur le tableau de la société. On assure qu'un grand nombre sont dans le dessein de s'y rendre, mais tous à la fois, et lorsque la nouvelle législature aura ouvert sa session.

Et cependant la coalition redoutable est toujours en possession de la tribune et du fauteuil de l'Assemblée nationale, et les décrets les plus contraires aux principes de la liberté viennent chaque jour tronquer quelques parties des lois les plus sages. Les patriotes en gémissent. Je me suis mêlé au public dans une des grandes tribunes, et j'ai remarqué, avec un grand soulagement, que l'opinion du peuple n'est pas celle de cette monstrueuse majorité de l'Assemblée qui, par ses derniers travaux, par l'astucieuse éloquence de quelques orateurs pervers et bien connus, ne fait que plus désirer la nouvelle législature. On espère bien qu'elle révoquera ces décrets anti-humains qui révoltent tous les bons esprits. Attendons.

Les coalitionnaires qu'on m'a nommés sont :

Alexandre et Charles Lameth, Montmorency, Noailles, Thouret, Chapelier, Crillon, Baumetz, Duport, Broglie, Liancourt, Larochefoucauld, Dandré, Lafayette, Barnave.

Un de ces messieurs, enchanté du succès de leurs démarches, disait dernièrement dans un comité : « Que n'avons-nous encore un mois, nous compléterions notre dessein ; » ceci peut s'entendre de deux manières, mais on est très porté, entre deux interprétations, à prendre celle qui doit le plus a'armer, parce qu'on est persuadé que la justice et la raison ne s'entourent que de loyauté, droiture, franchise et publicité ; tandis que ces messieurs ne travaillent que dans les ténèbres, astucieusement et avec une telle subtilité, qu'on ne connaît leur marche qu'au moment de leur succès.

Cette redoutable coalition embrasse depuis longtemps le projet le plus vaste. Le départ du Roi, l'envoi de M. Romeuf à sa poursuite, les reproches en apparence si sanglants de la Reine à cet aide de camp de M. de Lafayette lorsqu'elle l'a vu à Varenne, le retour du Roi, son mémoire déclaratif, ses différentes réponses, sa suspension de toutes fonctions royales, la garde dont on l'a entouré, moins pour le surveiller que pour le garantir du peuple, la conduite de Bouillé, sa lettre insolente à l'Assemblée nationale, sa scission des Jacobins, le changement si brusque que Condorcet a montré dans ses opinions, le républicanisme le plus absolu qu'il a assuré dès lors dans tous ses écrits, etc., etc., tout cela sort de l'antre de nos Machiavels. Et il est vraisemblable que nous verrons l'infâme Bouillé, cet ennemi si caché d'abord et si fougueux lorsqu'il a été découvert (ce qui a été dit par l'abbé Gerle).

Les Jacobins ont fait une invitation, par les papiers publics, aux députés à la prochaine législature, de se rassembler dans leurs salles les jours où eux-mêmes ne tiendraient pas leurs séances. Le 27, environ cinquante nouveaux députés se sont rendus dans une des salles des Jacobins. Plusieurs personnes y ont parlé. Un abbé, député du département de Loir-et-Cher, a déclaré que c'était lui qui avait provoqué cet arrêté des Jacobins pour déjouer les rassemblements particuliers qui se font chez plusieurs ministériels bien connus, comme Pastoret, Crillon, Broglie, Liancourt, qui travaillent à ministérialiser les nouveaux venus, afin de former un parti dans la nouvelle législature. Ce député ecclésiastique est nerveux, affronte les dangers, dénonce sans crainte, frappe à droite et à gauche sans ménagement et avec un courage qui pourra être quelquefois utile à la chose publique, mais qui pourra entraîner aussi quelquefois dans quelques imprudences.

Que fera-t-on ? Voilà ce qu'on se demande. — Mais, qui sommes-nous ? Formons une liste ; convenons de nous rassembler. — Nous rassembler ! Mais où ? Aux Jacobins ? Mais ils sont calomniés, et nous devons éviter tout esprit de parti, toute division.

Invitons tous les députés nouveaux à une réunion générale. Cette invitation faite de la part de quelques députés vaudra mieux que de la part des Jacobins mêmes. — Mais ceux qui sont dans des dispositions contraires aux Jacobins ne se rendront pas ! — Tant mieux, on connaîtra les bons ; le triage tôt ou tard se fera, et il serait intéressant qu'il se fît promptement. — Nous consacrons la division par là, et tous nos efforts doivent tendre à la réunion et à l'unité de sentiments. — Nous avons besoin qu'il se forme un côté droit ; sans cela, nous n'aurons qu'une majorité douteuse et toujours changeante.

Rassemblons-nous dans un lieu neutre et faisons une convocation générale. — Mais nous ne le pouvons pas sans en prévenir la municipalité, et notre rassemblement effrayerait avec raison la nation, qui verrait deux assemblées de ses représentants. D'ailleurs notre réunion ne peut être légale qu'en se faisant à l'époque que la loi a fixée C'est dans l'Assemblée nationale que nous devons tous nous réunir et nulle autre part. Ainsi, point de rassemblement ici, point de convocation. Levons la séance ; mais avant de nous séparer, que chacun de nous dise son nom et celui de son département ; mais qu'il ne soit point fait de liste. On se nomme et l'on se retire.....

..... On me disait qu'à l'époque de la fuite du Roi, l'intention des coalitionnaires était de profiter de l'état de détresse où allait se trouver le Roi et par suite la nation, pour engager l'Assemblée à se relâcher un peu de la sévérité des principes et de tromper la Constitution. Marat, le fougueux Marat, cet ami du peuple, qui semblait en être le seul et l'intrépide défenseur dans cette circonstance, s'est démasqué et n'a montré qu'un hideux aristocrate.

Le chant du coq est placardé dans tous les carrefours et sert à transmettre dans le peuple des opinions diverses. Ce moyen serait dangereux, si le peuple était encore indécis dans la Révolution, mais il ne l'est pas. Un afficheur met un de ces placards ; six ouvriers mangent leur morceau de pain en se rendant à leur travail ; ils s'approchent de l'affiche, l'un d'eux lit : — Ah, c'est le chant du coq, laissons ce b..... d'aristocrate, il ne veut que nous endormir ; — et ils se sont retirés.

Une dame riche, et qui, en 1788, se serait ouvertement vantée de sa naissance, disait : « La Révolution a opéré un changement rapide dans les esprits : mon charretier, qui est de la société des *Amis de la Constitution* de Sèvres, qui est dans la garde nationale et y occupe une place distinguée, fait souvent ma société lorsque je veux m'instruire de ce qui se passe. Il me rend compte des décrets, des événements, des diverses opinions, mieux que ne l'aurait fait mon homme d'affaires avant la Révolution. »

Le 27 septembre, m'étant rendu aux Jacobins, on m'apprend que les députés à la prochaine législature se rassemblent dans une salle voisine ; je m'y rends ; j'y trouve six à huit personnes ; j'ignorais si elles étaient aussi de la législature ; j'annonce le motif pour lequel je me rends dans la salle. Alors tous se lèvent ; l'un d'eux dit qu'ils sont envoyés en députation par des citoyens francs, aimant la vérité et la disant durement, portant partout un esprit de défiance, exerçant une surveillance sévère, toujours prêts à censurer et à tancer vertement ceux qui le méritent. — A ce portrait, ai-je dit, je reconnais la société des *Cordeliers,* ce qui a paru faire plaisir. — Quoique je fusse seul de la nouvelle députation, malgré les représentations que j'aie pu faire, et qui tendaient à faire voir que le but de la députation était manqué, puisque la réunion n'avait pas lieu comme on s'y attendait ; l'orateur de la députation a dit, conformément au vœu de toute la députation, et d'un ton ferme : « Les citoyens qui nous envoyent voudraient prémunir les nouveaux députés contre la contagion de Paris, en leur offrant quelques réflexions sur les élections qui se sont faites, au moment où, venant de leurs départements respectifs, ils sont encore frais de vertus, frais d'honneur. Qu'ils ne se conduisent en tout qu'avec la plus grande défiance, la députation de Paris rassure peu les patriotes. »

Il en est cependant quelques-uns sur qui vous pouvez compter ; indiquez-moi, je vous prie, ceux qui, à votre jugement, méritent le plus de confiance. — Pas un seul, répond l'orateur ; ses collègues sont étonnés de ce jugement et n'y souscrivent pas. — Je suis sévère ; une triste expérience m'a appris à me défier des hommes les plus patriotes en apparence, parce que plusieurs ont ensuite montré un cœur corrompu. Soyez aussi défiants, il vous sera toujours facile de rectifier le jugement que je porte.

Pendant cet entretien, le secrétaire écrivait ; il a signé et fait signer son écrit, qu'il m'a présenté ensuite : c'est un billet d'entrée aux Cordeliers. — J'ai témoigné de l'intérêt à pouvoir aller recueillir, au milieu de ces francs citoyens, quelques vérités âpres mais utiles.

Il est survenu trois nouveaux députés, à qui l'orateur a répété, mais en d'autres termes, et très-énergiquement, tout ce qu'il m'avait dit. — L'un d'eux a répondu qu'il se ferait un devoir d'aller écouter quelquefois les vérités sublimes que l'orateur voudrait bien leur communiquer. — L'ORATEUR : Monsieur, nous ne courons point au sublime ; nous sommes simples comme la vérité qui, chez nous, est une foule sans cortège ; ailleurs, le mensonge a pour cortège l'or ; pour nous, nous sommes presque tous pauvres, mais chauds, mais francs, mais loyaux citoyens. — La vérité toute seule est sublime, et nous ne connaissons rien de plus sublime qu'elle ; et nous aussi, nous sommes de francs patriotes ; nous avons juré, en partant d'auprès de nos concitoyens, de rester fidèles à la Constitution et de périr,

s'il le faut, pour la maintenir. On a applaudi ; la députation s'est
retirée ; l'orateur, en sortant, m'a serré la main. Je suis resté seul
avec mes collègues, qui m'ont demandé le nom de mon département
et m'ont dit qu'ils étaient de la Moselle et de la Meurthe.

J'ai été d'autant plus fâché que la réunion n'ait pas eu lieu entre
les nouveaux députés, que Brissot était venu aux Jacobins dans l'intention de se présenter à l'assemblée des députés et de leur communiquer quelques réflexions.

Je demandais à Brissot si nous devions compter sur Condorcet ; il
m'a répondu : « Je l'ai porté moi-même ; on doit compter sur un
homme qui sacrifie une place de 20,000 livres ; et il l'a fait sans
hésiter ; il a renoncé à sa place de commissaire de la Trésorerie. »

On est venu dire à Brissot que Pastoret était à la porte des Jacobins
et qu'il le demandait.

Brissot aurait-il donc des relations avec Pastoret, avec cet homme
qui a eu des relations de valet avec Barentin, jusqu'à la chute de ce
ministre altier et perfide ; avec cet homme qui a rédigé les déclarations et les discours de la séance Royale du 23 juin 1789 ?

Brissot n'a eu, dit-on, aucune relation avec lui jusqu'au moment
de son élection ; mais aussitôt que Brissot a été nommé, Pastoret est
venu à lui : « Vous me regardez comme un homme dangereux, équi-
voque ; mais je pense comme vous, et je désire que nous soyons amis.
— Vous êtes donc patriote ? Eh bien, voyons, voulez vous venir aux
Jacobins ? — Sans doute, et je vous prie de me faire recevoir de cette
société. »

M. Pastoret est blond, il a la peau blanche et transparente presque
comme un albinos ; il est petit et presque toujours riant. Il pourra
faire des démarches pour se faire croire patriote franc ; la défiance
conduira toujours le jugement des patriotes francs sur son compte.

L'assemblée électorale de Paris a été blâmée par l'Assemblée nationale pour avoir excédé ses pouvoirs à l'occasion d'un interrogatoire
qu'on a fait subir à un huissier qui est venu arrêter Danton dans le
sein même de l'assemblée des électeurs. L'indignation de l'Assemblée
était sans doute fort naturelle contre cet acte de violation de tous les
droits ; mais le président, M. Pastoret, ne devait pas se prêter aux
interrogats que plusieurs personnes venaient provoquer auprès de lui ;
il ne devait pas prendre les demandes individuelles faites dans le
tumulte pour le vœu de l'Assemblée.....

Lorsque Garan de Coulon a été nommé juge, quelques électeurs
villageois l'ayant vu : *Comment, c'est là celui qu'on vient de faire juge !
je l'aurions pris pour un criminel.* — Garan a les cheveux plats, noirs
et sans poudre, son habit est simple et son teint décoloré, sans doute

par le travail : ses sourcils épais et noirs, ses yeux enfoncés dans leur orbite, pouvaient bien faire sur nos villageois l'impression qu'ils ont fait connaître.

Lacépède disait à quelques amis : « J'ai toujours porté Brissot, parce que mes opinions sont les siennes. Il montera le premier à la brèche, mais soyez sûr que je serai le second. »

Broussonnet me disait : « Je ne compte que sur quatre personnes dans la députation de Paris : Garan de Coulon, Brissot, Condorcet et moi..... »

Au moment de l'appel, le 1er octobre, fait par l'archiviste, chacun a pris place dans les bancs ; tous se pressaient du côté gauche, et le côté droit restait vide. Les galeries qui s'en sont aperçues ont fort applaudi, et les députés se sont tenus debout, attitude qui annonce le respect que l'Assemblée porte à un public qui ne voit dans l'Assemblée que des défenseurs et des représentants de la nation.

Le 2, nous nous sommes constitués Assemblée nationale législative, après avoir reconnu que le nombre des députés vérifiés était de plus de 372.....

M. l'abbé Audrin a été entendu sur la question des comités, et très-mal accueilli, non pour son opinion, mais pour la manière longue, ampoulée, dont il l'a développée.

Cambon mérite la confiance des patriotes ; on le dit éclairé en finances, mais il parle d'une manière très-incorrecte.

M. Vaublanc, du département de la Marne, est un homme qui pèse tous les mots, toutes les syllabes, qu'il prononce fortement ; il parle avec facilité et pureté. Il a été écouté cependant avec plaisir dans la question de la formation d'un comité des Finances. On l'écouterait avec plus de plaisir s'il mettait moins d'affectation dans ses gestes et dans sa prononciation.

Téalier a eu quelque velléité de se faire recevoir à la société des *Jacobins*, et demandait à Maignet de l'appuyer dans sa demande. Celui-ci lui a conseillé d'attendre encore quelque temps, car on n'ignorait pas qu'il avait travaillé à nuire à la société de Clermont. Couthon montrait aussi de la répugnance à le présenter aux Jacobins. Je n'étais pas de cet avis, et je pensais que, dans ce moment, il valait mieux circonvenir les personnes douteuses de lumières épurées et de patriotes qui, par leur exemple, peuvent porter un jour pur dans les consciences égarées ou faussement éclairées, que de les abandonner à elles-mêmes. Téalier voulait aller aux Jacobins ; on l'en a détourné, et il s'est jeté dans le club de Richelieu. Il eût été sans force d'un côté, et probablement se fût épuré ; il deviendra un ennemi redoutable en se joignant aux ministériels. Il est à craindre que Cuel, Col et autres ne suivent ce dangereux exemple.

Dumolard a parlé d'une manière très-intéressante sur la nécessité d'un comité des Matières Féodales.

Cerruti montre un grand art à saisir le cœur de l'Assemblée ; son vœu serait de ramener ses auditeurs à son opinion ; mais, pour ne pas se compromettre, il voile cette prétention, ne la poursuit que par des voies tortueuses et enveloppées ; fait de temps en temps, et en suivant son discours, quelques essais sur les esprits et conclut pour ou contre sa propre opinion, suivant l'impression qu'il juge avoir faite.

Garan annonce de la franchise, beaucoup de probité et de bonne foi, des lumières ; mais son organe glapissant frappe désagréablement l'oreille, son accentuation très-prononcée approche de l'affectation ; cette affectation n'est pas celle de l'homme qui veut plaire, mais de celui qui veut convaincre ; il a de la peine à donner à ses idées le développement et la précision qui leur conviennent. On le croit plus propre à la méditation du cabinet qu'à la tribune.

On nous assure que les députés à la nouvelle législature se rassemblent en plusieurs endroits différents : 1º aux Jacobins, avec le public ; 2º aux Jacobins, entre députés seulement ; 3º aux Feuillants, avec ceux des feuillantins qui tiennent le plus à cette société ; 4º à Quatre-vingt-Neuf, avec les membres de cette société ; 5º à l'hôtel Richelieu, entre députés seulement ; 6º Théodore Lameth a aussi chez lui un rassemblement de députés ; est-ce pour son département seulement, je l'ignore. Il est probable qu'il y en a bien d'autres.

. . . .

Orateurs de la Révolution :

Isnard, Grangeneuve, Chabot, Fauchet, Merlin, Albitte, Lecointre, Taillefer, Goupilleau, Bazire.

Orateurs de la loi :

Vergniaud, Garan de Coulon, Morveau, Broussonet, Rühl, Guadet, Sérane, Brissot, Lamarque de la Dordogne, François de Neuf-Château, Cambon, Goyer, Mailhe.

Endormeurs ou orateurs du Roi :

Ducastel, Vaublanc, Ramond, Robin (Léonard), Jolivet, Dumas, Jaucour, Champion, Tarbé, Briche, Chéron, Fressenel.....

NOTE E

Extrait des notes prises par G. Romme dans les séances des 16 au 22 janvier 1793 à la Convention.

Séance du 16 janvier.

...... On multiplie les motions; la Montagne paraît disposée à les adopter toutes, afin qu'on passe enfin au grand ordre du jour, la peine à infliger à Capet; mais les soi-disants poltrons de l'Assemblée proposent. discutent, amendent, retirent leurs motions sur de nouvelles explications. Il est trois heures. Des membres du côté gauche voyent dans les craintes fantastiques manifestées à la tribune une tactique pour éloigner l'ordre du jour. Un habitué de la Montagne s'élève contre cette manœuvre et dit que s'il était question de faire le procès au peuple au lieu de le faire à son tyran, on mettrait moins de lenteur.

Un membre du côté droit demande que la Convention décrète que les suppléants se rassembleront dans une autre ville que Paris, afin qu'ils soient au moins à l'abri des poignards; le brave qui fait cette motion est Penière, du département de la Corrèze.

Une femme, témoin de cette conduite du côté droit, dit que si elle était dans la tribune de ce même côté, elle aurait du plaisir à jeter des cocardes blanches à ces temporiseurs.

On met une banquette dans le parquet du côté gauche pour quelques députés qui ne trouvent pas de place dans la Montagne et qui ne se soucient d'en prendre dans le côté droit.

Un député, bon patriote, mais plus emporté qu'orateur veut marquer à l'Assemblée son indignation; Marat le prend par les épaules, le retient à sa place et le force ainsi au silence.

La tribune est toujours assaillie par les trembleurs. On renouvelle la réclamation contre l'ordre de faire venir les canons de Saint-Denis. Un patriote demande la parole pour repousser cette ridicule inculpation par l'arme même du ridicule; Barbaroux vient du côté droit et lui ferme la bouche en lui donnant quatre exemplaires de son opinion sur les subsistances...

On ajourne la question des patrouilles.

Il est cinq heures ; le président annonce enfin le grand ordre du jour, le jugement de Louis.

Hardi, du côté droit, veut parler sur la manière de poser la question ; on observe qu'elle est posée par un décret.

Hardi sera-t-il entendu ? On met aux voix. Il ne sera pas entendu. Il persiste malgré le décret.

A combien de voix sera rendu le décret pénal contre Capet ?

Garan dit avec raison que la Convention nationale ne peut avoir qu'une mesure pour tous les décrets et que la majorité absolue doit faire l'expression de la volonté générale dans tous les cas.

On prétend que lorsqu'il s'agit du sort d'un Roi l'objet est trop important pour ne pas demander au moins les deux tiers des voix.

Mais, n'est-ce pas à la simple majorité qu'on a décrété : 1° la guerre, c'est-à-dire la mort de plusieurs milliers de bons citoyens ; 2° la mort de tous les émigrés qui seraient pris les armes à la main ; 3° que Louis serait jugé par la Convention ; 4° qu'il était convaincu de conspiration contre l'Etat ; 5° que l'appel au peuple n'aurait pas lieu. N'est-ce pas à la majorité simple que les lois les plus importantes, celles qui ont décidé du salut de la république, ont été rendues, et que la Constitution elle-même le sera ? La Convention changera-t-elle son caractère pour un tyran ?... Ces raisons ont été développées par un membre de la Montagne.

Lanjuinais. du côté droit, prétend que la majorité simple dans cette circonstance serait une nouvelle violation des principes : « Ils ont déjà été violés, dit-il, lorsque vous avez décrété que vous seriez juges de Louis. » — Que ces réclamations contre un décret rendu parcourent l'Europe et l'on pensera que la Convention était incompétente.

Après deux heures de discussion, on décide que la majorité absolue suffira comme pour tous les décrets.

On commence l'appel nominal sur cette question : *Quelle peine appliquera-t-on aux crimes de Louis Capet ?*

A onze heures et demie on en est au 100° votant, 61 pour la mort et 39 pour la réclusion ou le bannissement. Clavière et Lebrun, au nom du conseil exécutif, annoncent, par un billet, qu'ils viennent de parcourir les quartiers les plus peuplés et que partout ils ont trouvé ordre et calme.

Couthon demande à se retirer à cause de son infirmité et à être admis à voter avant son tour, ce qui lui est accordé.

La lenteur de cet appel vient de ce que chacun, pour le repos de sa conscience, veut motiver son suffrage et que la Convention n'a pas le droit de s'y opposer.

L'appel se continue toute la nuit. Le jour nous retrouve sur bancs. A midi du 17, on n'en est encore qu'au 66ᵉ département; 542 membres ont voté jusqu'à présent, dont 208 pour la réclusion ou le bannissement après la signature de la paix, et 334 pour la mort. Parmi ces derniers une trentaine ont proposé quelques restrictions; tous les autres, qui forment la majorité, demandent la mort dans le plus court délai.

L'heure du départ du courrier approche; je suspens ici mes notes pour les envoyer à mes amis telles que je les ai écrites. Si je prenais le temps de les rédiger je ne pourrais pas les faire partir aujourd'hui.

On y verra les efforts multipliés de quelques personnes pour retarder ou éloigner l'ordre du jour et pour jeter la terreur dans l'Assemblée: on y verra le calme et la bonne contenance des patriotes que les départements ont méconnus jusqu'à présent, mais qui ne tarderont pas à être reconnus encore une fois comme les sauveurs de la liberté.

G. ROMME.

17 janvier l'an II de la République Française.

Soubrany et Valeix se joignent à moi pour saluer les patriotes.

Je vous envoie l'appel de notre département :

Couthon, Gibergues, Maignet, G. Romme, Soubrany, Rudel, Blanval, Monestier, Dulaure, Laloue, ont voté pour la *mort* dans le plus court délai.

Bancal, Girot, pour la *réclusion* pendant la guerre et la *déportation* au retour de la paix.

Du 18 janvier l'an II de la République Française.

L'appel nominal pour l'application de la peine a duré vingt-six heures, et la séance par conséquent trente-six.

Plusieurs listes ont été faites dans l'Assemblée, j'en ai fait une moi-même. Ces listes préparaient un moyen de contrôler le bureau. Il s'est élevé un orage au moment où il a été question de connaître le résultat. Les secrétaires n'avaient pas encore terminé le dépouillement, et cependant il circulait dans l'Assemblée que la peine de mort ne l'emportait que d'une voix, ce qui était démenti pour moi par mon propre travail.

Un homme en bonnet blanc se présente dans l'Assemblée, on le dit député, mais malade, et il demande à voter avant la clôture de l'appel. Il vote pour la détention. Un second député, tellement malade qu'il se soutenait à peine et ne pouvait point parler, vient aussi voter. On reconnaît que c'est une pièce des amis du Roi qui, après avoir réduit la majorité pour la mort autant qu'il était possible, auraient voulu la rendre minorité en appelant quelques-uns des leurs absents pour maladie. Cette manœuvre a été vigoureusement relevée par un brave patriote qui a paru pour la première fois à la tribune et que j'aimerais à y voir souvent car il parle avec force et clarté.

L'indignation s'est manifestée parmi les patriotes. Le bureau a été accusé d'infidélité et, dans le moment où quelques membres témoignaient leur mécontentement, Manuel, l'un des secrétaires, a pris son chapeau pour se retirer. On a considéré cette retraite comme une fuite pour éviter la censure et comme un aveu des griefs dont on accusait le bureau. Plusieurs membres se sont opposés à ce qu'il partît. Un cri général du côté gauche s'est élevé contre Manuel qui était coupable au moins de n'avoir pas respecté le décret qui enjoignait à tous les membres de l'Assemblée de ne point quitter leur poste. Il est rentré quelques minutes après, à la sollicitation de quelques-uns de ses collègues. Cet homme se perd dans l'opinion des patriotes et ne parviendra pas à sauver le Roi.

On annonce l'ambassadeur d'Espagne qui veut communiquer à la Convention des dépêches de la cour.

On annonce aussi les défenseurs de Louis. La Convention décrète qu'elle n'entendra pas l'ambassadeur d'Espagne, et qu'elle admettra à sa barre les défenseurs de Louis immédiatement après la proclamation du résultat de l'appel. Il résulte de cette proclamation qu'il y a eu 721 votants, que la majorité doit être de 361 et que le nombre des voix pour la mort est de 366.

Il y a erreur : 1° en ce qu'on ne compte que 11 absents par commission au lieu de 15; 2° parce qu'on compte comme jugement à mort conditionnel le vote de Mailhe qui, en prononçant la peine de mort, avait demandé que la Convention examinât s'il convenait de différer l'exécution. Cette motion était indépendante du vote qui devait rester simple et positif. Comme plusieurs membres ont voté de la même manière, cette fausse interprétation du bureau écarte environ 23 voix pour la mort; 3° ce nombre de voix a été porté dans la colonne où l'on a rassemblé tous les votes qui n'étaient pas pour la mort simple, ce qui l'augmente de 23 voix et efface d'autant la différence entre les deux.

Les défenseurs sont admis. *De Sèze* lit un écrit de la main de Louis qui entend interjeter appel à la nation du jugement de ses représentants.

De Sèze ajoute quelques réflexions sur le décret par lequel la Convention déclare que le jugement sera porté à la majorité simple; ce dernier article est développé par *Tronchet. Lamoignon* demande à être admis le lendemain à présenter des réflexions sur cet objet.

Robespierre s'élève contre l'acte d'appel de Louis comme attaquant la liberté publique et l'autorité de la Convention. Il demande que cet acte ne soit point reçu et qu'il soit décrété une peine contre quiconque y donnerait suite.

Guadet parle ensuite. Il attaque aussi l'appel en rappelant son opinion; il fait entendre qu'il a toujours considéré la Convention comme un tribunal national dans l'affaire de Louis, mais, qu'après avoir prononcé comme juge, il pensait que, reprenant son caractère de législateur, il conviendrait d'examiner s'il est de l'intérêt du peuple que le jugement ait son exécution.

Plusieurs votants dans cette circonstance ont fait de la duplicité une nouvelle vertu politique. Deux consciences, deux caractères, deux avis dans le même individu et dans la même affaire me semblent indignes de représentants du peuple; mais avec de l'audace et le talent perfide de la parole, l'hypocrisie même ne craint plus de se montrer et fait des prosélytes parmi les ineptes.

La Convention a décrété qu'elle ne recevrait pas l'appel de Louis à la nation.

La séance du 18 est ouverte à onze heures. Jamais Paris n'a été plus tranquille. Les crieurs annoncent partout le jugement à mort de Louis Capet, comme autrefois on annonçait un arrêt du Parlement, sans faire plus de sensation.

Les fédérés qui arrivent à Paris se sont réunis hier aux gardes nationales de Paris. On dit qu'ils ont brûlé l'effigie de Roland et plusieurs de ses écrits.

Gasparin fait reconnaître une inexactitude dans la proclamation de l'appel nominal inséré dans le Bulletin. Plusieurs réclamations se font entendre; on a mis dans la colonne du bannissement tel vote qui devait être dans celle de la mort. On propose et l'Assemblée décrète qu'on lira la partie du procès-verbal de la veille, relative à l'appel nominal, et chacun pourra faire des réclamations sur la manière dont son vote sera exprimé. Plusieurs motions se sont succédé dans le côté droit, toutes tendantes à faire revenir sur le jugement proclamé la veille.

Dans cette lecture, Mailhe et tous ceux qui avaient voté comme lui, déclarent qu'ils ont entendu voter pour la mort sans aucunes conditions. Guadet renouvelle sa proposition d'examiner s'il est de l'intérêt du peuple de mettre à exécution le jugement de la Convention. Gensonné rappelle qu'il a demandé que le ministre de la justice poursuive immédiatement après les assassins du 2 septembre.

Dans les noms des députés de la Haute-Loire, on lit *Flageat*. Rou-

gier observe que c'est le nom de son village et non le sien et qu'il ne
veut pas se donner le ridicule des nobles.

Kersaint veut interpréter son vote ; ses phrases excitent quelques
mouvements sans l'interrompre cependant ; il s'impatiente et donne sa
démission.

On dit que Manuel est aussi dans l'intention de donner sa licence.

... En quittant le fauteuil, Guadet remet à Fermont une liste de parole sur la question de savoir *s'il sera sursis à l'exécution du jugement.*
Un membre de la Montagne propose de discuter sur le champ cette
question et de ne point désemparer qu'elle ne soit décidée. Le côté
droit murmure et combat la proposition par le motif de son importance et le besoin où se trouvent les membres de la Convention de
prendre du repos.....

Couthon demande la parole. Le président hésite à la lui accorder ;
plusieurs voix la réclament pour lui. Il parle : la loi et l'humanité dirigent ses réflexions, mais la loi prescrit des formes, des délais et,
dans cette circonstance, tout délai serait un raffinement de barbarie. Il
conclut à ce que la Convention s'occupe sans retard de la question et
qu'elle discute s'il ne convient pas de décréter que le conseil exécutif
enverra le décret par des courriers extraordinaires, le fera exécuter,
et rendra compte de l'exécution dans les vingt-quatre heures.

Robespierre examine la question sous ses rapports avec la tranquillité intérieure et extérieure, et après avoir énoncé son opinion propre,
comptant avec les opposants ou temporiseurs, il propose que demain,
toute affaire cessante, on délibère sur la question par appel nominal.
Cette conclusion étonne les patriotes ; l'orateur s'en aperçoit au bour-
donnement qui se fait entendre dans la Montagne. Il s'amende en rappelant que son vœu particulier est qu'on décide sans désemparer.

Le président expose toutes les propositions faites, il appuie surtout
sur celle de l'ajournement. On murmure ; il laisse le trouble s'accroître.
Un membre demande, au nom du salut public, que tous les bons citoyens se réunissent pour terminer cette question qui entrave toutes
les opérations de l'Assemblée. La Montagne se lève tout entière pour
appuyer ; mais le président garde le silence et refuse de mettre aux
voix. Enfin Chambon, du côté droit, prend la parole ; ses poumons font
retentir la voûte ; mais sans talent et sans savoir, il lasse la Convention par des phrases qui n'ont évidemment d'autre but que de faire
perdre un temps précieux et de forcer à lever la séance. Il prétend
que nous sommes fatigués ; toute la Montagne se lève et l'un de ses
habitués dit : « Nous sommes si peu fatigués, que nous avons résolu
de ne point quitter notre poste, même dans le cas où la majorité lève-
rait la séance. »

18

Comme la Montagne est très-garnie et que le côté opposé l'est très-peu, elle envoie une colonie assez nombreuse et à peine s'y connaît-il. Le côté droit imite la Montagne et envoie aussi quelques membres au côté gauche. Trois se placent devant moi. On met aux voix l'ajournement et, quoique l'épreuve paraisse encore douteuse, le président (Treilhard) prononce l'ajournement pour demain et, de son propre mouvement, lève la séance, sans consulter l'Assemblée et quitte le fauteuil. Les secrétaires quittent le bureau, mais les patriotes, religieusement attachés à leurs devoirs, persuadés que le salut de la patrie demande une exécution prompte du décret, restent à leur poste comme ils l'avaient annoncé. Républicains des départements, cet acte de fermeté prouve qu'il y a dans la Convention des hommes qui ne connaissent ni fatigues ni dangers. (Il est onze heures de la nuit).

Lacroix, ex-président, est invité à monter au fauteuil, non pour rouvrir la séance, mais pour maintenir l'ordre et procéder à un appel nominal s'il est nécessaire. Il accepte, mais interprétant mal le vœu de l'Assemblée, il lui annonce que la séance étant levée il est impossible de délibérer, et que, si elle entend le faire, elle peut nommer un président. Il se retire.

Après quelques tentatives inutiles de quelques membres pour obtenir la parole, Couthon la demande pour lui, et son infirmité la lui fait obtenir. Il dit : « Je respecte le dernier décret de l'Assemblée, la séance est levée; mais lorsque la patrie est en danger, les représentants du peuple doivent veiller. Je déclare que je reste en permanence. » Il est applaudi. Après quelque temps de colloques particuliers, Legendre monte à la tribune : « Citoyens, le peuple de Paris pourrait prendre de l'inquiétude en apprenant qu'une partie de la Convention est en permanence, et nous ferions nous-mêmes le mal que nous voulons éviter. J'invite tous les membres présents (environ 300) à se retirer; le peuple des tribunes en fera autant et, en se répandant dans la ville, il calmera les esprits s'il était nécessaire. »

Couthon trouve l'observation juste et l'appuie. Robespierre pense que nous ne devions rester en permanence qu'autant que la situation des esprits le recommanderait, il convient donc de nous informer avant tout par la municipalité, par les présidents de section et par le commandant général de l'état de Paris.

Santerre était présent; comme nous n'étions point en séance délibérante, nous l'avons invité à monter à la tribune; il a répondu au vœu de l'Assemblée en annonçant que tout était tranquille, que cinq mille hommes étaient sous les armes, qu'à chaque porte avaient été donnés une consigne et un mot d'ordre particulier. Notre permanence étant inutile et dès lors pouvant devenir funeste à la tranquillité, nous nous sommes retirés en nous ajournant à demain huit heures.

Suite des notes prises en séance du 19 janvier l'an II.

Les patriotes se rendent de bonne heure. Couthon et Soubrany sont présents.....

A onze heures moins un quart Barrère monte au fauteuil sur l'invitation de Vergniaud. Bréard observe qu'il convient que le procès-verbal constate que la séance a été ouverte à onze heures moins un quart. Lacroix demande que les secrétaires, tous du côté droit, dont aucun n'est à son poste, soient censurés au procès-verbal, ce qui est décrété.....

On répand dans la Montagne que, dans la nuit du jeudi au vendredi, un gardien du Temple a essayé de mettre le feu au Temple en chargeant de bois sa cheminée; on s'en est aperçu, le dessein ne s'est point consommé, et le coupable a été renvoyé sans éclat.

Mais cela prouve l'urgence de l'exécution pour prévenir des entreprises funestes dans quelque sens qu'on l'entende, tant qu'elles tendront à faire autre chose que ce que la loi demande.

On assure que le lendemain du décret de mort de Louis, Roland a tenté de fuir. Il est gardé à vue par ordre du comité de Sûreté générale qui, dit-on, a contre lui des faits très-graves. Il est midi.

G. ROMME.

La suite au premier courrier.

Un secrétaire lit trois listes nombreuses de parole pour, contre et sur le *sursis* à l'exécution du jugement de Capet.

Un membre de la Montagne observe que la discussion s'est assez prolongée sur cette affaire, que celle qu'on propose déterminerait par le fait le sursis qu'on met en question. Il demande la question préalable sur les listes et qu'on procède tout de suite à l'appel nominal. Marat obtient la parole pour s'élever contre cette discussion. Il se permet une personnalité contre Chambon, du côté droit. De tous les côtés on demande qu'il soit rappelé à l'ordre. Un membre de la Montagne demande qu'il soit censuré. Il a été rappelé à l'ordre. Reprenant la parole il a dit : « Pour le salut public je brave la censure qu'on propose contre moi. » — *A l'abbaye!* — Sa voix couvre les cris; il continue et conclut à l'appel nominal.

Pons démontre que trois fois la Convention s'est occupée de la question qu'on reproduit maintenant; il prouve que l'exécution actuelle du jugement est votée réellement par tous les votants excepté vingt-cinq qui ont mis à leur vote une condition suspensive qu'ils ont déclarée indivisible.

D'ailleurs cette question a été dès le commencement jugée tout à fait inutile, car elle n'a pas été comprise dans la série de question décrétée dès le premier jour.....

On me fait lire une note signée *Niquille* qui annonce que Roland a couché l'avant-dernière nuit chez Manuel et probablement aussi la dernière ; qu'il a mis à couvert ses effets ainsi que Brissot les siens ; que son intention est de se retirer à Rouen, etc... Tout cela a besoin d'être constaté.

On met aux voix la question préalable contre la discussion du sursis, une première épreuve est douteuse, une seconde ouvre la discussion.

Un secrétaire lit une lettre de Manuel qui donne sa démission en disant à la Convention qu'il la croit incapable de sauver la patrie.

On demande l'ordre du jour. Un membre du côté droit veut dénoncer des faits qui attestent l'insulte faite à la représentation dans la personne de Manuel. On passe à l'ordre du jour. Une première épreuve non douteuse a cependant paru telle à Vergniaud, président. Une seconde épreuve a fait connaître une si grande majorité que le doute eût été un scandale.

Buzot ouvre la discussion sur le sursis. Il annonce à la Convention qu'il a écrit à son département ; qu'il n'ignore pas que ses jours sont menacés à cause de son opinion, mais que son âme est au-dessus de la crainte et que cela ne l'empêchera pas de voter librement. Nos ennemis trouveront dans son discours tout ce qui peut exprimer leurs sentiments contre nos décrets.

« Si vous n'expulsez pas les Bourbons avant l'exécution de Louis, vous aurez un roi immédiatement après, vous l'aurez malgré vous.

» Paris peut vous maîtriser, il peut vous forcer de vouloir un roi.

» Si vous ne rendez pas le décret de sursis, si, dans l'intervalle que je vous propose de mettre entre votre jugement et son exécution, vous ne chassez pas tous les Bourbons, tout est perdu et je vous vois dominés par la faction de quelques hommes vils qui ne sont animés que des passions les plus féroces, etc., etc... »

Thuriot lui succède à la tribune. Après un discours incorrect, mais bon sous le rapport des rapprochements qu'il fait pour prouver l'existence d'un système d'intrigues pour sauver le roi, il conclut à ce que le jugement soit exécuté dans les vingt-quatre heures et que le conseil exécutif prenne toutes les mesures de prudence pour cette exécution.

Barbaroux, pressé entre le vœu bien connu et énergiquement prononcé de ses commettants, et le vœu de l'association dont il fait partie, balance les deux opinions et conclut à ce que le jugement soit promptement exécuté, mais que l'ordre définitif de l'exécution ne soit donné qu'après l'expulsion de tous les hommes du sang de Louis Capet.....

Guffroi reprend la parole ; son énergie, son éloquence mâle, son ton grave et imposant sont bien en harmonie avec les vérités qu'il fait entendre. Il conclut à ce que le décret soit expédié sans délai au ministre de la justice et exécuté dans les vingt-quatre heures.

Condorcet est entendu avec attention. Son opinion est courte mais philosophique et pleine d'humanité. Pour avoir l'assentiment des peuples, dans un événement qui doit faire trembler les rois, il propose de décréter en même temps que l'exécution, l'abolition de la peine de mort pour les délits privés, en se réservant d'examiner si elle doit être réservée pour les crimes de trahison.....

Thomas Payne a fait traduire son opinion et la fait prononcer par Bancal. Il demande que son opinion imprimée soit lue ; on s'élève contre cette demande. Bancal lit l'opinion du moment. On reconnaît si peu l'auteur du *Sens commun* et des *Droits de l'homme,* qu'il s'élève du doute sur l'authenticité de cette opinion.

Garan-Coulon atteste qu'elle est bien de Thomas, parce que lui-même entend assez le Français pour reconnaître son propre ouvrage dans la traduction présentée à la Convention, que d'ailleurs Th. Payne offre de déposer sur le bureau son manuscrit en Anglais.

Après ce premier discours, Bancal demande à en lire un second. L'Assemblée le lui permet. On attendait un discours nouveau, on nous a donné un discours imprimé depuis longtemps, nullement adapté à la question ; on l'a cependant écouté par hommage à la liberté des opinions.

Barrère monte à la tribune. On se rappelle le bon discours sur le jugement de Capet qu'il nous a donné il y a quinze jours, et toute l'Assemblée se prépare à l'attention. Les sages de la Montagne font la police autour d'eux, ce qui est souvent nécessaire ; mais ils sont toujours écoutés ; car tous, oui tous veulent le bien dans cette partie de la Montagne. J'en excepte un petit nombre déjà prononcé par leur immoralité et sur lesquels le soupçon flotte encore. Gardons-nous de prendre de la pétulence, de la vivacité, de l'emportement pour de la malveillance.

Barrère a donné une forte impulsion à la Convention dans la question de l'appel au peuple, c'est encore lui qui l'a déterminée dans la question du sursis. Il l'a considérée sous ses rapports politiques, et il a démontré avec sa dialectique serrée qu'un sursis serait autant impolitique qu'immoral et féroce. Il a fait voir nos ennemis dans toutes les cours de l'Europe, dans nos principes de liberté, dans le dogme de la souveraineté des peuples, dans les droits des hommes que nous avons proclamés et qui effrayent tous les brigands couronnés, il les a fait voir aussi dans nos divisions, nos défiances, nos terreurs paniques, les petites intrigues ; il les voit encore dans la mauvaise organisation du ministère de la guerre, de celui de l'intérieur, et il voit le remède dans une nouvelle organisation que le Comité nous présentera bientôt. Il a conclu à l'appel nominal et sur le champ on a fermé la discussion.

On procède à l'appel nominal.

Grangeneuve, du côté droit, appelé à son tour, veut motiver son suffrage. La Montagne craignait que cet exemple ne soit suivi, ce qui engagerait dans un sursis de fait par la longueur qu'entraînerait le développement des motifs de chaque suffrage. Le décret d'ailleurs est formel : y aura-t-il sursis *oui* ou *non*, la réponse en un seul mot.

Le côté droit est dans une grande agitation. Grangeneuve reste obstinément à la tribune. Le président ramène le calme et rappelle Grangeneuve au décret.

Valazé voulait que *non* fut prononcé sans motif, mais que *oui* put être accompagné de l'époque à laquelle le sursis finirait pour chaque votant.

J'ai suivi à ma manière l'appel nominal : les *non* l'ont toujours emporté sur les *oui*. 687 votants, majorité absolue 344, supériorité des *non* 33. Le résultat du bureau diffère peu de celui-ci.

La séance est levée à deux heures et demie du matin et le décret expédié sur le champ.

Notes prises dans les séances des 21 et 22 janvier l'an II.

On demande par une lettre à la Convention que les restes de Louis soient délivrés à ses parents, pour être transférés à Sens et y être inhumés. L'Assemblée, sur la motion d'un membre, a décrété qu'il n'y aurait pas de privilège pour Louis, et qu'il serait inhumé dans la paroisse, comme cela se pratique pour tous les suppliciés.

Un citoyen vient dénoncer à la barre quelques propos qu'il a recueillis dans un café et qui dévoilent le projet d'égorger tous ceux qui ont voté pour la mort de Louis. Le comité de Surveillance a rassemblé des renseignements sur cet objet.....

Drouet qui, le 21 juin a arrêté le roi à Varennes, et qui siége aujourd'hui dans la Convention, a reçu une lettre dont il croit reconnaître l'écriture et par laquelle on le menace : « Scélérat, si la tête du roi tombe, prends garde à la tienne. »

Il demande que la personne soit arrêtée afin que son écriture soit confrontée avec celle de la lettre.

Plusieurs membres de la Montagne disent avoir reçu de semblables lettres.....

Un officier de l'état major, qui était près de l'échafaud au moment de l'exécution, vient se placer auprès de moi dans la salle, et m'apprend qu'au Temple, Louis a demandé des ciseaux pour se couper les cheveux avant de partir. Arrivé à la place de la Révolution (ci-devant Louis XV), il s'est précipité de la voiture, a été livré par les officiers civils à l'exécuteur. Monté sur l'échafaud, on lui a ôté son habit et on lui a coupé les cheveux; il a demandé à parler, mais à ce moment un signal a fait bruire les tambours et les trompettes pour qu'il ne fût pas entendu. Ceux qui étaient auprès de lui ont pu entendre ces mots :

« *Je meurs innocent et je pardonne à mes ennemis..... »*

Jean Bon Saint-André indique qu'il a reçu une lettre anonyme dont il ne serait pas difficile de découvrir l'auteur par l'écriture. On menace ses jours pour avoir voté pour la mort du Roi, et en attendant qu'on puisse l'atteindre, on lui dit qu'on se vengera sur sa femme et ses enfants. Plusieurs membres disent en avoir reçu autant.....

Pendant que Saint-André a parlé il a été souvent interrompu par des membres du côté droit. Le président les rappelait à l'ordre en vain. Dubois Crancé, de la Montagne, a dit : « Président, rappelle à l'ordre nominativement, et nous reconnaîtrons les assassins. » On s'est tu et personne n'a été interrompu.....

Bréard monte à la tribune : « Hier, venant à l'assemblée, en traversant le jardin des Tuileries, un homme mal vêtu, mais dont l'attitude n'annonçait pas un de ces hommes obscurs qu'on méprisait autrefois, m'a dit : *Scélérat, tu as voté pour la mort du Roi, mais tu périras de ma main.* J'étais sans armes, je le fixai un instant, il ne put soutenir les regards d'un homme de bien, il s'enfuit..... »

Goupilleau raconte comment il a été menacé dans un café par un furieux qui allait tomber sur lui si on ne l'avait pas arrêté lui-même. Goupilleau a été obligé de s'armer du sabre d'un volontaire; l'assassin s'est évadé.

Carrier, de la Montagne, parle d'une lettre de Thibaud, évêque du Cantal et membre du côté droit, adressée à Hébrard, président du tribunal d'Aurillac, ci-devant membre de la Constituante. Cette lettre dénonce la Montagne de la Convention, dénonce Paris comme prêt à faire la contre-révolution, provoque la formation d'un bataillon pour venir garder la Convention.....

Dulaure, rédacteur du *Thermomètre du jour*, député du Puy-de-

Dôme, veut se placer dans la Montagne. On le repousse avec horreur, comme ayant désigné la Montagne comme composée d'assassins. Il est obligé de se retirer et d'aller chercher une place dans les bas-côtés.....

On dit à côté de moi que plusieurs des citoyens qui ont approché de la guillotine ont teint leurs sabres du sang du tyran et d'autres s'en sont fait des moustaches; je trace ces mots avec horreur.

On m'apprend que Lanthenas, à qui Roland avait donné la direction du bureau pour la *formation de l'esprit public*, et qui logeait à l'hôtel du ministère de l'intérieur, vient d'en être chassé par Roland, pour avoir voté la mort du tyran.

L'Assemblée, sur la proposition de Robespierre fortement appuyé par la Montagne, a supprimé ce bureau trop fameux de la formation de l'esprit public.

Le ministre de la justice vient rendre compte de l'assassinat commis sur la personne de Le Pelletier. Hier au soir, et par une députation des Jacobins, le conseil exécutif fut instruit de l'événement. La même députation est allée au département et à la commune. On a donné sur le champ des ordres, mis en activité tous les moyens qui sont à la disposition des autorités constituées, pour poursuivre l'assassin. On n'a encore que des incertitudes sur son arrestation. Son signalement est : taille, 5 pieds 5 pouces, barbe bleue, cheveux noirs, teint bazané, belles dents, âgé de vingt-six ans, houppelande grise à revers verts, chapeau rond. Son nom est *Paris*, garde du corps.

On décrète d'accusation l'assassin de Le Pelletier et ses complices.

La Convention tout entière assistera aux funérailles de ce bon citoyen *assassiné pour avoir voté la mort du tyran.*

Cette dernière partie proposée comme amendement a été adoptée à l'unanimité par ceux mêmes qui s'opposaient à ce jugement.

Les honneurs du Panthéon lui sont décernés contre le vœu de Lanjuinais qui se montre à la tribune pour parler, et s'obstine, quoique toute l'assemblée soit debout, pour demander qu'on mette aux voix.

On dit à côté de moi qu'un nommé Solignac, chanoine de Péronne, vient d'être arrêté pour avoir cherché à porter les dames de la halle à demander grâce et arrêter l'exécution de Louis. On ajoute qu'il avait assez réussi pour devoir craindre une entreprise. Le commandant général, prévenu à temps, a formé un cordon considérable de gens à pique autour de la place pour empêcher d'aborder ces citoyens égarés.

On a arrêté pareillement Baujart pour avoir essayé de soulever le peuple.

Les restes de Louis ont été enterrés à la Madeleine dans une fosse profonde qui a été remplie ensuite de chaux vive. Cette mesure préviendra l'exhumation qu'on avait lieu de craindre.

On vend actuellement dans Paris des cheveux de Louis.....

On m'apprend que Louis a montré la plus grande sécurité jusqu'à la fin ; il a entendu la messe la veille et a communié dans sa prison. L'avant veille il a fort bien mangé et bien dormi. Sanson l'a réveillé à cinq heures du matin, suivant l'ordre qui lui en avait été donné; il a montré de l'étonnement de le voir aussitôt, il avait trouvé la nuit courte.

Monté sur l'échafaud, il s'attendait à voir autour les femmes qui devaient demander grâce pour lui; mais il n'y avait que des citoyens armés. Il a dit pour premières paroles : *Peuple ingrat, vous voulez donc égorger votre Roi!* — Quelqu'un a crié : *A bas la nation.* L'ordre a été donné aux tambours et aux trompettes.

Projets de Nomenclature du

NOMS DES JOURS DE LA DÉCADE OU DE LA DÉCAINE.	PREMIER PROJET.	SECOND PROJET.	TROISIÈME PROJET.	QUATRIÈME PROJET Pour tout l'hémisphère boréal.
	Premier jour.	Le Niveau.	Les Vertus.	Primile.
	Second.	Le Bonnet.	Les Epoux.	Bisile.
	Troisième.	La Cocarde.	Les Mères.	Trisile.
	Quatrième.	La Pique.	Les Enfants.	Quatrile.
	Cinquième.	La Charrue.	La Charrue.	Quintile.
	Sixième.	Le Compas.	Le Commerce.	Sextile.
	Septième.	Le Faisceau.	L'Union.	Septile.
	Huitième.	Le Canon.	La Force.	Octile.
	Neuvième.	Le Chêne.	Le Chêne.	Novile.
	Dixième.	Le Repos.	Le Repos.	Décile.

NOMS DES MOIS.	PREMIER PROJET.	SECOND PROJET.	TROISIÈME PROJET.	QUATRIÈME PROJET
	Premier mois.	La République.	La Fondation.	De l'Automne.
	Second.	L'Unité.	L'Unité.	Des Semailles.
	Troisième.	La Fraternité.	La Fraternité.	Des Nuits.
	Quatrième.	La Liberté.	La Liberté.	De l'Hiver.
	Cinquième.	La Justice.	La Justice.	Des Frimas.
	Sixième.	L'Egalité.	L'Egalité.	Des Vents.
	Septième.	La Régénération	La Régénération	Du Printemps.
	Huitième.	La Réunion.	La Réunion.	Des Fleurs.
	Neuvième.	Le Jeu de paume	La Fermeté.	Des Jours.
	Dixième.	La Bastille.	La Vigueur.	De l'Eté.
	Onzième.	Le Peuple.	Le Peuple.	Des Moissons.
	Douzième.	La Montagne.	La Fidélité.	Des Fruits.

NOMS DES ÉPAGOMÈNES OU ULTIÈMES.	PREMIER PROJET.	SECOND PROJET.	TROISIÈME PROJET.	QUATRIÈME PROJET
	Premier.	L'Adoption.	L'Adoption.	Premier.
	Second.	L'Industrie.	Les Arts.	Second.
	Troisième.	Les Récompenses	Les Récompenses	Troisième.
	Quatrième.	La Paternité.	La Paternité.	Quatrième.
	Cinquième.	La Vieillesse.	La Vieillesse.	Cinquième.
	Sixième.	L'Olympique.	L'Olympique.	Sixième.

alendrier de la République.

NQUIÈME PROJET. Pour tout le globe.	SIXIÈME PROJET.	SEPTIÈME PROJET.	Correspondance des jours et des mois nouveaux avec les anciens. 93 et 94.
Prime-di.	Soldi.	Revol-di.	Dimanche.
Deux-di.	Lundi.	Libre-di.	Lundi.
Tri-di.	Mardi.	Fédre-di.	Mardi.
Quatre-di.	Mercredi.	Egal-di.	Mercredi.
Cinq-di.	Jeudi.	Républe-di.	Jeudi.
Six-di.	Vendredi.	Revol-di.	Vendredi.
Sept-di.	Samedi.	Libre-di.	Samedi.
Huit-di.	Terrédi.	Fédre-di.	Dimanche.
Neuf-di.	Herscheldi.	Egal-di.	Lundi.
Dix-di.	Cieldi.	Républe-di.	Mardi.
La Balance.	L'Egalité.	L'Egalité.	Du 22 sept. au 21 octob.
Le Scorpion.	La Victoire.	Des Semailles.	Du 22 octob. au 20 nov.
Le Sagittaire.	Les Belges.	Du Repos.	Du 21 nov. au 20 déc.
Le Capricorne.	Le Jugement.	De la Glace.	Du 21 déc. au 19 janv.
Le Verseau.	L'Exemple.	De la Justice.	Du 20 janv. au 18 févr.
Les Poissons.	L'Espérance.	De la Victoire.	Du 19 févr. au 20 mars.
Le Bélier.	La Régénération	Des Fleurs.	Du 21 mars au 19 avril.
Le Taureau.	Le Bonheur.	De la Réunion.	Du 20 avril au 19 mai.
Les Jumeaux.	La Fraternité.	De Relâche.	Du 20 mai au 18 juin.
Le Cancer.	La Révolution.	De la Liberté.	Du 19 juin au 18 juillet.
Le Lion.	La Liberté.	De la Récolte.	Du 19 juillet au 17 août.
La Vierge.	La Souveraineté	Des Fruits.	Du 18 août au 16 sept.

NOTE **G**

Défense écrite de Gilbert Romme (1).

Je suis accusé de complicité dans le mouvement du premier prairial, aucun acte extérieur à la Convention dans ce jour, aucune démarche antérieure, aucun propos, aucune confidence, aucun écrit ne m'accusent d'avoir trempé dans ce complot, d'avoir jamais trempé dans aucune intrigue, dans aucune trame contre la patrie, directement ni indirectement.

Le crime qu'on me reproche se serait donc consommé à la tribune de la Convention, en présence de mes collègues et de la foule.

Mais alors, je partage ce crime avec ceux de mes collègues qui m'ont longtemps pressé, sollicité, au nom du bien public, de me rendre à la tribune ;

Avec le président à qui j'ai toujours demandé, et qui m'a refusé ou accordé la parole suivant mon tour ;

Avec ceux de mes collègues qui ont parlé avant moi et ont rouvert la séance suspendue par le mouvement ;

Avec plusieurs de mes collègues qui ont appuyé, discuté, développé, amendé mes propositions ;

Avec ceux qui en ont fait eux-mêmes de nouvelles ;

Avec tous les représentants du peuple qui, rassemblés en face de la tribune, sur l'invitation plusieurs fois répétée du président, ont délibéré sur les propositions mises aux voix avec beaucoup d'ordre, et quelquefois amendées dans la rédaction par le président lui-même.

Un narré simple de ce que j'ai observé, de ce que j'ai dit, fera connaître la nature des propositions que j'ai faites, les circonstances où elles ont été faites, les formes que j'ai employées, et les résultats qu'elles ont produits.

Je suis sorti de chez moi à onze heures. Un commis du comité des Travaux Publics m'a appris que les faubourgs étaient en mouvement pour les subsistances, voilà le premier soupçon que j'ai eu de l'insurrection.

---

(1) Cette défense a été publiée par Tissot, beau-frère de Goujon, en l'an VIII, dans ses *Souvenirs de la journée du 1er prairial.*

Je me suis rendu sur-le-champ à la Convention sans canne et sans armes, suivant ma coutume, j'ai pris ma distribution, et une fois à mon poste, je ne suis pas sorti de la journée, pas même pour aller dans les salles voisines.

Je n'ai pas su ce qui se passait au dehors : la faiblesse de ma vue ne me permettait pas de voir ce qui se passait au dedans un peu loin de moi.

Je n'ai su, des événements à mesure qu'ils arrivaient, que ceux qui au milieu du tumulte ont frappé mes oreilles.

Lorsque je suis entré dans la Convention, on parlait sur le plan d'insurrection imprimé, que le comité de Sûreté générale venait de dénoncer, mais que je n'ai pas entendu. J'ai acquis, de ce moment seulement, la certitude du mouvement ; mais sans en connaître l'objet précis.

La section de Bon-Conseil demande que les farines employées en friandises servent à augmenter ou à améliorer le pain de l'égalité. La Convention accueille cette pétition par l'insertion au bulletin.

J'avais fait moi-même cette proposition plus d'un mois avant ; elle avait été appuyée par plusieurs membres : je l'ai reproduite dans le jour, parce que je l'ai crue utile, commandée par la cherté et la pénurie des grains.

Les comités de gouvernement annoncent, par l'organe de Laporte, que le mouvement se dirige vers la Convention, et, sur leur proposition, elle décrète des mesures vigoureuses qui eussent été plus efficaces si elles eussent été proclamées à temps :

1° Les citoyens sont tous appelés dans leurs sections respectives ;

2° La Convention se déclare en permanence ;

3° Les comités de gouvernement sont chargés de l'instruire d'heure en heure de ce qui se passe dans Paris.

J'ai reproduit le soir la première disposition.

J'ai été fidèle à la seconde, et si tous les membres eussent été à leur poste, l'existence de la Convention, du gouvernement et de la force armée n'eût pas été si longtemps compromise et l'objet de nos plus cruelles sollicitudes.

Les délibérations bientôt sont interrompues par les cris de plusieurs femmes qui toutes ensemble demandent du pain. Le président leur répond que c'est l'objet de la sollicitude de la Convention, que ces cris n'accéléreront pas l'arrivage des subsistances. Ces paroles paternelles, opposées à des cris tumultueux, ne sont pas improuvées par la Convention : les cris redoublent, deviennent séditieux, la Convention ordonne l'évacuation de la tribune d'où ils partent.

Le président nomme Fox commandant provisoire de la force armée dans Paris. Cette forme de nomination violait les principes et les décrets ; mais le danger était pressant, la Convention l'a confirmée ; elle a reconnu dans cette circonstance qu'elle pouvait s'affranchir des formes, lorsque le salut public commandait des mesures promptes.

Fox déclare qu'il fera respecter la Convention ou qu'il périra. Un décret le charge de repousser la force par la force, en se concertant avec les trois comités de gouvernement ; et cependant la force armée est restée éloignée de la Convention jusqu'à minuit, c'est-à-dire pendant plus de neuf heures. La représentation nationale a été méconnue, dispersée dans la foule, avilie, outragée dans plusieurs de ses membres jusqu'à huit heures environ du soir, époque de la réunion des représentants du peuple en face de la tribune.

Les mesures militaires décrétées devaient jeter l'effroi dans l'âme des malveillants, et cependant ils sont parvenus dans la Convention, ils l'ont tenue enveloppée très-longtemps : qui les aurait empêché de consommer leur complot atroce, s'ils n'eussent été enveloppés eux-mêmes par un plus grand nombre de citoyens de bonne foi, si ces derniers n'eussent trouvé dans la réunion des représentants du peuple un point de ralliement et d'appui ?

Ceux qui ont entravé l'exécution de ces mesures ont seuls trahi la représentation nationale.

Mais ces mesures demandaient, dans leur application, beaucoup de prudence, pour ne pas comprendre dans la même proscription l'innocent et le coupable, et éviter de changer en guerre civile ce qui ne devait être qu'un acte de répression ; mais y a-t-il de la prudence à laisser faire et consommer ce qu'on est chargé si impérieusement d'éviter ?

Plusieurs fois la foule a fait des tentatives pour pénétrer dans la salle ; la force armée l'a d'abord repoussée : des coups de feu ont été entendus ; le sang a coulé ; des hommes, des femmes ont été arrêtés ; peu de temps après, on frappe à coups redoublés à la porte du salon de la Liberté. Les coups continuent, la porte est enfoncée : où était la force armée ?

La foule se précipite dans la Convention, elle occupe bientôt les banquettes, le parquet, le bureau, la tribune : les représentants du peuple sont disséminés, couverts dans cette multitude d'hommes, de femmes et d'enfants ; toutes les tribunes se remplissent de la même manière. Après cette irruption, les hostilités cessent, le tumulte succède. On lit le plan d'insurrection, je ne peux entendre que quelques passages des considérants. Le tumulte continue, les demandes se multiplient et se croisent, ce spectacle hideux de désordre et de confusion se prolonge jusqu'à l'entrée de la nuit.

Autour de moi des femmes enceintes, des mères de famille, des ouvriers faisaient entendre le cri de la douleur, gémissaient des maux qu'ils souffraient et de ceux dont ils ne pouvaient garantir leurs malheureux enfants.

Les esprits déjà exaspérés s'irritaient de la confusion même qu'ils avaient produite, les malveillants les excitaient encore par des propositions criminelles qui, sur des hommes sans défiance, pouvaient faire des impressions funestes.

Les événements du matin faisaient redouter les suites de l'impatience qui éclatait de toutes parts.

Il n'était plus possible aux femmes de se retirer, à cause de l'engorgement insurmontable qui existait à toutes les issues, et c'est elles qui avaient le plus à souffrir.

L'anxiété des représentants du peuple augmentait par le silence des comités de gouvernement qui, depuis cinq ou six heures, n'avaient donné aucun signe d'existence. Etaient-ils aussi assiégés ? Etaient-ils dissous ? Le sang ne coulait-il pas dans les sections éloignées ?

Enveloppée au dedans par une multitude aigrie, égarée, sans espoir de secours au dehors, la Convention portait seule tout le poids de cette journée, et sa longue inertie aggravait le danger : en ne voyant pas ses membres, les malveillants devenaient plus audacieux, et osaient proposer de délibérer à sa place. La Convention, pour sortir du danger qui la menaçait, était réduite à ses seules forces morales.

Plusieurs représentants du peuple demandent la parole de leur place, et ne sont pas entendus.

Rhull obtient la parole : il demande que les comités de gouvernement viennent rendre compte de ce qu'ils ont fait pour les subsistances ; il est peu entendu.

Le tumulte recommence : plusieurs personnes, dans la mêlée, demandent la parole ; le président ne l'accorde qu'aux représentants du peuple. Je manifeste mes inquiétudes autour de moi : mes collègues les partagent ; ils me pressent de parler : je cède à leurs sollicitations. Je n'avais qu'une invitation à faire ; on me presse d'aller à la tribune, j'y parviens difficilement, elle était occupée par des hommes et des femmes ; il était alors de six à sept heures du soir.

Le président m'ayant accordé la parole, j'invite, au nom du salut de la patrie, tous les représentants du peuple qui se trouvaient encore dans la salle, à présenter leurs réflexions pour sortir de l'état d'anxiété où se trouvaient les esprits.

Je n'ai pas le talent d'improviser, je n'en dis pas davantage. Mon cœur était trop oppressé de tout ce qui se passait.

Cette invitation ne produisit rien sur mes collègues. elle m'attira des injures, des outrages de la part de quelques hommes armés.

J'entreprends de parler sur les mesures actives prises par le gouvernement pour accélérer l'arrivage des grains : je suis mal accueilli, des cris de fureur se font entendre.

Des cannibales, suivis d'un cortége aussi barbare qu'eux, entrent dans la salle en portant une tête sanglante au bout d'une pique.

Cet horrible attentat réveilla toutes mes craintes sur ce qui pouvait se passer au dehors.

Ce n'est qu'en me rendant au comité de Sûreté générale pour exécuter le décret d'arrestation, que j'appris que le représentant Ferraud avait été égorgé.

Accablé sous le poids de tant d'horreurs, je me demandais dans l'amertume de mon cœur : où réside donc l'autorité tutélaire de la Sûreté publique ? Dans ce sanctuaire déshonoré par le crime et la malveillance, et rempli des gémissements du malheur, je la vois enchaînée et presque aux abois, le gouvernement est peut-être frappé de dissolution ; la force armée nous abandonne. Est-il donc encore un asile conservateur de la liberté ? Est-il des âmes assez courageuses pour oser encore répandre quelques rayons de leurs vertus républicaines ? Les droits de l'homme, les lois qui doivent les garantir, sont-elles violées pour jamais ?....

Ces pensées déchirantes me rendaient peu attentif au danger que je courais moi-même : des jeunes gens armés se pressent autour de moi ; ils me font remarquer un homme qui dirige son fusil sur moi ; on le retient.

Ma faible vue me cachait une partie du danger ; mais mon oreille, moins bienfaisante, me transmettait les imprécations qu'on vomissait contre moi.

Après le président, j'étais le plus en vue et le plus exposé.

N'ayant plus rien à faire à la tribune, je voulais me retirer : des citoyens qui, je crois, étaient animés d'intentions pures, m'observèrent qu'en descendant je n'exposerais pas seulement ma vie, mais je compromettrais la représentation nationale ; ils m'offrent de rester auprès de moi : je les invite au contraire à se retirer, en leur rappelant le décret du matin, qui ordonnait à chaque citoyen de se rendre dans sa section : on m'observe que cette convocation était inutile, puisque toutes les sections étaient rassemblées dans cette enceinte. Cette réponse fortifia mes craintes sur les projets des malveillants.

Un homme, monté sur le bureau des secrétaires à droite, demandait la parole. L'accorder eût été une violation ; le président sut l'éviter, sans refuser formellement; j'y contribuai en lui demandant de me maintenir la parole.

Le danger me paraissait aussi manifeste que pressant : ce qui me fit proposer en particulier au président, et d'autres membres qui s'étaient rendus à la tribune lui proposèrent aussi d'inviter tous les membres de la Convention à se réunir en face de la tribune, et d'inviter pareillement les citoyens à leur faire une place suffisante pour les recevoir. Le président donne des ordres : un membre invite les assistants au respect et au silence, en annonçant ce que le président vient d'ordonner, et demande que chacun ait la tête découverte, excepté les représentants du peuple. Des banquettes sont apportées, la réunion des représentants du peuple se fait, mais lentement dans le lieu indiqué.

On demande à grands cris l'appel nominal, pour connaître les absents. Un membre le demande lui-même; je lui observe que cette mesure serait dangereuse, cet appel nominal pouvant devenir une liste de proscription. Il se rend à cette observation.

La tribune, le bureau sont évacués pour être laissés aux représentants du peuple. Lahaie obtient la parole, ouvre la discussion en combattant l'appel nominal proposé, et substitue une autre proposition.

J'avais écrit à la tribune une série de propositions que je voulais faire à la Convention nationale aussitôt qu'elle pourrait s'en occuper. Je m'étais contenté d'une simple indication : des copies en ont été faites et répandues, c'est avec cette série que je me suis présenté après Lahaie, et après avoir obtenu la parole, j'ai demandé au nom de la concorde et de l'union, pour mettre fin à toutes les vengeances qui déchirent la France, la liberté des patriotes incarcérés, en prenant des mesures pour que cette liberté ne s'étende pas à des hommes qui ne la méritaient pas.

La discussion s'ouvre, on fait plusieurs amendements : un membre présente une rédaction générale qui est adoptée.

Je demande que les citoyens soient de nouveau convoqués dans leurs sections respectives, c'est l'exécution du décret rendu le matin. Je proposai la permanence des sections pendant tout le temps du danger. Après une discussion sur les subsistances, où plusieurs membres sont entendus, on se fixe sur les dispositions suivantes :

1° Les comités civils des sections feront un recensement des farines et grains qui se trouvent chez les traiteurs, restaurateurs, pâtissiers, boulangers de Paris, et tous ceux qui emploient des farines pour le commerce.

2° Les visites qui seront faites à cet effet, n'auront lieu que pour les farines et grains seulement. (Cet amendement est du président.)

3º Les comités civils seront préalablement renouvelés.

4º Ce renouvellement sera fait par les assemblées de section.

5º On ne procédera à ce renouvellement qu'après la mise en liberté des patriotes incarcérés.

6º Les farines provenant du recensement seront converties tout de suite en pain.

7º Il est défendu, jusqu'à nouvel ordre, de faire des brioches et autres pâtisseries.

8º Il ne sera fait qu'une seule espèce de pain qui sera réparti également.

9º Une commission de cinq membres sera nommée dans le sein de la Convention pour veiller à l'exécution de ces mesures.

10º Il sera présenté, dans la séance prochaine, un projet de loi relatif à un recensement des grains dans toute la république.

Pendant que je m'occupe de la rédaction de ces dispositions, plusieurs membres occupent l'Assemblée de divers objets dont il m'est impossible de rendre compte.

Le comité de Sûreté générale se présente, il est minuit, la rédaction que je préparais n'est ni lue, ni mise aux voix.

Dès l'instant où les représentants du peuple ont été réunis dans un même lieu de la salle, le respect, le silence, se sont peu à peu rétablis, les membres de la Convention seuls ont parlé ; plusieurs demandes indiscrètes, coupables ou contre-révolutionnaires ont été étouffées et rejetées : la confiance a reparu, on s'est retiré, tant de la salle que des tribunes ; il a été facile d'évacuer ce qui restait encore lorsque la force armée dirigée par le gouvernement a paru.

Résumé.

Je n'ai connu le mouvement qu'à l'instant où je me rendais à la Convention.

Je n'ai connu du mouvement que ce que j'ai pu observer de ma place.

J'ai gardé le silence pendant sept à huit heures passées dans l'anxiété et la douleur.

Je suis resté fidèle à mon poste, un décret et le danger le commandaient ; j'ai parlé, mais après d'autres et à leur exemple.

J'avais le droit de parler comme représentant du peuple. Je suis trop pénétré de la dignité de mon caractère pour me ravaler sans objet, comme on s'efforce de le faire croire, à la qualité d'interprète d'un attroupement monstrueux, d'un mouvement d'un jour.

Tout ce que j'ai fait, tout ce que j'ai dit a eu pour but de conserver à la représentation nationale l'autorité dont elle est seule dépositaire, et le respect qui lui est dû.

Aucun décret, aucun conseil, aucune invitation publique ni particulière ne m'appelaient à m'abstenir de parler.

J'ai été entraîné par mes propres affections, par l'évidence du danger et le sentiment de mes devoirs. Une plus longue inertie des représentants du peuple me paraissait criminelle.

J'ai vu dans la mêlée des hommes affamés de crimes. J'en ai vu de pressés de besoins demandant de bonne foi du pain et la constitution, garantie de la liberté.

Aux premiers la justice doit toutes ses rigueurs : l'humanité ne doit-elle pas aux autres une main secourable ?

C'est contre les premiers que doit se diriger la sévérité du gouvernement, il fallait aux seconds des paroles de consolation et de paix.

La chûte de la tyrannie doit assurer à ma patrie l'empire de la raison, de la justice, et surtout de cette douce fraternité, de cette morale républicaine qui empêche plus de crimes que la justice la plus active n'en punit.

Après huit heures d'observation et de sollicitude, j'ai vu le danger dans l'exaspération des esprits, dans l'intention plusieurs fois manifestée des malveillants de s'emparer de la parole, des délibérations, de l'autorité, et de consommer ainsi la dissolution de la représentation nationale ; je l'ai vu dans la dispersion, l'isolement de ses membres, dans l'impossibilité de communiquer au dehors, et d'en recevoir des secours, dans l'ignorance où nous étions du sort des comités de gouvernement et de la force armée, enfin dans l'approche de la nuit.

Je n'ai vu, avec plusieurs de mes collègues, de salut pour la Convention que dans ses ressources morales, dans la réunion, le resserrement des représentants du peuple, dans une organisation de la parole pour la leur maintenir exclusivement, dans la reprise de la séance et des délibérations qu'il eût été très-dangereux de ne présenter que comme un simulacre.

Les malveillants ont été déjoués, les citoyens de bonne foi ont été satisfaits, la confiance rappelée dans l'intérieur s'est propagée au dehors, a préparé, facilité l'évacuation du palais national que le gouvernement avait sans doute tentée inutilement avant minuit.

La patrie, la liberté ont encore triomphé ce jour-là. J'y ai concouru, sans m'aveugler sur le danger que j'appelais sur ma tête.

J'ai demandé pour les subsistances un mode de recensement qui avait déjà été exécuté dans plusieurs départements. J'ai proposé la suppression des pâtisseries qui avait été proposée le matin par la section de Bon-Conseil, que j'avais proposée moi-même longtemps avant, que la Convention a reconnue utile le lendemain.

La convocation des sections décrétée le matin, c'était le seul moyen de faire évacuer la salle et de permettre de délibérer des mesures réfléchies.

La proposition de la liberté des patriotes incarcérés : cette proposition devait être dans le cœur de tous les représentants du peuple ; je l'ai faite comme je la ferais encore. je la réclame comme la réclameront sans doute tous ceux qui l'ont développée après moi et lui ont donné le caractère que réclamait la justice, l'humanité, la concorde et l'union.

Plus ma conscience fouille dans les sentiments qui m'animaient le 1er prairial, plus je rapproche mes souvenirs, plus je suis frappé du tableau de notre position, plus je sens que j'ai fait mon devoir.

Pour être restés à notre poste, nous avons été entraînés par le danger, par l'ardeur même de nos sentiments pour le bien public, à des mesures qui nous font frapper d'accusation.

En fuyant nos devoirs, nous aurions été avec bien plus de vraisemblance soupçonnés de conspirer dans le mystère. Oublierons-nous que, le 13 germinal, l'arrestation fut demandée contre ceux qui ne se trouvaient pas à la séance extraordinaire du soir ; et, le 1er prairial, on avait un motif de plus : le décret de permanence bien connu de tous.

Nous sommes parvenus par la confiance à dissoudre et faire écouler la foule, sans choc, sans effusion de sang. Ce succès nous vaut l'accusation.

En laissant grossir l'orage, en le laissant éclater là où il s'était fixé, la représentation nationale était anéantie, ses membres exposés, abandonnés à la fureur des méchants.

Nous étions donc placés entre deux abîmes ; on nous a laissé le choix : nous avons pris le parti qui convenait au salut de la patrie, il ne nous reste qu'à nous couvrir la tête et nous soumettre à notre destinée.

J'ai fait mon devoir : mon corps est à la loi, mon âme reste indépendante et ne peut être flétrie.

Mon dernier soupir en quelque temps, en quelque lieu, de quelque manière que je le rende, sera :

Pour la république, une, indivisible, fondée sur la liberté, l'égalité ;

Pour ma patrie si cruellement déchirée ;

Pour le malheureux et l'opprimé ;

Pour mes amis dont la fidélité et les vertus honoreront ma mémoire ;

Pour ma vertueuse mère dont les derniers instants se couvrent d'amertume ;

Pour mon épouse infortunée, veuve d'un brave défenseur mort dans la Vendée en combattant pour la patrie, indigente, ayant des droits aux bienfaits de la nation, j'ai cessé de les solliciter ; en l'attachant à ma destinée, je lui aurai donné un nouveau titre et de nouveaux malheurs.

G. Romme.

26 Prairial, an III.

Note des manuscrits de Gilbert Romme
qui sont en ma possession,

Description physique de la Taurique ou petite Tartarie, de *Hablits*. — Traduction française.

Aperçu topographique, physique et politique de l'empire Russe.

Voyage à la *Mer-Blanche*. 1784.

Voyage de *Pétersbourg à Moscou*. 1785.

Voyage *en Crimée*. 1786. — Lettres *sur la Crimée*.

Mémoire et Notice *sur le Commerce de Cherson, dans la Mer-Noire*.

Journal anecdotique et scientifique de *G. Romme, en Russie*.

Voyage *en Suisse*. — Notes éparses *sur la Suisse*.

Le Mont-Jou ou *Mont-Saint-Bernard*.

Notice *sur l'Horlogerie à Genève*.

Voyage *en France*.

Rapports ou Discours à la Société des *Amis de la Loi*, à la *Législative*, à la *Convention*.

Le Calendrier Républicain, avec tableaux et projets divers.

L'Annuaire du Cultivateur. — Trois cahiers de projets différents.

Recueils de *Notes chronologiques, Pensées et Réflexions diverses*.

Registre des procès-verbaux de la Société des *Amis de la Loi*. — Tableaux et signatures des membres associés.

Registre des *Proclamations, Lettres, Ordres du jour*..... adressés, du 15 mai au 15 juin 1793, par les représentants du peuple en mission à l'armée des côtes de Cherbourg.

Lettres de Romme à sa famille, à la famille de Strogonoff, à Dubreuil, à Boirat, au chevalier de la Colinière, à ses amis, aux hommes célèbres avec lesquels il était en relation, — et Réponses.

Papiers et Documents nombreux.

———

SOURCES

Henri Martin. — *Histoire de France.*

Thiers. — *Histoire de la Révolution.*

Louis Blanc. — *Histoire de la Révolution française.*

Michelet. — *Histoire du XIXe siècle. Origine des Bonaparte.* Paris. Lévy. 1875.

Capefigue. — *La Société française au XVIIIe siècle.*

— — *La grande Catherine, impératrice de Russie.*

Duchesse d'Abrantès. — *Catherine 2.*

Comte de Ségur. — *Souvenirs et Anecdotes.*

Lamartine. — *Histoire des Girondins.*

Biographies de Michaud, des *Contemporains*, de Larousse, de Feller, d'Aigueperse, d'Ambroise Tardieu.

Tissot. — *Souvenirs du 1er prairial, an 3.* — Paris, chez Daumier, an 8.

Jules Claretie. — *Les derniers Montagnards.* Paris. Lacroix. 1867.

Haureau. — *La Montagne.* Paris. Bréauté. 1834.

Marcellin Boudet. — *La Justice révolutionnaire en Auvergne.* Paris. Aubry. 1873.

— *Les Conventionnels d'Auvergne.* — *Dulaure.* — Clermont. Thibaud. 1874.

Francisque Mège. — *Formation et organisation du département du Puy-de-Dôme.* Paris. Aubry. 1874.

TABLE

9 782011 311603